La³² 137
S.

HISTOIRE
DE LA
RÉVOLUTION
FRANÇAISE

PARIS. — TYPOGRAPHIE DE HENRI PLON
RUE GARANCIÈRE, 8

HISTOIRE

DE LA

RÉVOLUTION

FRANÇAISE

PAR

M. A. THIERS

DE L'ACADÉMIE FRANÇAISE

TREIZIÈME ÉDITION

TOME QUATRIEME

PARIS

FURNE ET Cⁱᵉ, LIBRAIRES-ÉDITEURS

RUE SAINT-ANDRÉ-DES-ARTS, 45

1865

HISTOIRE
DE LA
RÉVOLUTION
FRANÇAISE

LIVRE XIII

VENDÉE.

Suite de nos revers militaires. — Bataille de Nerwinde. — Première négociation de Dumouriez avec l'ennemi; ses projets de contre-révolution; il traite avec l'ennemi. — Évacuation de la Belgique. — Premiers troubles de l'Ouest; mouvements insurrectionnels dans la Vendée. — Décrets révolutionnaires; désarmement des *suspects*. — Entretien de Dumouriez avec des émissaires des jacobins; il fait arrêter et livre aux Autrichiens les commissaires de la Convention. — Décret contre les Bourbons; mise en arrestation du duc d'Orléans et de sa famille. — Dumouriez, abandonné de son armée après sa trahison, se réfugie dans le camp des Impériaux. Opinion sur ce général. — Changements dans les commandements des armées du Nord et du Rhin. — Bouchotte est nommé ministre de la guerre à la place de Beurnonville destitué. — Établissement du *Comité de salut public*. — L'irritation des partis augmente à Paris; réunion démagogique de l'Évêché; projets de pétitions incendiaires. — Renouvellement de la lutte entre les deux côtés de l'Assemblée. — Discours et accusation de Robespierre contre les complices de Dumouriez et les girondins. — Réponse de Vergniaud. — Marat est décrété d'accusation et envoyé devant le tribunal révolutionnaire. — Pétition des sections de

LIVRE XIII.

Paris demandant l'expulsion de vingt-deux membres de la Convention. — Résistance de la commune à l'autorité de l'Assemblée; accroissement de ses pouvoirs. — Marat est acquitté et porté en triomphe. — État des opinions et marche de la révolution dans les provinces. — Dispositions des principales villes, Lyon, Marseille, Bordeaux, Rouen. — Position particulière de la Bretagne et de la Vendée. — Description de ces pays; causes qui amenèrent et entretinrent la guerre civile. — Premiers succès des Vendéens, leurs principaux chefs.

On a vu, dans le livre précédent, dans quel état d'exaspération se trouvaient les partis de l'intérieur, et les mesures extraordinaires que le gouvernement révolutionnaire avait prises pour résister à la coalition étrangère et aux factions du dedans. C'est au milieu de ces circonstances, de plus en plus imminentes, que Dumouriez, revenu de Hollande, rejoignit son armée à Louvain. Nous l'avons vu déployant son autorité contre les commissaires du pouvoir exécutif, et repoussant de toutes ses forces le jacobinisme qui tâchait de s'introduire en Belgique. A toutes ces démarches, il en ajouta une plus hardie encore, et qui devait le conduire à la même fin que Lafayette. Il écrivit, le 12 mars, une lettre à la Convention, dans laquelle, revenant sur la désorganisation des armées opérée par Pache et les jacobins, sur le décret du 15 décembre, sur les vexations exercées contre les Belges, il imputait tous les maux présents à l'esprit désorganisateur qui se répandait de Paris sur la France, et de la France dans les pays affranchis par nos armées. Cette lettre, pleine d'expressions audacieuses, et

Lettre de Dumouriez à la Convention.

surtout de remontrances qu'il n'appartenait pas à un général de faire, arriva au comité de sûreté générale, au moment même où de si nombreuses accusations s'élevaient contre Dumouriez, et où l'on faisait de continuels efforts pour lui conserver la faveur populaire, et l'attacher lui-même à la république. Cette lettre fut tenue secrète, et sur-le-champ on lui envoya Danton pour l'engager à la rétracter.

Dumouriez rallia son armée en avant de Louvain, ramena ses colonnes dispersées, jeta un corps vers sa droite pour garder la Campine, et pour lier ses opérations avec les derrières de l'armée hasardée en Hollande. Aussitôt après, il se décida à reprendre l'offensive pour rendre la confiance à ses soldats. Le prince de Cobourg, après s'être emparé du cours de la Meuse depuis Liége jusqu'à Maëstricht, et s'être porté au delà jusqu'à Saint-Tron, avait fait occuper Tirlemont par un corps avancé. Dumouriez fit reprendre cette ville; et voyant que l'ennemi n'avait pas songé à garder la position importante de Goidsenhoven, laquelle domine tout le terrain entre les deux Gettes, il y dirigea quelques bataillons qui s'y établirent sans difficulté. Le lendemain, 16 mars, l'ennemi voulut recouvrer cette position perdue, et l'attaqua avec une grande vigueur. Dumouriez, qui s'y attendait, la fit soutenir, et s'attacha à ranimer ses troupes par ce combat. Les Impériaux, repoussés, après avoir perdu sept à huit cents hommes, repassèrent la petite Gette, et allèrent se poster entre les villages de Neerlanden, Landen, Neerwinden, Overwinden et Racour. Les Français, encouragés par cet avantage, se placèrent de leur côté en avant de Tirlemont et dans plusieurs villages situés à la gauche de la petite Gette, devenue la ligne de séparation des deux armées.

Dumouriez résolut dès lors de donner une grande bataille, et cette pensée était aussi sage que hardie. La guerre méthodique ne convenait pas à ses troupes, peu disciplinées encore. Il fallait redonner de l'éclat à nos armes, rassurer la Convention, s'attacher les Belges, ramener l'ennemi au delà de la Meuse, le fixer là pour un temps, ensuite voler de nouveau en Hollande, pénétrer dans une capitale de la coalition, et y porter la révolution. A ces projets Dumouriez ajoutait encore, dit-il, le rétablissement de la constitution de 1791, et le renversement des démagogues, avec le secours des Hollandais et de son armée. Mais cette addition était une folie, ici comme au moment où il était sur le Moerdik : ce qu'il y avait de sage, de possible et de vrai dans son plan, c'était de recouvrer son influence, de rétablir nos armes, et d'être rendu à ses projets militaires par une bataille gagnée. L'ardeur renaissante de son armée, sa position militaire, tout lui donnait une espérance fondée de succès; d'ailleurs, il fallait beaucoup hasarder dans sa situation, et il ne devait pas hésiter.

Mars 1793.

Notre armée s'étendait sur un front de deux lieues, et bordait la petite Gette, de Neer-Heylissem à Leaw. Dumouriez résolut d'opérer un mouvement de conversion, qui ramènerait l'ennemi entre Leaw et Saint-Tron. Sa gauche étant appuyée à Leaw comme sur un pivot, sa droite devait tourner par Neer-Heylissem, Racour et Landen, et obliger les Autrichiens à reculer devant elle jusqu'à Saint-Tron. Pour cela il fallait traverser la petite Gette, franchir ses rives escarpées, prendre Leaw, Orsmaël, Neerwinden, Overwinden et Racour. Ces trois derniers villages, faisant face à notre droite, qui devait les parcourir dans son mouvement de conversion, formaient le principal point d'attaque. Dumouriez, divisant sa droite en trois colonnes aux ordres de Valence, leur enjoignit de passer la Gette au pont de Neer-Heylissem : l'une devait déborder l'ennemi, l'autre prendre vivement la tombe élevée de Middelwinden, foudroyer de cette hauteur le village d'Overwinden et s'en emparer; la troisième attaquer le village de Neerwinden par sa droite. Le centre, confié au duc de Chartres, et composé de deux colonnes, avait ordre de passer au pont d'Esemaël, de traverser Laer, et d'attaquer de front Neerwinden, déjà menacé sur son premier flanc par la troi-

Dispositions de Dumouriez avant la bataille.

sième colonne. Enfin, la gauche, aux ordres de Miranda, devait se diviser en deux et trois colonnes et occuper Leaw et Orsmaël, et s'y maintenir, tandis que le centre et la droite, marchant en avant après la victoire, opéreraient le mouvement de conversion qui était le but de la bataille.

Ces dispositions furent arrêtées le 17 mars au soir. Le lendemain 18, dès neuf heures du matin, toute l'armée s'ébranla avec ordre et ardeur. La Gette fut traversée sur tous les points. Miranda fit occuper Leaw par Champmorin; il s'empara lui-même d'Orsmaël, et engagea une canonnade avec l'ennemi, qui s'était retiré sur les hauteurs de Halle, et s'y était fortement retranché. Le but se trouvait atteint sur ce point. Au centre et à droite, le mouvement s'opéra à la même heure; les deux parties de l'armée traversèrent Elissem, Escmaël, Neer-Heylissem, et, malgré un feu meurtrier, franchirent avec beaucoup de courage les hauteurs escarpées qui bordaient la Gette. La colonne de l'extrême droite traversa Racour, déborda dans la plaine, et au lieu de s'y étendre, comme elle en avait l'ordre, commit la faute de se replier sur Overwinden pour chercher l'ennemi. La seconde colonne de la droite, après avoir été retardée dans sa marche, se lança avec une impétuosité héroïque sur la tombe élevée de Middelwinden, et en chassa les Impériaux; mais, au lieu de s'y établir fortement, elle ne fit que la traverser, et s'empara d'Overwinden. La troisième colonne entra dans Neerwinden, et commit une autre faute par l'effet d'un malentendu, celle de s'étendre trop tôt hors du village, et de s'exposer par là à en être expulsée par un retour des Impériaux. L'armée française touchait cependant à son but; mais le prince de Cobourg ayant d'abord commis la faute de ne pas attaquer nos troupes à l'instant où elles traversaient la Gette et gravissaient ses bords escarpés, la réparait en donnant un ordre général de reprendre les positions abandonnées. Des forces supérieures étaient portées sur notre gauche contre Miranda. Clerfayt, profitant de ce que la première colonne n'avait pas persisté à le déborder, de ce que la seconde ne s'était pas établie sur la tombe de Middelwinden, de ce que la troisième et les deux composant le centre s'étaient accumulées confusément dans Neerwinden, traversait la plaine de Landen, reprenait Racour, la tombe de Middelwinden, Overwinden et Neerwinden. Dans ce moment, les Français étaient dans une position désastreuse. Chassés de tous les points qu'ils avaient occupés, rejetés sur le penchant des hauteurs, débordés par leur droite, foudroyés sur leur front par une artillerie supérieure, menacés par deux corps de cavalerie, et ayant une rivière à dos, ils pouvaient être détruits, et l'auraient été certainement si l'ennemi, au lieu de porter la plus grande partie de ses

Mars 1793.

forces sur leur gauche, eût poussé plus vivement leur centre et leur droite. Dumouriez, accourant alors sur ce point menacé, rallie ses colonnes, fait reprendre la tombe de Middelwinden, et marche lui-même sur Neerwinden, déjà pris deux fois par les Français, et repris deux fois aussi par les Impériaux. Dumouriez y rentre pour la troisième fois, après un horrible carnage. Ce malheureux village était encombré d'hommes et de chevaux, et dans la confusion de l'attaque, nos troupes s'y étaient accumulées et débandées. Dumouriez, sentant le danger, abandonne ce champ embarrassé de débris humains, et recompose ses colonnes à quelque distance du village. Là, il s'entoure d'artillerie, et se dispose à se maintenir sur ce champ de bataille. Dans ce moment, deux colonnes de cavalerie fondent sur lui, l'une de Neerwinden, l'autre d'Overwinden. Valence prévient la première à la tête de la cavalerie française, la charge impétueusement, la repousse, et, couvert de glorieuses blessures, est obligé de céder son commandement au duc de Chartres. Le général Thouvenot reçoit la seconde avec calme, la laisse s'engager au sein de notre infanterie, dont il fait ouvrir les rangs, puis il ordonne tout à coup une double décharge de mitraille et de mousqueterie, qui, faite à bout portant, accable la cavalerie impériale, et la détruit presque entièrement. Dumouriez reste ainsi maître du champ de bataille, et s'y établit pour achever le lendemain son mouvement de conversion.

La journée avait été sanglante, mais le plus difficile semblait exécuté. La gauche, établie dès le matin à Leaw et Orsmaël, devait n'avoir plus rien à faire, et le feu ayant cessé à deux heures après midi, Dumouriez croyait qu'elle avait conservé son terrain. Il se regardait comme victorieux, puisqu'il occupait tout le champ de bataille. Cependant la nuit approchait, la droite et le centre allumaient leurs feux, et aucun officier n'était venu apprendre à Dumouriez, de la part de Miranda, ce qui se passait sur son flanc gauche. Alors il conçoit des doutes, et bientôt des inquiétudes. Il part à cheval avec deux officiers et deux domestiques, et trouve le village de Laer abandonné par Dampierre, qui commandait sous le duc de Chartres l'une des deux colonnes du centre. Dumouriez apprend là que la gauche, entièrement débandée, avait passé la Gette, et avait fui jusqu'à Tirlemont; et que Dampierre, se voyant alors découvert, s'était reporté en arrière, au poste qu'il occupait le matin avant la bataille. Il part aussitôt ventre à terre, accompagné de ses deux domestiques et de ses deux officiers, manque d'être pris par les uhlans autrichiens, arrive vers minuit à Tirlemont, et trouve Miranda qui s'était replié à deux lieues du champ de bataille, et que Valence, transporté là par suite de ses blessures,

Mars 1793.

Dumouriez, resté maître du champ de bataille le 18 au soir, se croit vainqueur.

10   LIVRE XIII.

Mars 1793.

engageait vainement à se reporter en avant. Miranda, entré à Orsmaël dès le matin, avait été attaqué au moment où les Impériaux reprenaient toutes leurs positions. La plus grande partie des forces de l'ennemi avait porté sur son aile, qui, formée en partie des volontaires nationaux, s'était débandée et avait fui jusqu'à Tirlemont. Miranda, entraîné, n'avait eu ni le temps ni la force de rallier ses soldats, quoique Miacsinski fût venu à son secours avec un corps de troupes fraîches; il ne songea même pas à en faire prévenir le général en chef. Quant à Champmorin, placé à Leaw avec la dernière colonne, il s'y était maintenu jusqu'au soir, et n'avait songé à rentrer à Bingen, son point de départ, que vers la fin de la journée.

La défaite de l'aile gauche décide Dumouriez à la retraite.

L'armée française se trouva ainsi détachée, partie en arrière de la Gette, partie en avant; et si l'ennemi, moins intimidé par une action aussi opiniâtre, eût voulu pousser ses avantages, il pouvait couper notre ligne, anéantir notre droite campée à Neerwinden, et mettre en fuite la gauche déjà repliée. Dumouriez, sans s'épouvanter, se décide froidement à la retraite, et dès le lendemain matin il se prépare à l'exécuter. Pour cela il s'empare de l'aile de Miranda, tâche de lui rendre quelque courage, et veut la reporter en avant pour arrêter l'ennemi sur la gauche de la ligne, tandis que le centre et la droite, faisant leur retraite, essayeront de repasser la Gette.

Mais cette portion de l'armée, abattue par sa défaite de la veille, n'avance qu'avec peine. Heureusement Dampierre, qui avait repassé la Gette le jour même avec une colonne du centre, appuie le mouvement de Dumouriez, et se conduit avec autant d'intelligence que de courage. Dumouriez, toujours au milieu de ses bataillons, les soutient, et veut les conduire sur la hauteur de Wommersem, qu'ils avaient occupée la veille avant le commencement de la bataille. Les Autrichiens y avaient placé des batteries, et faisaient de ce point un feu meurtrier. Dumouriez se met à la tête de ces soldats abattus, leur fait sentir qu'il vaut mieux tenter l'attaque que de recevoir un feu continu, qu'ils en seront quittes pour une charge, bien moins meurtrière pour eux que cette froide immobilité en présence d'une artillerie foudroyante. Deux fois il les ébranle, et deux fois, comme découragés par le souvenir de la veille, ils s'arrêtent; et tandis qu'ils supportent avec une constance héroïque le feu des hauteurs de Wommersem, ils n'ont pas le courage beaucoup plus facile de charger à la baïonnette. Dans cet instant un boulet emporte le cheval de Dumouriez; il est renversé et couvert de terre. Ses soldats épouvantés sont prêts à fuir à cette vue, mais il se relève avec une extrême promptitude, remonte à cheval, et continue à les maintenir sur le champ de bataille.

LIVRE XIII.

Mars 1793.

Belle conduite du duc de Chartres.

Pendant ce temps, le duc de Chartres opérait la retraite de la droite et de la moitié du centre. Conduisant ses quatre colonnes avec autant d'intrépidité que d'intelligence, il se retire froidement en présence d'un ennemi formidable, et traverse les trois ponts de la Gette sans avoir été entamé. Dumouriez replie alors son aile gauche, ainsi que la colonne de Dampierre, et rentre dans les positions de la veille, en présence d'un ennemi saisi d'admiration pour sa belle retraite. Le 19, l'armée se trouvait, comme le 17, entre Hackenhoven et Goidsenhoven, mais avec une perte de quatre mille morts, avec une désertion de plus de dix mille fuyards, qui couraient déjà vers l'intérieur, et avec le découragement d'une bataille perdue.

Dispositions prises par Dumouriez pour occuper la Belgique.

Dumouriez, dévoré de chagrin, agité de sentiments contraires, songeait tantôt à se battre à outrance contre les Autrichiens, tantôt à détruire la faction des jacobins, auxquels il attribuait la désorganisation et les revers de son armée. Dans les accès de sa violente humeur, il parlait tout haut contre la tyrannie de Paris, et ses propos, répétés par son état-major, circulaient dans toute l'armée. Néanmoins, quoique livré à un singulier désordre d'esprit, il ne perdit pas le sang-froid nécessaire dans une retraite, et il fit les meilleures dispositions pour occuper longtemps la Belgique par les places fortes, s'il était obligé de l'évacuer

VENDÉE. 43

avec ses armées. En conséquence il ordonna au
général d'Harville de jeter une forte garnison dans
le château de Namur, et de s'y maintenir avec
une division. Il envoya le général Ruault à Anvers
pour recueillir les vingt mille hommes de l'expédition de Hollande, et garder l'Escaut, tandis que
de bonnes garnisons occuperaient Breda et Gertruydenberg. Son but était de former ainsi un demi-cercle de places fortes, passant par Namur, Mons,
Tournay, Courtray, Anvers, Breda et Gertruydenberg; de se placer au centre de ce demi-cercle, et
d'y attendre les renforts nécessaires pour agir plus
énergiquement. Le 22, il livra devant Louvain un
combat de position aux Impériaux, qui fut aussi
grave que celui de Goidsenhoven, et leur coûta
autant de monde. Le soir, il eut une entrevue avec
le colonel Mack, officier ennemi qui exerçait une
grande influence sur les opérations des coalisés,
par la réputation dont il jouissait en Allemagne. Ils
convinrent de ne plus livrer de combats décisifs,
de se suivre lentement et en bon ordre, pour épargner le sang des soldats et ménager les pays qui
étaient le théâtre de la guerre. Cette espèce d'armistice, toute favorable aux Français, qui se seraient débandés s'ils avaient été attaqués vivement,
convenait aussi parfaitement au timide système de
la coalition, qui, après avoir recouvré la Meuse,
ne voulait plus rien tenter de décisif avant la prise

Mars 1793.

Convention
de Dumouriez
avec le colonel
Mack.

de Mayence. Telle fut la première négociation de Dumouriez avec l'ennemi. La politesse du colonel Mack, ses manières engageantes, purent disposer l'esprit si agité du général à recourir à des secours étrangers. Il commençait à ne plus apercevoir d'avenir dans la carrière où il se trouvait engagé : si, quelques mois auparavant, il prévoyait succès, gloire, influence, en commandant les armées françaises, et si cette espérance le rendait plus indulgent pour les violences révolutionnaires, aujourd'hui battu, dépopularisé, attribuant la désorganisation de son armée à ces mêmes violences, il voyait avec horreur les désordres qu'il avait pu autrefois ne considérer qu'avec indifférence. Élevé dans les cours, ayant vu de ses yeux quelle machine fortement organisée il fallait pour assurer la durée d'un État, il ne pouvait concevoir que des bourgeois soulevés pussent suffire à une opération aussi compliquée que celle du gouvernement. Dans une telle situation, si un général, administrateur et guerrier à la fois, tient la force dans ses mains, il est difficile que l'idée ne lui vienne pas de l'employer pour terminer des désordres qui épouvantent sa pensée et menacent même sa personne. Dumouriez était assez hardi pour concevoir une pareille idée; et ne voyant plus d'avenir en servant la révolution par des victoires, il songea à s'en former un autre en ramenant cette révolution à la Constitution de

1791, et en la réconciliant à ce prix avec toute l'Europe. Dans ce plan, il fallait un roi, et les hommes importaient assez peu à Dumouriez pour qu'il ne s'inquiétât pas beaucoup du choix. On lui reprocha alors de vouloir placer sur le trône la maison d'Orléans. Ce qui porta à le croire, c'est son affection pour le duc de Chartres, auquel il avait ménagé à l'armée le rôle le plus brillant. Mais cette preuve était fort insignifiante, car le jeune duc avait mérité tout ce qu'il avait obtenu, et d'ailleurs rien ne prouvait dans sa conduite un concert avec Dumouriez. Une autre considération persuada tous les esprits : c'est que, dans ce moment, il n'y avait pas d'autre choix possible, si l'on voulait créer une dynastie nouvelle. Le fils du roi mort était trop jeune, et d'ailleurs le régicide n'admettait pas une réconciliation aussi prompte avec la dynastie. Les oncles étaient en état d'hostilité; et il ne restait que la branche d'Orléans, aussi compromise dans la révolution que les jacobins eux-mêmes, et seule capable d'écarter toutes les craintes révolutionnaires. Si l'esprit agité de Dumouriez s'arrêta à un choix, il ne put en former d'autres alors, et ce fut cette nécessité qui le fit accuser de songer à mettre la famille d'Orléans sur le trône. Il le nia dans l'émigration; mais cette dénégation intéressée ne prouve rien; et il ne faut pas plus le croire sur ce point que sur la date au-

Mars 1793.

Mars 1793.

Vains efforts de Danton pour ramener Dumouriez à d'autres sentiments.

térieure qu'il a prétendu donner à ses desseins. Il a voulu dire en effet que son projet de résistance contre les jacobins était plus ancien; mais ce fait est faux. Ce n'est qu'alors, c'est-à-dire lorsque la carrière des succès lui fut fermée, qu'il songea à s'en ouvrir une autre. Dans ce projet il entrait du ressentiment personnel, du chagrin de ses revers, enfin une indignation sincère, mais tardive, contre les désordres sans issue qu'il prévoyait maintenant sans aucune illusion.

Le 22, il trouva à Louvain Danton et Lacroix, qui venaient lui demander raison de la lettre écrite le 12 mars à la Convention, et tenue secrète par le comité de sûreté générale. Danton, avec lequel il sympathisait, espérait le ramener à des sentiments plus calmes, et le rattacher à la cause commune. Mais Dumouriez traita les deux commissaires, et Danton lui-même, avec beaucoup d'humeur, et leur laissa découvrir les plus sinistres dispositions. Il se répandit en nouvelles plaintes contre la Convention et les jacobins, et ne voulut pas rétracter sa lettre. Seulement il consentit à écrire deux mots, pour dire qu'il en donnerait plus tard l'explication. Danton et Lacroix partirent sans avoir rien pu obtenir, et le laissant dans la plus violente agitation.

Le 23, après une résistance assez vive pendant toute la journée, plusieurs corps abandonnèrent leurs postes, et il fut obligé de quitter Louvain en

désordre. Heureusement l'ennemi n'aperçut rien de
ce mouvement, et n'en profita pas pour achever de
jeter la confusion dans notre armée en la poursuivant. Dumouriez sépara alors la troupe de ligne
des volontaires, la réunit à l'artillerie, et en com-
posa un corps d'élite de quinze mille hommes, avec
lequel il se plaça lui-même à l'arrière-garde.
Là, se montrant au milieu de ses soldats, escar-
mouchant tous les jours avec eux, il parvint à
donner à sa retraite une attitude plus ferme. Il fit
évacuer Bruxelles avec beaucoup d'ordre, traversa
cette ville le 25, et le 27 vint camper à Ath. Là,
il eut de nouvelles conférences avec le colonel
Mack, en fut traité avec beaucoup de délicatesse et
d'égards; et cette entrevue, qui n'avait pour objet
que de régler les détails de l'armistice, se changea
bientôt en une négociation plus importante. Dumouriez confia tous ses ressentiments au colonel
étranger, et lui découvrit ses projets de renverser
la Convention nationale. Ici, abusé par le ressentiment, s'exaltant sur l'idée d'une désorganisation
générale, le sauveur de la France dans l'Argonne
obscurcit sa gloire en traitant avec un ennemi dont
l'ambition devait rendre toutes les intentions suspectes, et dont la puissance était alors la plus
dangereuse pour nous. Il n'y a, comme nous
l'avons déjà dit, qu'un choix pour l'homme de
génie dans ces situations difficiles : ou se retirer et

Mars 1793.
Évacuation
de la Belgique.

abdiquer toute influence, pour ne pas être complice d'un système qu'il désapprouve; ou s'isoler du mal qu'il ne peut empêcher, et faire une chose, une seule chose, toujours morale, toujours glorieuse, travailler à la défense de son pays.

Dumouriez convint avec le colonel Mack qu'il y aurait une suspension d'armes entre les deux armées; que les Impériaux n'avanceraient pas sur Paris, pendant qu'il y marcherait lui-même, et que l'évacuation de la Belgique serait le prix de cette condescendance; il fut aussi stipulé que la place de Condé serait temporairement donnée en garantie, et que, dans le cas où Dumouriez aurait besoin des Autrichiens, ils seraient à ses ordres. Les places fortes devaient recevoir des garnisons composées d'une moitié d'Impériaux et d'une moitié de Français, mais sous le commandement de chefs français, et à la paix toutes les places seraient rendues. Telles furent les coupables conventions faites par Dumouriez avec le prince de Cobourg, par l'intermédiaire du colonel Mack.

On ne connaissait encore à Paris que la défaite de Neerwinden et l'évacuation successive de la Belgique. La perte d'une grande bataille, une retraite précipitée, concourant avec les nouvelles qu'on avait reçues de l'Ouest, y causèrent la plus grande agitation. Un complot avait été découvert à Rennes, et il paraissait tramé par les Anglais, les seigneurs bretons et les prêtres non assermentés. Déjà des mouvements avaient éclaté dans l'Ouest, à l'occasion de la cherté des subsistances et de la menace de ne plus payer le culte; maintenant c'était dans le but avoué de défendre la cause de la monarchie absolue. Des rassemblements de paysans, demandant le rétablissement du clergé et des Bourbons, s'étaient montrés aux environs de Rennes et de Nantes. Orléans était en pleine insurrection, et le représentant Bourdon avait manqué d'y être assassiné. Les révoltés s'élevaient déjà à plusieurs milliers d'hommes. Il ne fallait rien moins que des armées et des généraux pour les réduire. Les grandes villes dépêchaient leurs gardes nationales; le général Labourdonnaie avançait avec son corps, et tout annonçait une guerre civile des plus sanglantes. Ainsi, d'une part, nos armées se retiraient devant la coalition, de l'autre la Vendée se levait, et jamais la fermentation ordinairement produite par le danger n'avait dû être plus grande.

Mars 1793.
Mouvements insurrectionnels dans la Vendée.

A peu près à cette époque, et à la suite du 10 mars, on avait imaginé de réunir les chefs des deux opinions au comité de sûreté générale, pour qu'ils pussent s'y expliquer sur les motifs de leurs divisions. C'est Danton qui avait provoqué l'entrevue. Les querelles de tous les jours ne satisfaisaient point des haines qu'il n'avait pas, l'exposaient à une discussion de conduite qu'il redoutait, et arrê-

Conférences entre les chefs des deux opinions dans la Convention.

taient l'œuvre de la révolution qui lui était si chère. Il en désirait donc la fin. Il avait montré une grande bonne foi dans les différents entretiens, et s'il prenait l'initiative, s'il accusait les girondins, c'était pour écarter les reproches dont il aurait pu être l'objet. Les girondins tels que Buzot, Guadet, Vergniaud, Gensonné, avec leur délicatesse accoutumée, se justifiaient comme si l'accusation eût été sérieuse, et prêchaient un converti en argumentant avec Danton. Il n'en était pas de même avec Robespierre : on l'irritait en voulant le convaincre, et on cherchait à lui démontrer ses torts, comme si cette démonstration avait dû l'apaiser. Pour Marat, qui s'était cru nécessaire à ces conférences, personne n'avait daigné lui donner une explication, et ses amis mêmes, pour n'avoir pas à se justifier de cette alliance, ne lui adressaient jamais la parole. De pareilles conférences devaient aigrir plutôt que radoucir les chefs opposés : fussent-ils parvenus à se prouver réciproquement leurs torts, une telle démonstration ne les eût certainement pas réconciliés. Les choses en étaient à ce point, lorsque les événements de la Belgique furent connus à Paris.

Sur-le-champ on s'accusa de part et d'autre ; on se reprocha de contribuer aux désastres publics, les uns en désorganisant le gouvernement, les autres en voulant ralentir son action. On demanda des explications sur la conduite de Dumouriez.

On lut la lettre du 12 mars, qui avait été tenue secrète, et à cette lecture on s'écria que Dumouriez trahissait, que bien évidemment il tenait la conduite de Lafayette, et qu'à son exemple il commençait sa trahison par des lettres insolentes à l'Assemblée. Une seconde lettre, écrite le 27 mars, et plus hardie que celle du 12, excita encore davantage les soupçons. De tous côtés on pressa Danton d'expliquer ce qu'il savait de Dumouriez. Personne n'ignorait que ces deux hommes avaient du goût l'un pour l'autre, que Danton avait insisté pour tenir secrète la lettre du 12 mars, et qu'il était parti pour en obtenir la rétractation. On disait même qu'ils avaient malversé ensemble dans la riche Belgique. Aux Jacobins, dans le comité de défense générale, dans l'Assemblée, on somma Danton de s'expliquer. Celui-ci, embarrassé des soupçons des girondins et des doutes des montagnards eux-mêmes, éprouva pour la première fois quelque peine à répondre. Il dit que les grands talents de Dumouriez avaient paru mériter des ménagements; qu'on avait cru convenable de le voir, avant de le dénoncer, afin de lui faire sentir ses torts, et le ramener, s'il était possible, à de meilleurs sentiments; que jusqu'ici les commissaires n'avaient vu dans sa conduite que l'effet de mauvaises suggestions, et surtout le chagrin de ses derniers revers; mais qu'ils avaient cru et qu'ils

Mars 1793.

Danton sommé de s'expliquer sur la conduite de Dumouriez.

croyaient encore pouvoir conserver ses talents à la république.

Motion de Robespierre contre la famille d'Orléans.

Robespierre dit que, s'il en était ainsi, il ne fallait pas le ménager, et qu'il était inutile de garder tant de mesure avec lui. Il renouvela en outre la motion que Louvet avait faite contre les Bourbons restés en France, c'est-à-dire contre les membres de la famille d'Orléans; et il parut étrange que Robespierre, qui, en janvier, les avait si fortement défendus contre les girondins, les attaquât maintenant avec tant de fureur. Mais son âme soupçonneuse avait tout de suite supposé de sinistres complots. Il s'était dit : Un ancien prince du sang ne peut se résigner à son nouvel état, et bien qu'il s'appelle *Égalité*, son sacrifice ne peut être sincère; il conspire donc, et en effet tous nos généraux lui appartiennent : Biron, qui commande aux Alpes, est son intime; Valence, général de l'armée des Ardennes, est gendre de son confident Sillery; ses deux fils occupent le premier rang dans l'armée de la Belgique; Dumouriez enfin leur est ouvertement dévoué, et il les élève avec un soin particulier : les girondins ont attaqué en janvier la famille d'Orléans, mais c'est une feinte de leur part qui n'avait d'autre but que d'écarter tout soupçon de connivence : Brissot, ami de Sillery, est l'intermédiaire de la conspiration; voilà le complot découvert : le trône est relevé et la France perdue, si on ne s'empresse de proscrire les conjurés. Telles étaient les conjectures de Robespierre ; et, ce qu'il y a de plus effrayant dans cette manière de raisonner, c'est que Robespierre, inspiré par la haine, croyait à ces calomnies. La Montagne étonnée repoussa sa proposition. « Donnez donc des preuves, lui disaient ceux qui étaient assis à ses côtés. — Des preuves, répondait-il, des preuves ! je n'en ai pas, mais j'ai la *conviction morale !* »

Mars 1793.

Sur-le-champ on songea, comme on le faisait toujours dans les moments de danger, à accélérer l'action du pouvoir exécutif et celle des tribunaux, pour se garantir à la fois de ce qu'on appelait l'ennemi extérieur et intérieur.

Décrets révolutionnaires.

On fit donc partir à l'instant même les commissaires nommés pour le recrutement, et on examina la question de savoir si la Convention ne devait pas *prendre une plus grande part à l'exécution des lois*. La manière dont le pouvoir exécutif était organisé paraissait insuffisante. Des ministres placés hors de l'Assemblée, agissant de leur chef et sous sa surveillance très-éloignée, un comité chargé de faire des rapports sur toutes les mesures de sûreté générale, toutes ces autorités se contrôlant les unes les autres, délibérant éternellement sans agir, paraissaient très au-dessous de l'immense tâche qu'elles avaient à remplir. D'ailleurs ce ministère, ces comités, étaient composés de membres suspects, parce qu'ils étaient modérés; et dans ce temps où la promptitude, la force, étaient des conditions indispensables de succès, toute lenteur, toute modération était suspecte de conspiration. On songea donc à établir un comité qui réunirait à la fois les fonctions du comité diplomatique, du comité militaire, du comité de sûreté générale, qui pourrait au besoin ordonner et agir de son chef, et arrêter ou suppléer l'action ministérielle. Divers projets d'organisation furent présentés pour remplir cet objet, et confiés à une commission chargée de les discuter. Immédiatement après, on s'occupa des moyens d'atteindre l'ennemi intérieur, c'est-à-dire *les aristocrates*, *les traîtres*, dont on se disait entouré. La France, s'écriait-on, est pleine de prêtres réfractaires, de nobles, de leurs anciennes créatures, de leurs anciens domestiques, et cette clientèle, encore considérable, nous entoure, nous trahit, et nous menace aussi dangereusement que les baïonnettes ennemies. Il faut les découvrir, les signaler, et les entourer d'une lumière qui les empêche d'agir. Les jacobins avaient donc proposé, et la Convention avait décrété, que, d'après une coutume inventée à la Chine, le nom de toutes les personnes habitant une maison serait inscrit sur leurs portes[1]. On avait ensuite ordonné le désarmement de tous les citoyens *suspects*, et on avait

1. Décret du 29 mars.

qualifié tels les prêtres non assermentés, les nobles, les ci-devant seigneurs, les fonctionnaires destitués, etc. Le désarmement devait s'opérer par la voie des visites domiciliaires ; et le seul adoucissement apporté à cette mesure fut que les visites ne pouvaient avoir lieu la nuit. Après s'être ainsi assuré le moyen de poursuivre et d'atteindre tous ceux qui donnaient le moindre ombrage, on avait enfin ajouté celui de les frapper de la manière la plus prompte, en installant le tribunal révolutionnaire. C'est sur la proposition de Danton que ce terrible instrument de la défiance révolutionnaire fut mis en exercice. Cet homme redoutable en avait compris l'abus, mais avait tout sacrifié au but. Il savait que frapper vite, c'est examiner moins attentivement ; qu'examiner moins attentivement, c'est s'exposer à se tromper, surtout en temps de parti ; et que se tromper, c'est commettre une atroce injustice. Mais, à ses yeux, la révolution était la société accélérant son action en toutes choses, en matière de justice, d'administration et de guerre. En temps calme, la société aime mieux, disait-il, laisser échapper le coupable que frapper l'innocent, parce que le coupable est peu dangereux ; mais, à mesure qu'il le devient davantage, elle tend davantage aussi à le saisir ; et lorsqu'il devient si dangereux qu'il pourrait la faire périr, ou du moins quand elle le croit ainsi, elle frappe tout ce qui excite ses soupçons, et préfère alors atteindre un innocent que laisser échapper un coupable. Telle est la dictature, c'est-à-dire l'action violente dans les sociétés menacées ; elle est rapide, arbitraire, fautive, mais irrésistible.

Ainsi la concentration des pouvoirs dans la Convention, l'installation du tribunal révolutionnaire, le commencement de l'inquisition contre les suspects, un redoublement de haine contre les députés qui résisteraient à ces moyens extraordinaires, furent le résultat de la bataille de Neerwinden, de la retraite de la Belgique, des menaces de Dumouriez, et des mouvements de la Vendée.

Effet des revers des Français sur l'esprit de Dumouriez.

L'humeur de Dumouriez s'était accrue avec ses revers. Il venait d'apprendre que l'armée de Hollande se retirait en désordre, abandonnait Anvers et l'Escaut, en laissant dans Breda et Gertruydenberg les deux garnisons françaises ; que d'Harville n'avait pu garder le château de Namur, et se repliait sur Givet et Maubeuge ; que Neuilly enfin, loin de pouvoir se maintenir à Mons, s'était vu obligé de se retirer sur Condé et Valenciennes, parce que sa division, au lieu de prendre position sur les hauteurs de Nimy, avait pillé les magasins et pris la fuite. Ainsi, par suite des désordres de cette armée, il voyait s'évanouir le projet de former en Belgique un demi-cercle de places fortes, qui aurait passé de Namur en Flandre et en Hollande, et au centre duquel il se serait placé pour agir avec plus d'avantage. Il n'avait bientôt plus rien à offrir en échange aux Impériaux, et il tombait sous leur dépendance en s'affaiblissant. Sa colère augmentait en approchant de la France, en voyant les désordres de plus près, et en entendant les cris qui s'élevaient contre lui. Déjà il ne se cachait plus; et ses paroles, proférées en présence de son état-major et répétées dans l'armée, annonçaient les projets qui fermentaient dans sa tête. La sœur du duc d'Orléans et Mme de Sillery, fuyant les proscriptions qui les menaçaient, s'étaient rendues en Belgique pour chercher une protection auprès de leurs frères. Elles étaient à Ath, et ce fut un nouvel aliment donné aux soupçons.

Mars 1793.

Trois envoyés jacobins, un nommé Dubuisson, réfugié de Bruxelles, Proly, fils naturel de Kaunitz, et Pereyra, juif portugais, se rendirent à Ath, sous le prétexte faux ou vrai d'une mission de Lebrun. Ils se transportèrent auprès du général en espions du gouvernement, et n'eurent aucune peine à découvrir les projets que Dumouriez ne cachait plus. Ils le trouvèrent entouré du général Valence et des fils d'Orléans, furent fort mal reçus, et entendirent les paroles les moins flatteuses pour les jacobins et la Convention. Cependant le lendemain ils revinrent, et obtinrent un entretien secret. Cette fois Dumouriez se décela entièrement : il commença

Entretien de Dumouriez avec des émissaires des jacobins.

par leur dire qu'il était assez fort pour se battre devant et derrière; que la Convention était composée de deux cents brigands et de six cents imbéciles, et qu'il se moquait de ses décrets, qui bientôt n'auraient plus de valeur que dans la banlieue de Paris. « Quant au tribunal révolutionnaire, ajouta-t-il avec une indignation croissante, je saurai l'empêcher, et tant que j'aurai trois pouces de fer à mes côtés, cette horreur n'existera jamais. » Ensuite, il s'emporta contre les volontaires, qu'il appelait des lâches; il dit qu'il ne voulait plus que des troupes de ligne, et qu'avec elles il irait mettre fin à tous les désordres de Paris. « Vous ne voulez donc pas « de Constitution, lui demandent alors les trois in- « terlocuteurs. — La nouvelle Constitution imagi- « née par Condorcet est trop sotte. — Et que met- « trez-vous à la place? — L'ancienne de 1791, « toute mauvaise qu'elle est. — Mais il faudra un « roi, et le nom de Louis fait horreur. — Qu'il s'ap- « pelle Louis ou Jacques, peu importe. — Ou Phi- « lippe, reprend l'un des envoyés. Mais comment « remplacerez-vous l'Assemblée actuelle? » Dumouriez cherche un moment, puis ajoute : « Il y a « des administrations locales, toutes choisies par la « confiance de la nation; et les cinq cents prési- « dents de district seront les cinq cents représen- « tants. — Mais avant leur réunion, qui aura l'ini- « tiative de cette révolution? — Les mameluks,

« c'est-à-dire mon armée. Elle émettra ce vœu, les
« présidents de district le feront confirmer, et je
« ferai la paix avec la coalition, qui, si je ne m'y
« oppose, est à Paris dans quinze jours. »

Les trois envoyés, soit, comme l'a cru Dumouriez, qu'ils vinssent le sonder dans l'intérêt des jacobins, soit qu'ils voulussent l'engager à se dévoiler davantage, lui suggèrent alors une idée. Pourquoi, lui disent-ils, ne mettrait-il pas les jacobins, qui sont un corps délibérant tout préparé, à la place de la Convention? Une indignation mêlée de mépris éclate à ces mots sur le visage du général, et ils retirent leur proposition. Ils lui parlent alors du danger auquel son projet exposerait les Bourbons qui sont détenus au Temple, et auxquels il paraît s'intéresser. Dumouriez réplique aussitôt que, périraient-ils tous jusqu'au dernier, à Paris et à Coblentz, la France trouverait un chef et serait sauvée; qu'au reste, si Paris commettait de nouvelles barbaries sur les infortunés prisonniers du Temple, il y serait sur-le-champ, et qu'avec douze mille hommes il en serait le maître. Il n'imiterait pas l'imbécile de Broglie, qui, avec trente mille hommes, avait laissé prendre la Bastille; mais avec deux postes, à Nogent et à Pont-Sainte-Maxence, il ferait mourir les Parisiens de faim. « Au reste, ajoute-t-il, vos jacobins peuvent expier tous leurs crimes : qu'ils sauvent les infortunés prisonniers, et chassent les sept cent quarante-cinq tyrans de la Convention, et ils sont pardonnés. »

Ses interlocuteurs lui parlent alors de ses dangers. « Il me reste toujours, dit-il, un temps de galop vers les Autrichiens. — Vous voulez donc partager le sort de Lafayette? — Je passerai à l'ennemi autrement que lui; et d'ailleurs les puissances ont une autre opinion de mes talents, et ne me reprochent pas les 5 et 6 octobre. »

Dumouriez avait raison de ne pas redouter le sort de Lafayette; on estimait trop ses talents, et on n'estimait pas assez la fermeté de ses principes, pour l'enfermer à Olmutz. Les trois envoyés le quittèrent en lui disant qu'ils allaient sonder Paris et les jacobins sur ce sujet.

Dumouriez, tout en croyant ses interlocuteurs de purs jacobins, ne s'en était pas exprimé avec moins d'audace. Dans ce moment en effet ses projets devenaient évidents. Les troupes de ligne et les volontaires s'observaient avec défiance, et tout annonçait qu'il allait lever le drapeau de la révolte.

Dumouriez est mandé à la barre de la Convention.

Le pouvoir exécutif avait reçu des rapports alarmants, et le comité de sûreté générale avait proposé et fait rendre un décret par lequel Dumouriez était mandé à la barre. Quatre commissaires, accompagnés du ministre de la guerre, étaient chargés de se transporter à l'armée pour notifier le décret et amener le général à Paris. Ces quatre commissaires étaient Bancal, Quinette, Camus et Lamarque. Beurnonville s'était joint à eux, et son rôle était difficile à cause de l'amitié qui l'unissait à Dumouriez.

Cette commission partit le 30 mars. Le même jour Dumouriez se porta au champ de Bruille, d'où il menaçait à la fois les trois places importantes de Lille, Condé et Valenciennes. Il était fort incertain sur le parti qu'il devait prendre, car son armée était partagée. L'artillerie, la troupe de ligne, la cavalerie, tous les corps organisés lui paraissaient dévoués; mais les volontaires nationaux commençaient à murmurer et à se séparer des autres. Dans cette situation, il ne lui restait qu'une ressource, c'était de désarmer les volontaires. Mais il s'exposait à un combat, et l'épreuve était difficile, parce que les troupes de ligne pouvaient avoir de la répugnance à égorger des compagnons d'armes. D'ailleurs, parmi ces volontaires il y en avait qui s'étaient fort bien battus, et qui paraissaient lui être attachés. Hésitant sur cette mesure de rigueur, il songea à s'emparer des trois places au centre desquelles il s'était porté. Par leur moyen il se procurait des vivres, et il avait un point d'appui contre l'ennemi, dont il se défiait toujours. Mais l'opinion était divisée dans ces trois places. Les sociétés populaires, aidées des volontaires, s'y étaient soulevées contre lui et menaçaient la troupe de

Mars 1793.

Dispositions de l'armée de Dumouriez.

Mars 1793.

Tentatives de Dumouriez sur Lille et Valenciennes.

ligne. A Valenciennes, et à Lille, les commissaires de la Convention excitaient le zèle des républicains, et dans Condé seulement l'influence de la division Neuilly donnait l'avantage à ses partisans. Parmi les généraux de division, Dampierre se conduisait à son égard comme lui-même avait fait à l'égard de Lafayette après le 10 août; et plusieurs autres, sans se déclarer encore, étaient prêts à l'abandonner.

Le 31, six volontaires, portant sur leur chapeau ces mots écrits avec de la craie : *République ou la mort*, l'abordèrent dans son camp, et firent mine de vouloir s'emparer de sa personne. Aidé de son fidèle Baptiste, il les repoussa et les livra à ses hussards. Cet événement causa une grande rumeur dans l'armée; les divers corps lui firent dans la journée des adresses qui ranimèrent sa confiance. Il leva aussitôt l'étendard, et détacha Miacsinski avec quelques mille hommes pour marcher sur Lille. Miacsinski s'avança sur cette place, et confia au mulâtre Saint-George, qui commandait un régiment de la garnison, le secret de son entreprise. Celui-ci engagea Miacsinski à se présenter dans la place avec une légère escorte. Le malheureux général se laissa entraîner, et une fois entré dans Lille, il fut entouré et livré aux autorités. Les portes furent fermées, et la division erra sans général sur les glacis de Lille. Dumouriez envoya aussitôt un aide de camp pour la rallier. Mais l'aide de camp fut pris aussi, et la division, dispersée, fut perdue pour lui. Après cette tentative malheureuse, il en essaya une pareille sur Valenciennes, où commandait le général Ferrand, qu'il croyait très-bien disposé en sa faveur. Mais l'officier chargé de surprendre la place trahit ses projets, s'unit à Ferrand et aux commissaires de la Convention, et il perdit encore Valenciennes. Il ne lui restait donc plus que Condé. Placé entre la France et l'étranger, il n'avait que ce dernier point d'appui. S'il le perdait, il fallait qu'il se soumît aux Impériaux, qu'il se remît entièrement dans leurs mains, et qu'il s'exposât à indigner son armée, en les faisant marcher avec elle.

Le 1er avril, il transporta son quartier général aux Boues de Saint-Amand, pour être plus rapproché de Condé. Il fit arrêter le fils de Lecointre, député de Versailles, et l'envoya comme otage à Tournay, en priant l'Autrichien Clerfayt de le faire garder en dépôt dans la citadelle. Le 2 au soir, les quatre députés de la Convention, précédés de Beurnonville, arrivèrent chez Dumouriez. Les hussards de Berchiny étaient en bataille devant sa porte, et tout son état-major était rangé autour de lui. Dumouriez embrassa d'abord son ami Beurnonville, et demanda aux députés l'objet de leur mission. Ils refusèrent de s'expliquer devant cette

Avril 1793.

Refus
de Dumouriez
de se soumettre
au décret
de
la Convention.

foule d'officiers dont les dispositions leur paraissaient peu rassurantes, et ils voulurent passer dans un appartement voisin. Dumouriez y consentit, mais les officiers exigèrent que la porte en restât ouverte. Camus lut alors le décret, en lui enjoignant de s'y soumettre. Dumouriez répondit que l'état de son armée exigeait sa présence, et que, lorsqu'elle serait réorganisée, il verrait ce qu'il aurait à faire. Camus insista avec force; mais Dumouriez répondit qu'il ne serait pas assez dupe pour se rendre à Paris, et se livrer au tribunal révolutionnaire; que des tigres demandaient sa tête, mais qu'il ne voulait pas la leur donner. Les quatre commissaires l'assurèrent en vain qu'on n'en voulait pas à sa personne, qu'ils répondaient de lui, que cette démarche satisferait la Convention, et qu'il serait bientôt rendu à son armée. Il ne voulut rien entendre, il les pria de ne pas le pousser à l'extrémité, et leur dit qu'ils feraient mieux de prendre un arrêté modéré, par lequel ils déclareraient que dans le moment le général Dumouriez leur avait paru trop nécessaire pour l'arracher à son armée. Il sortit en achevant ces mots, et leur enjoignit de se décider. Il repassa alors avec Beurnonville dans la salle où se trouvait l'état-major, et attendit au milieu de ses officiers l'arrêté des commissaires. Ceux-ci, avec une noble fermeté, sortirent un instant après, et lui réitérèrent leur sommation. « Voulez-vous obéir à la Convention? lui dit Camus. — Non, réplique le général. — Eh bien, reprit Camus, vous êtes suspendu de vos fonctions; vos papiers vont être saisis et votre personne arrêtée. — C'est trop fort, s'écria Dumouriez; à moi, hussards! » Les hussards accoururent. « Arrêtez ces gens-là, leur dit-il en allemand; mais qu'on ne leur fasse aucun mal. » Beurnonville le pria de lui faire partager leur sort. « Oui, lui répondit-il, et je crois vous rendre un véritable service; je vous arrache au tribunal révolutionnaire. »

Dumouriez leur fit donner à manger, et les envoya ensuite à Tournay, pour être gardés en otage par les Autrichiens. Dès le lendemain matin, il monta à cheval et fit une proclamation à l'armée et à la France, et trouva dans ses soldats, surtout ceux de la ligne, les dispositions en apparence les plus favorables.

Toutes ces nouvelles étaient successivement arrivées à Paris. On y avait connu l'entrevue de Dumouriez avec Proly, Dubuisson et Pereyra, ses tentatives sur Lille et Valenciennes, et enfin l'arrestation des quatre commissaires. Sur-le-champ la Convention, les assemblées municipales, les sociétés populaires, s'étaient déclarées permanentes, la tête de Dumouriez avait été mise à prix, tous les parents des officiers de son armée avaient été mis en arrestation pour servir d'otages. On ordonna

Avril 1793.

Dumouriez fait arrêter et livre aux Autrichiens les commissaires de la Convention.

Mesures provoquées par la conduite de Dumouriez.

Avril 1793.

Les girondins présentés comme complices de Dumouriez.

dans Paris et les villes voisines la levée d'un corps de quarante mille hommes pour couvrir la capitale, et Dampierre reçut le commandement général de l'armée de la Belgique. A ces mesures d'urgence se joignirent, comme toujours, des calomnies. Partout on rangeait ensemble Dumouriez, d'Orléans, les girondins, et on les déclarait complices. Dumouriez était, disait-on, un de ces aristocrates militaires, un membre de ces anciens états-majors, dont on ne cessait de dévoiler les mauvais principes; d'Orléans était le premier de ces grands qui avaient feint pour la liberté un faux attachement, et qui se démasquaient après une hypocrisie de quelques années; les girondins enfin n'étaient que des députés devenus infidèles comme tous les membres de tous les côtés droits, et qui abusaient de leur mandat pour perdre la liberté. Dumouriez ne faisait, un peu plus tard, que ce que Bouillé et Lafayette avaient fait plus tôt; d'Orléans tenait la même conduite que les autres membres de la famille des Bourbons, et il avait seulement persisté dans la révolution un peu plus longtemps que le comte de Provence; les girondins, comme Maury et Cazalès dans la Constituante, comme Vaublanc et Pastoret dans la Législative, trahissaient leur patrie aussi visiblement, mais seulement à des époques différentes. Ainsi, Dumouriez, d'Orléans, Brissot, Vergniaud, Guadet, Gensonné, etc., tous complices, étaient les traîtres de cette année.

Les girondins répondaient en disant qu'ils avaient toujours poursuivi d'Orléans, et que c'étaient les montagnards qui l'avaient défendu; qu'ils étaient brouillés avec Dumouriez et sans relation avec lui, et qu'au contraire ceux qui avaient été envoyés auprès de lui dans la Belgique, ceux qui l'avaient suivi dans toutes ses expéditions, ceux qui s'étaient toujours montrés ses amis, et qui avaient même pallié sa conduite, étaient des montagnards. Lasource, poussant la hardiesse plus loin, eut l'imprudence de désigner Lacroix et Danton, et de les accuser d'avoir arrêté le zèle de la Convention, en déguisant la conduite de Dumouriez. Ce reproche de Lasource réveillait les soupçons élevés déjà sur la conduite de Lacroix et de Danton dans la Belgique. On disait en effet qu'ils avaient échangé l'indulgence avec Dumouriez; qu'il avait supporté leurs rapines, et qu'ils avaient excusé sa défection. Danton, qui ne demandait aux girondins que le silence, fut rempli de fureur, s'élança à la tribune, leur jura une guerre à mort. « Plus de paix ni de trève, s'é-« cria-t-il, entre vous et nous. » Agitant son visage effrayant, menaçant du poing le côté droit de l'Assemblée : « Je me suis retranché, dit-il, dans la ci-« tadelle de la raison; j'en sortirai avec le canon « de la vérité, et je pulvériserai les scélérats qui « ont voulu m'accuser. »

Le résultat de ces accusations réciproques fut :

Avril 1793.
Réponse des girondins.

Guerre à mort déclarée aux girondins par Danton.

1° la nomination d'une commission chargée d'examiner la conduite des commissaires envoyés dans la Belgique; 2° l'adoption d'un décret qui devait avoir des conséquences funestes, et qui portait que, sans avoir égard à l'inviolabilité des représentants, ils seraient mis en accusation dès qu'ils seraient fortement présumés de complicité avec les ennemis de l'État; 3° enfin la mise en arrestation et la translation dans les prisons de Marseille, de Philippe d'Orléans et de toute sa famille[1]. Ainsi, la destinée de ce prince, jouet de tous les partis, tour à tour suspect aux jacobins et aux girondins, et accusé de conspirer avec tout le monde parce qu'il ne conspirait avec personne, était la preuve qu'aucune grandeur passée ne pouvait subsister au milieu de la révolution actuelle, et que le plus profond et le plus volontaire abaissement ne pourrait ni calmer les défiances, ni conjurer l'échafaud.

Dumouriez ne crut pas devoir perdre un moment. Voyant Dampierre et plusieurs généraux de division l'abandonner, d'autres n'attendre que le moment favorable, et une foule d'émissaires travailler ses troupes, il pensait qu'il fallait les mettre en mouvement, pour entraîner ses officiers et ses soldats, et les soustraire à toute autre influence que la sienne. D'ailleurs le temps pressait, il fallait agir. En conséquence il fit fixer un rendez-vous avec le prince

[1]. Décret du 6 avril.

de Cobourg, pour le 4 avril au matin, afin de régler définitivement avec lui et le colonel Mack les opérations qu'il méditait. Le rendez-vous devait avoir lieu près de Condé. Son projet était d'entrer ensuite dans la place, de purger la garnison, et, se portant avec toute son armée sur Orchies, de menacer Lille, et de tâcher de la réduire en déployant toutes ses forces.

Le 4 au matin, il partit pour se rendre au lieu du rendez-vous, et de là à Condé. Il n'avait commandé qu'une escorte de cinquante chevaux, et, comme elle tardait à arriver, il se mit en route, ordonnant qu'on l'envoyât à sa suite. Thouvenot, les fils d'Orléans, quelques officiers et un certain nombre de domestiques l'accompagnaient. A peine arrivé sur le chemin de Condé, il rencontre deux bataillons de volontaires, qu'il est fort étonné d'y trouver. N'ayant pas ordonné leur déplacement, il veut mettre pied à terre auprès d'une maison, pour écrire l'ordre de les faire retourner, lorsqu'il entend pousser des cris et tirer des coups de fusil. Ces bataillons en effet se divisent, et les uns le poursuivent en criant : *Arrêtez!* les autres veulent lui couper la fuite vers un fossé. Il s'élance alors avec ceux qui l'accompagnaient, et devance les volontaires courant à sa poursuite. Arrivé sur le bord du fossé, et son cheval se refusant à le franchir, il se jette dedans, arrive à l'autre bord au

Avril 1793.

Des volontaires cherchent à arrêter Dumouriez.

milieu d'une grêle de coups de fusil, et, acceptant le cheval d'un domestique, s'enfuit à toute bride vers Bury. Après avoir couru toute la journée, il y arrive le soir, et est rejoint par le colonel Mack, averti de ce qui s'était passé. Il emploie toute la nuit à écrire, et à convenir avec le colonel Mack et le prince de Cobourg de toutes les conditions de leur alliance, et il les étonne par le projet de retourner au milieu de son armée après ce qui venait d'arriver.

Dès le matin, en effet, il remonta à cheval, et, accompagné par des cavaliers impériaux, il rentra par Maulde au milieu de son armée. Quelques troupes de ligne l'entourèrent et lui donnèrent encore des démonstrations d'attachement, cependant beaucoup de visages étaient mornes. La nouvelle de sa fuite à Bury, au milieu des armées ennemies, et la vue des dragons impériaux, avaient produit une impression funeste pour lui, honorable pour nos soldats, et heureuse pour la fortune de la France. On lui apprit en effet que l'artillerie, sur la nouvelle qu'il avait passé aux Autrichiens, venait de quitter le camp, et que la retraite de cette portion de l'armée si influente avait découragé le reste. Des divisions entières se rendaient à Valenciennes, et se ralliaient à Dampierre. Il se vit alors obligé de quitter définitivement son armée, et de repasser aux Impériaux. Il y fut suivi par un nombreux état-major, dans lequel se trouvaient les deux jeunes d'Orléans et Thouvenot, et par les hussards de Berchiny, dont le régiment tout entier voulut l'accompagner.

Avril 1793.

Le prince de Cobourg et le colonel Mack, dont il était devenu l'ami, le traitèrent avec beaucoup d'égards, et on voulut renouveler avec lui les projets de la veille, en le faisant chef d'une nouvelle émigration qui serait autre que celle de Coblentz. Mais, après deux jours, il dit au prince autrichien que c'était avec les soldats de la France, et en acceptant les Impériaux seulement comme auxiliaires, qu'il avait cru exécuter ses projets contre Paris; mais que sa qualité de Français ne lui permettait pas de marcher à la tête des étrangers. Il demanda des passe-ports pour se retirer en Suisse. On les lui accorda sur-le-champ. Le grand cas qu'on faisait de ses talents et le peu de cas qu'on faisait de ses principes politiques lui valurent des égards que n'avait pas obtenus Lafayette, qui, dans ce moment, expiait dans les cachots d'Olmutz sa constance héroïque. Ainsi finit la carrière de cet homme supérieur, qui avait montré tous les talents, ceux du diplomate, de l'administrateur, du capitaine; tous les courages, celui de l'homme civil qui résiste aux orages de la tribune, celui du soldat qui brave le boulet ennemi, celui du général qui affronte et les situations désespérées et

Dumouriez
se
retire en Suisse.

Jugement
sur
Dumouriez.

les hasards des entreprises les plus audacieuses; mais qui, sans principes, sans l'ascendant moral qu'ils procurent, sans autre influence que celle du génie, bientôt usée dans cette rapide succession de choses et d'hommes, essaya fortement de lutter avec la révolution, et prouva par un éclatant exemple qu'un individu ne prévaut contre une passion nationale que lorsqu'elle est épuisée. En passant à l'ennemi, Dumouriez n'eut pour excuse ni l'entêtement aristocratique de Bouillé, ni la délicatesse des principes de Lafayette; car il avait toléré tous les désordres jusqu'au moment où ils avaient contrarié ses projets. Par sa défection, il peut s'attribuer d'avoir accéléré la chute des girondins et la grande crise révolutionnaire. Cependant il ne faut pas oublier que cet homme, sans attachement pour aucune cause, avait pour la liberté une préférence de raison; il ne faut pas oublier qu'il chérissait la France; que, lorsque personne ne croyait à la possibilité de résister à l'étranger, il l'essaya, et crut en nous plus que nous-mêmes; qu'à Sainte-Menehould, il nous apprit à envisager l'ennemi de sang-froid; qu'à Jemmapes, il nous enflamma, et nous replaça au rang des premières puissances : il ne faut pas oublier enfin que, s'il nous abandonna, il nous avait sauvés. D'ailleurs il a tristement vieilli loin de sa patrie, et on ne peut se défendre d'un profond regret, à la vue d'un homme dont cinquante années se passèrent dans les intrigues de cour, trente dans l'exil, et dont trois seulement furent employées sur un théâtre digne de son génie.

Dampierre reçut le commandement en chef de l'armée du Nord, et retrancha ses troupes au camp de Famars, de manière à secourir celles de nos places qui seraient menacées. La force de cette position et le plan de campagne même des coalisés, d'après lequel ils ne devaient pas pénétrer plus avant, jusqu'à ce que Mayence fût reprise, retardaient nécessairement de ce côté les événements de la guerre. Custine, qui, pour expier ses fautes n'avait pas cessé d'accuser ses collègues et les ministres, fut écouté avec faveur en parlant contre Beurnonville, qu'on regardait comme complice de Dumouriez, quoique livré par lui aux Autrichiens ; et il obtint tout le commandement du Rhin, depuis les Vosges et la Moselle jusqu'à Huningue. Comme la défection de Dumouriez avait commencé par des négociations, on décréta la peine de mort contre le général qui écouterait des propositions de l'ennemi sans que préalablement la souveraineté du peuple et la république eussent été reconnues. On nomma ensuite Bouchotte ministre de la guerre, et Monge, quoique très-agréable aux jacobins par sa complaisance, fut remplacé comme ne pouvant suffire à tous les détails de son im-

Avril 1793.

Dampierre reçoit le commandement de l'armée du Nord.

Custine celui du Rhin.

Bouchotte nommé ministre de la guerre.

mense ministère. Il fut décidé encore que trois commissaires de la Convention résideraient constamment auprès des armées, et que chaque mois il y en aurait un de renouvelé.

La défection de Dumouriez, le fâcheux état de nos armées, et les dangers imminents où se trouvaient exposés et la révolution et le territoire, nécessitèrent toutes les mesures violentes dont nous venons de parler, et obligèrent la Convention à s'occuper enfin du projet si souvent renouvelé de donner plus de force à l'action du gouvernement, en la concentrant dans l'Assemblée. Après divers plans, on s'arrêta à celui d'un comité *de salut public*, et composé de neuf membres. Ce comité devait délibérer en secret. Il était chargé de surveiller et d'accélérer l'action du pouvoir exécutif, il pouvait même suspendre ses arrêtés quand il les croirait contraires à l'intérêt général, sauf à en instruire la Convention. Il était autorisé à prendre, dans les circonstances urgentes, les mesures de défense intérieure et extérieure, et les arrêtés signés de la majorité de ses membres devaient être exécutés sur-le-champ par le pouvoir exécutif. Il n'était institué que pour un mois, et ne pouvait délivrer de mandats d'amener que contre les agents d'exécution[1].

1. Le comité de salut public fut décrété dans la séance du 6 avril.

Les membres désignés pour en faire partie étaient Barère, Delmas, Bréard, Cambon, Jean Debry, Danton, Guyton de Morveau, Treilhard, Lacroix (d'Eure-et-Loir)[1]. Ce comité, quoiqu'il ne réunit pas encore tous les pouvoirs, avait cependant une influence immense : il correspondait avec les commissaires de la Convention, leur donnait leurs instructions, pouvait substituer aux mesures des ministres toutes celles qu'il lui plaisait d'imaginer. Par Cambon il avait les finances, et avec Danton il devait acquérir l'audace et l'influence de ce puissant chef de parti. Ainsi, par l'effet croissant du danger, on marchait vers la dictature.

Revenus de la terreur causée par la désertion de Dumouriez, les partis songeaient maintenant à s'en imputer la complicité, et le plus fort devait nécessairement accabler le plus faible. Les sections, les sociétés populaires, par lesquelles tout commençait ordinairement, prenaient l'initiative et dénonçaient les girondins par des pétitions et des adresses.

Il s'était formé, d'après une doctrine de Marat, une nouvelle réunion plus violente encore que toutes les autres. Marat avait dit que jusqu'à ce jour on n'avait fait que *bavarder* sur la souverai-

Avril 1793.
Composition du comité de salut public.

Irritation croissante des partis à Paris.

Réunion démagogique de l'Évêché, se nommant *comité central de salut public.*

---

[1]. Il fut adjoint à ces membres trois suppléants, Robert Lindet, Isnard et Cambacérès.

neté du peuple; que d'après cette doctrine bien entendue, chaque section était souveraine dans son étendue et pouvait à chaque instant révoquer les pouvoirs qu'elle avait donnés. Les plus forcenés agitateurs, s'emparant de ce principe, s'étaient en effet prétendus députés par les sections, pour vérifier l'usage qu'on faisait de leurs pouvoirs, et aviser au salut de la chose publique. Ils s'étaient réunis à l'Évêché, et se disaient autorisés à correspondre avec toutes les municipalités de la république. Aussi se nommaient-ils *Comité central de salut public*. C'est de là que partaient les propositions les plus incendiaires. On y avait résolu d'aller en corps à la Convention lui demander si elle avait des moyens de sauver la patrie. Cette réunion, qui avait fixé les regards de l'Assemblée, attira aussi ceux de la commune et des jacobins. Robespierre, qui sans doute désirait le résultat de l'insurrection, mais qui redoutait l'emploi de ce moyen, et qui avait eu peur à la veille de chaque mouvement, s'éleva contre les résolutions violentes discutées dans ces réunions inférieures, et persista dans sa politique favorite, qui consistait à diffamer les députés prétendus infidèles, et à les perdre dans l'opinion, avant d'employer contre eux aucune autre mesure. Aimant l'accusation, il redoutait l'usage de la force, et préférait aux insurrections les luttes des tribunes, qui étaient sans danger, et dont il avait tout l'honneur. Marat, qui avait parfois la vanité de la modération, comme tous les autres, dénonça la réunion de l'Évêché, quoiqu'il eût fourni les principes d'après lesquels on l'avait formée. On envoya des commissaires pour s'assurer si les membres qui la composaient étaient des hommes d'un zèle outré, ou bien des agitateurs payés. Après s'être convaincue que ce n'étaient que des patriotes trop ardents, la société des jacobins, ne voulant pas les exclure de son sein, comme on l'avait proposé, fit dresser une liste de leurs noms pour pouvoir les surveiller, et elle proposa une désapprobation publique de leur conduite, parce que, suivant elle, il ne devait pas y avoir d'autre centre de salut public qu'elle-même. Ainsi s'était préparée, et avait été critiquée d'avance, l'insurrection du 10 août. Tous ceux qui n'ont pas l'audace d'agir, tous ceux qui sont fâchés de se voir devancés, désapprouvent les premières tentatives, tout en désirant leur résultat. Danton seul gardait sur ces mouvements un profond silence, et ne désavouait ni ne désapprouvait les agitateurs subalternes. Il n'aimait point à triompher à la tribune par de longues accusations, et il préférait les moyens d'action, qui, dans ses mains, étaient immenses, car il avait à sa disposition tout ce que Paris renfermait de plus immoral et de plus turbulent. On ne sait cependant s'il agissait secrètement, mais il gardait un silence menaçant.

Plusieurs sections condamnèrent la réunion de l'Évêché; et celle du Mail fit, à ce sujet, une pétition énergique à la Convention. Celle de Bonne-Nouvelle vint, au contraire, lire une adresse dans laquelle elle dénonçait, comme amis et complices de Dumouriez, Brissot, Vergniaud, Guadet, Gensonné, etc., et demandait qu'on les frappât du glaive des lois. Après de vives agitations en sens contraire, les pétitionnaires reçurent les honneurs de la séance; mais il fut déclaré qu'à l'avenir l'Assemblée n'entendrait plus d'accusation contre ses membres, et que toute dénonciation de ce genre serait déposée au comité de salut public.

La section de la Halle aux Blés, qui était l'une des plus violentes, fit une nouvelle pétition, sous la présidence de Marat, et l'envoya aux Jacobins, aux sections et à la commune, pour qu'elle reçût leur approbation, et que, sanctionnée ainsi par toutes les autorités de la capitale, elle fût solennellement présentée par le maire Pache à la Convention. Dans cette pétition, colportée de lieux en lieux, et universellement connue, on disait qu'une partie de la Convention était corrompue, qu'elle conspirait avec les accapareurs, qu'elle était complice de Dumouriez, et qu'il fallait la remplacer par les suppléants. Le 10 avril, tandis que cette pétition circulait de section en section, Pétion, indigné, demande la parole pour une motion d'ordre. Il s'élève, avec une véhémence qui ne lui était pas ordinaire, contre les calomnies dont une partie de la Convention est l'objet, et il demande des mesures de répression. Danton, au contraire, réclame une mention honorable en faveur de la pétition qui se prépare. Pétion, révolté, veut qu'on envoie ses auteurs au tribunal révolutionnaire. Danton répond que de vrais représentants, forts de leur conscience, ne doivent pas craindre la calomnie, qu'elle est inévitable dans une république, et que d'ailleurs on n'a encore ni repoussé les Autrichiens, ni fait une constitution, et que par conséquent il est douteux que la Convention ait mérité des éloges. Il insiste ensuite pour qu'on cesse de s'occuper de querelles particulières, et pour que ceux qui se croient calomniés s'adressent aux tribunaux. On écarte donc la question; mais Fonfrède la ramène, et on l'écarte encore. Robespierre, passionné pour les querelles personnelles, la reproduit de nouveau, et demande à déchirer le voile. On lui accorde la parole, et il commence contre les girondins la plus amère, la plus atroce diffamation qu'il se fût encore permise. Il faut s'arrêter à ce discours, qui montre comment la conduite de ses ennemis se peignait dans sa sombre intelligence[1].

Avril 1793.
Renouvellement de la lutte entre les deux côtés de l'Assemblée.

Discours de Robespierre contre les complices de Dumouriez.

1. Voyez la note 6 à la fin du troisième volume, qui peint le caractère de Robespierre.

Suivant lui, il existait au-dessous de la grande aristocratie, dépossédée en 1789, une aristocratie bourgeoise, aussi vaniteuse et aussi despotique que la précédente, et dont les trahisons avaient succédé à celles de la noblesse. La franche révolution ne lui convenait pas, et il lui fallait un roi avec la Constitution de 1791, pour assurer sa domination. Les girondins en étaient les chefs. Sous la Législative, ils s'étaient emparés des ministères par Roland, Clavière et Servan; après les avoir perdus, ils avaient voulu se venger par le 20 juin; et à la veille du 10 août, ils traitaient avec la cour, et offraient la paix à condition qu'on leur rendrait le pouvoir. Le 10 août même, ils se contentaient de suspendre le roi, n'abolissaient pas la royauté, et nommaient un gouverneur au prince royal. Après le 10 août, ils s'emparaient encore des ministères, et calomniaient la commune pour ruiner son influence et s'assurer une domination exclusive. La Convention formée, ils envahissaient les comités, continuaient de calomnier Paris, de présenter cette ville comme le foyer de tous les crimes, pervertissaient l'opinion publique par le moyen de leurs journaux, et des sommes immenses que Roland consacrait à la distribution des écrits les plus perfides. En janvier, enfin, ils s'opposaient à la mort du tyran, non par intérêt pour sa personne, mais par intérêt pour la royauté. « Cette faction, continuait Robespierre, est seule cause de la guerre désastreuse que nous soutenons maintenant. Elle l'a voulue pour nous exposer à l'invasion de l'Autriche, qui promettait un congrès avec la Constitution bourgeoise de 1791. Elle l'a dirigée avec perfidie, et, après s'être servie du traître Lafayette, elle s'est servie depuis du traître Dumouriez, pour arriver au but qu'elle poursuit depuis si longtemps. D'abord, elle a feint d'être brouillée avec Dumouriez, mais la brouillerie n'était pas sérieuse, car autrefois elle l'a porté au ministère par Gensonné, son ami, et elle lui a fait allouer six millions de dépenses secrètes. Dumouriez, s'entendant avec la faction, a sauvé les Prussiens dans l'Argonne, tandis qu'il aurait pu les anéantir. En Belgique, à la vérité, il a remporté une grande victoire, mais il lui fallait un grand succès pour obtenir la confiance publique, et dès qu'il a eu cette confiance il en a abusé de toutes les manières. Il n'a pas envahi la Hollande, qu'il aurait pu occuper dès la première campagne; il a empêché la réunion à la France des pays conquis, et le comité diplomatique, d'accord avec lui, n'a rien négligé pour écarter les députés belges qui demandaient la réunion. Ces envoyés du pouvoir exécutif, que Dumouriez avait si maltraités, parce qu'ils vexaient les Belges, ont tous été choisis par les girondins, et ils étaient convenus d'envoyer des désorganisateurs contre lesquels on sévirait publiquement, pour déshonorer la cause républicaine. Dumouriez, après avoir tardivement attaqué la Hollande, revient en Belgique, perd la bataille de Neerwinden, et c'est Miranda, l'ami de Pétion et sa créature, qui, par sa retraite, décide la perte de cette bataille. Dumouriez se replie alors, et lève l'étendard de la révolte, au moment même où la faction excitait les soulèvements du royalisme dans l'Ouest; tout était donc préparé pour ce moment. Un ministre perfide avait été placé à la guerre pour cette circonstance importante; le comité de sûreté générale, composé de tous les girondins, excepté sept ou huit députés fidèles qui n'y allaient pas, ce comité ne faisait rien pour prévenir les dangers publics. Ainsi rien n'avait été négligé pour le succès de la conspiration. Il fallait un roi, mais les généraux appartenaient tous à Égalité. La famille *Égalité* était rangée autour de Dumouriez; ses fils, sa fille, et jusqu'à l'intrigante Sillery, se trouvaient auprès de lui. Dumouriez commence par des manifestes: et que dit-il? Tout ce que les orateurs et les écrivains de la faction disaient à la tribune et dans les journaux : que la Convention était composée de scélérats, à part une petite portion saine; que Paris était le foyer de tous les crimes; que les jacobins étaient des désorganisateurs qui répandaient le trouble et la guerre civile, etc. »

Telle est la manière dont Robespierre explique et la défection de Dumouriez et l'opposition des girondins. Après avoir longuement développé cet artificieux tissu de calomnies, il propose d'envoyer au tribunal révolutionnaire les complices de Dumouriez, tous les d'Orléans et leurs amis. « Quant « aux députés Guadet, Gensonné, Vergniaud, etc., « ce serait, dit-il avec une méchante ironie, un « sacrilége que d'accuser de si honnêtes gens, et, « sentant mon impuissance à leur égard, je m'en « remets à la sagesse de l'Assemblée. »

Les tribunes et la Montagne applaudirent leur *vertueux* orateur. Les girondins étaient indignés de cet infâme système, auquel une haine perfide avait autant de part qu'une défiance naturelle de caractère, car il y avait dans ce discours un art singulier à rapprocher les faits, à prévenir les objections, et Robespierre avait montré dans cette lâche accusation plus de véritable talent que dans toutes ses déclamations ordinaires. Vergniaud s'élance à la tribune, le cœur oppressé, et demande la parole avec tant de vivacité, d'instance, de résolution, qu'on la lui accorde, et que les tribunes et la Montagne finissent par la lui laisser sans trouble. Il oppose au discours médité de Robespierre un discours improvisé avec la chaleur du plus éloquent et du plus innocent des hommes.

« Il osera, dit-il, répondre à monsieur Robes-

« pierre, et il n'emploiera ni temps ni art pour
« répondre, car il n'a besoin que de son âme. Il
« ne parlera pas pour lui, car il sait que dans les
« temps de révolution la lie des nations s'agite, et
« domine un instant les hommes de bien, mais pour
« éclairer la France. Sa voix, qui plus d'une fois
« a porté la terreur dans ce palais, d'où elle a
« concouru à précipiter la tyrannie, la portera
« aussi dans l'âme des scélérats qui voudraient
« substituer leur propre tyrannie à celle de la
« royauté. »

Alors il répond à chaque inculpation de Robespierre, ce que chacun y peut répondre d'après la simple connaissance des faits. Il a provoqué la déchéance par son discours de juillet. Un peu avant le 10 août, doutant du succès de l'insurrection, ne sachant même pas si elle aurait lieu, il a indiqué à un envoyé de la cour ce qu'elle devait faire pour se réconcilier avec la nation et sauver la patrie. Le 10 août, il a siégé au bruit du canon, tandis que monsieur Robespierre était dans une cave. Il n'a pas fait prononcer la déchéance, parce que le combat était douteux, et il a proposé de nommer un gouverneur au Dauphin, parce que, dans le cas où la royauté eût été maintenue, une bonne éducation donnée au jeune prince assurait l'avenir de la France. Lui et ses amis ont fait déclarer la guerre, parce qu'elle l'était déjà de fait, et qu'il valait mieux la déclarer ouvertement, et se défendre, que la souffrir sans la faire. Lui et ses amis ont été portés au ministère et dans les comités par la voix publique. Dans la commission des vingt et un de l'Assemblée législative, ils se sont opposés à ce qu'on quittât Paris, et ils ont préparé les moyens que la France a déployés dans l'Argonne. Dans le comité de sûreté générale de la Convention, ils ont travaillé constamment, et à la face de leurs collègues qui pouvaient assister à leurs travaux. Lui, Robespierre, a déserté le comité et n'y a jamais paru. Ils n'ont pas calomnié Paris, mais combattu les assassins qui usurpaient le nom de Parisiens, et déshonoraient Paris et la république. Ils n'ont pas perverti l'opinion publique, car pour sa part il n'a pas écrit une seule lettre, et ce que Roland a répandu est connu de tout le monde. Lui et ses amis ont demandé l'appel au peuple dans le procès de Louis XVI, parce qu'ils ne croyaient pas que dans une question aussi importante on pût se passer de l'adhésion nationale. Pour lui personnellement, il connaît à peine Dumouriez, et ne l'a vu que deux fois, la première à son retour de l'Argonne, la seconde à son retour de la Belgique; mais Danton, Santerre, le voyaient, le félicitaient, le couvraient de caresses, et le faisaient dîner tous les jours avec eux. Quant à Égalité, il ne le connaît pas davantage. Les montagnards seuls l'ont connu et fréquenté ; et, lorsque les girondins l'attaquaient, les montagnards l'ont constamment défendu. Ainsi, que peut-on reprocher à lui et à ses amis?... D'être des meneurs, des intrigants? Mais ils ne courent pas les sections pour les agiter; ils ne remplissent pas les tribunes pour arracher des décrets par la terreur; ils n'ont jamais voulu laisser prendre les ministres dans les assemblées dont ils étaient membres. Des modérés?... Mais ils ne l'étaient pas au 10 août, lorsque Robespierre et Marat se cachaient; ils l'étaient en septembre, lorsqu'on assassinait les prisonniers et qu'on pillait le Garde-Meuble.

« Vous savez, dit en finissant Vergniaud, si j'ai
« dévoré en silence les amertumes dont on m'a-
« breuve depuis six mois, si j'ai su sacrifier à ma
« patrie les plus justes ressentiments; vous savez
« si, sous peine de lâcheté, sous peine de m'avouer
« coupable, sous peine de compromettre le peu de
« bien qu'il m'est encore permis de faire, j'ai pu
« me dispenser de mettre dans tout leur jour les
« impostures et la méchanceté de Robespierre.
« Puisse cette journée être la dernière que nous
« perdions en débats scandaleux! » Vergniaud demande ensuite qu'on mande la section de la Halle aux Blés, et qu'on se fasse apporter ses registres.

Le talent de Vergniaud avait captivé jusqu'à ses ennemis. Sa bonne foi, sa touchante éloquence, avaient intéressé et entraîné la grande majorité de l'Assemblée, et on lui prodiguait de toutes parts les plus vifs témoignages. Guadet demande la parole; mais à sa vue la Montagne silencieuse s'ébranle, et pousse des cris affreux. La séance fut suspendue, et ce ne fut que le 12 que Guadet obtint à son tour la faculté de répondre à Robespierre, et il le fit de manière à exciter les passions bien plus vivement que Vergniaud. Personne, selon lui, n'avait conspiré; mais les apparences, s'il y en avait, étaient bien plus contre les montagnards et les jacobins, qui avaient eu des relations avec Dumouriez et Égalité, que contre les girondins, qui étaient brouillés avec tous deux. « Qui était, s'écrie Guadet, qui « était avec Dumouriez aux jacobins, aux specta- « cles? Votre Danton. — Ah! tu m'accuses, s'écrie « Danton; tu ne connais pas ma force! »

La fin du discours de Guadet est remise au lendemain. Il continue à rejeter toute conspiration, s'il y en a une, sur les montagnards. Il lit, en finissant, une adresse qui, comme celle de la Halle aux Blés, était signée par Marat. Elle était des jacobins, et Marat l'avait signée comme président de la société. Elle renfermait ces paroles que Guadet lit à l'Assemblée : *Citoyens, armons-nous! La contre-révolution est dans le gouvernement, elle est dans le sein de la Convention. Citoyens, marchons-y, marchons!*

« Oui, s'écrie Marat de sa place, oui, marchons! » A ces mots, l'Assemblée se soulève, et demande le

Avril 1793.

Marat est décrété d'accusation et arrêté à la Convention.

décret d'accusation contre Marat. Danton s'y oppose, en disant que des deux côtés de l'Assemblée on paraissait d'accord pour accuser la famille d'Orléans, qu'il fallait donc l'envoyer devant les tribunaux, mais qu'on ne pouvait accuser Marat pour un cri jeté au milieu d'une discussion orageuse. On répond à Danton que les d'Orléans ne doivent plus être jugés à Paris, mais à Marseille. Il veut parler encore; mais, sans l'écouter, on donne la priorité au décret d'accusation contre Marat, et Lacroix demande qu'il soit mis sur-le-champ en arrestation. « Puisque mes ennemis, s'écrie Marat, ont perdu « toute pudeur, je demande une chose : le décret « est fait pour exciter un mouvement; faites-moi « donc accompagner par deux gendarmes aux jaco- « bins, pour que j'aille leur recommander la paix. » Sans écouter ces ridicules boutades, il est mis en arrestation, et on ordonne la rédaction de l'acte d'accusation pour le lendemain à midi.

Robespierre courut aux jacobins exprimer son indignation, célébrer l'énergie de Danton, la modération de Marat, et leur recommander d'être calmes, afin qu'on ne pût pas dire que Paris s'était insurgé pour délivrer un jacobin.

Marat est envoyé devant le tribunal révolutionnaire.

Le lendemain, l'acte d'accusation fut lu et approuvé par l'Assemblée, et l'accusation tant de fois proposée contre Marat fut sérieusement poursuivie devant le tribunal révolutionnaire.

C'était le projet d'une pétition contre les girondins qui avait amené ces violentes explications entre les deux côtés de l'Assemblée; mais il ne fut rien statué à cet égard, et on ne pouvait rien statuer en effet, puisque l'Assemblée n'avait pas la force d'arrêter les mouvements qui produisaient les pétitions. On suivit avec activité le projet d'une adresse générale de toutes les sections, et on convint d'une rédaction uniforme; sur quarante-trois sections, trente-cinq y avaient adhéré; le conseil général de la commune l'approuva, et le 15 avril les commissaires des trente-cinq sections, ayant le maire Pache à leur tête, s'étaient présentés à la barre. C'était en quelque sorte le manifeste par lequel la commune de Paris déclarait ses intentions, et menaçait de l'insurrection en cas de refus. Ainsi elle avait fait avant le 10 août, ainsi elle faisait à la veille du 31 mai. Rousselin, orateur et commissaire de l'une des sections, en fit la lecture. Après avoir retracé la conduite criminelle d'un certain nombre de députés, la pétition demandait leur expulsion de la Convention, et les énumérait l'un après l'autre. Ils étaient vingt-deux: Brissot, Guadet, Vergniaud, Gensonné, Grangeneuve, Buzot, Barbaroux, Salles, Biroteau, Pontécoulant, Pétion, Lanjuinais, Valazé, Hardy, Louvet, Lehardy, Gorsas, Fauchet, Lanthénas, Lasource, Valady, Chambon.

Avril 1793.

Pétitions des sections de Paris demandant l'expulsion de vingt-deux membres de la Convention.

Les tribunes applaudissent à la lecture de ces noms. Le président avertit les pétitionnaires que la loi les oblige à signer leur pétition. Ils s'empressent de le faire. Pache seul, essayant de prolonger sa neutralité, demeure en arrière. On lui demande sa signature; il répond qu'il n'est pas du nombre des pétitionnaires, et qu'il a seulement été chargé par le conseil général de les accompagner. Mais, voyant qu'il ne peut pas reculer, il s'avance et signe la pétition. Les tribunes l'en récompensent par de bruyants applaudissements.

Boyer-Fonfrède se présente aussitôt à la tribune, et dit que si la modestie n'était pas un devoir, il demanderait à être ajouté à la glorieuse liste des vingt-deux députés. La majorité de l'Assemblée, saisie d'un mouvement généreux, s'écrie : « Qu'on nous inscrive tous, tous! » Aussitôt on accourt auprès des vingt-deux députés, on leur donne les témoignages les plus expressifs d'intérêt, on les embrasse, et la discussion, interrompue par cette scène, est renvoyée aux jours suivants.

La discussion s'engage à l'époque fixée. Les reproches et les justifications recommencent entre les deux côtés de l'Assemblée. Des députés du centre, profitant de quelques lettres écrites sur l'état des armées, proposent de s'occuper des intérêts généraux de la république, et de négliger les querelles particulières. On y consent; mais le 18 une nouvelle pétition contre le côté droit ramène à celle des trente-cinq sections. On dénonce en même temps divers actes de la commune : par l'un, elle se déclare en état continuel de révolution; et par un autre, elle établit dans son sein un comité de correspondance avec toutes les municipalités du royaume. Depuis longtemps elle cherchait en effet à donner à son autorité toute locale un caractère de généralité qui lui permit de parler au nom de la France, et de rivaliser d'autorité avec la Convention. Le comité de l'Évêché, dissous de l'avis des jacobins, avait aussi eu pour objet de mettre Paris en communication avec les autres villes; et maintenant la commune y voulait suppléer, en organisant cette correspondance dans son propre sein. Vergniaud prend la parole, et, attaquant à la fois la pétition des trente-cinq sections, les actes qu'on impute à la commune, et les projets que sa conduite décèle, demande que la pétition soit déclarée calomnieuse, et que la municipalité soit tenue d'apporter ses registres à l'Assemblée pour faire connaître les arrêtés qu'elle a pris. Ces propositions sont admises, malgré les tribunes et le côté gauche. Dans ce moment, le côté droit, soutenu par la Plaine, commençait à emporter toutes les décisions. Il avait fait nommer pour président Lasource, l'un de ses membres les plus chauds; et il avait encore la majorité, c'est-à-dire la légalité, faible ressource contre

Avril 1793.

La commune sommée de soumettre ses registres de délibération à la Convention.

Avril 1793.

Résistance
de la commune
à l'autorité
de
la Convention.

la force, et qui sert tout au plus à l'irriter davantage.

Les officiers municipaux, mandés à la barre, viennent hardiment soumettre leurs registres des délibérations, et semblent attendre l'approbation de leurs arrêtés. Ces registres portaient 1° que le conseil général se déclarait en état de révolution, tant que les subsistances ne seraient pas assurées; 2° que le comité de correspondance avec les quarante-quatre mille municipalités serait composé de neuf membres, et mis incessamment en activité; 3° que douze mille exemplaires de la pétition contre les vingt-deux seraient imprimés, et distribués par le comité de correspondance; 4° enfin, que le conseil général se regarderait comme frappé lorsqu'un de ses membres, ou bien un président, un secrétaire de section ou de club, seraient poursuivis pour leurs opinions. Ce dernier arrêté avait été pris pour garantir Marat, qui était accusé pour avoir signé, en qualité de président de section, une adresse séditieuse.

La commune, comme on le voit, résistait pied à pied à l'Assemblée, et sur chaque point débattu prenait une décision contraire à la sienne. S'agissait-il des subsistances, elle se constituait en révolution, si les moyens violents étaient refusés. S'agissait-il de Marat, elle le couvrait de son égide. S'agissait-il des vingt-deux, elle en appelait aux quarante-quatre mille municipalités, et se mettait

en correspondance avec elles, pour leur demander
en quelque sorte des pouvoirs généraux contre la
Convention. L'opposition était complète sur tous
les points, et de plus accompagnée de préparatifs
d'insurrection.

Avril 1793.

A peine la lecture des registres est-elle achevée,
que Robespierre jeune demande aussitôt les honneurs de la séance pour les officiers municipaux.
Le côté droit s'y oppose; la Plaine hésite, et dit
qu'il serait peut-être dangereux de déconsidérer
les magistrats aux yeux du peuple, en leur refusant un honneur banal qu'on ne refuserait pas
même aux plus simples pétitionnaires. Au milieu
de ces débats tumultueux, la séance se prolonge
jusqu'à onze heures du soir; le côté droit, la Plaine,
se retirent, et cent quarante-trois membres restent
seuls à la Montagne pour admettre aux honneurs
de la séance la municipalité parisienne. Dans le
même jour, déclarée calomniatrice, repoussée par
la majorité, et admise seulement aux honneurs de
la séance par la Montagne et les tribunes, elle devait être profondément irritée, et devenir le point
de ralliement de tous ceux qui voulaient briser
l'autorité de la Convention.

Marat avait été enfin déféré au tribunal révolutionnaire, et ce fut l'énergie du côté droit qui,
en entraînant la Plaine, décida son accusation.
Tout mouvement d'énergie honore un parti qui

lutte contre un mouvement supérieur, mais hâte sa chute. Les girondins, en poursuivant courageusement Marat, n'avaient fait que lui préparer un triomphe. L'acte portait en substance que, Marat ayant dans ses feuilles provoqué le meurtre, le carnage, l'avilissement et la dissolution de la Convention nationale, et l'établissement d'un pouvoir destructeur de la liberté, il était décrété d'accusation, et déféré au tribunal révolutionnaire. Les jacobins, les cordeliers, tous les agitateurs de Paris, s'étaient mis en mouvement pour ce *philosophe austère, formé,* disaient-ils, *par le malheur et la méditation, joignant à une âme de feu une grande sagacité, une profonde connaissance du cœur humain, sachant pénétrer les traîtres sur leur char de triomphe, dans le moment où le stupide vulgaire les encensait encore!* — Les traîtres, s'écriaient-ils, *les traîtres passeront, et la réputation de Marat commence!*

Quoique le tribunal révolutionnaire ne fût pas composé alors comme il le fut plus tard, néanmoins Marat n'y pouvait être condamné. La discussion dura à peine quelques instants. L'accusé fut absous à l'unanimité, aux applaudissements d'une foule nombreuse accourue pour assister à son jugement. C'était le 24 avril. Il est aussitôt entouré par un cortége nombreux composé de femmes, de sans-culottes à piques, et de détachements des sections armées. On se saisit de lui, et on se rend à la Convention pour le replacer sur son siége de député. Deux officiers municipaux ouvrent la marche. Marat, élevé sur les bras de quelques sapeurs, le front ceint d'une couronne de chêne, est porté en triomphe au milieu de la salle. Un sapeur se détache du cortége, se présente à la barre et dit : « Citoyen président, nous vous ame- « nons le brave Marat. Marat a toujours été l'ami « du peuple, et le peuple sera toujours l'ami de « Marat! S'il faut que la tête de Marat tombe, la « tête du sapeur tombera avant la sienne. » En disant ces mots, l'horrible pétitionnaire agitait sa hache, et les tribunes applaudissaient avec un affreux tumulte. Il demande pour le cortége la permission de défiler dans la salle. « Je vais consulter l'Assemblée, » répond le président Lasource, consterné de cette scène hideuse. Mais on ne veut pas attendre qu'il ait consulté l'Assemblée, et de toutes parts la foule se précipite dans la salle. Des femmes, des hommes, se répandent dans l'enceinte, occupent les places vacantes par le départ des députés, révoltés de ce spectacle. Marat arrive enfin, transmis de mains en mains et couvert d'applaudissements. Des bras des pétitionnaires il passe dans ceux de ses collègues de la Montagne, et on l'embrasse avec les plus grandes démonstrations de joie. Il s'arrache enfin du milieu de ses collègues,

Avril 1793.

Marat est porté en triomphe.

Chaud accueil fait à Marat par les montagnards.

court à la tribune, et déclare aux législateurs qu'il vient leur offrir un cœur pur, un nom justifié, et qu'il est prêt à mourir pour défendre la liberté et les droits du peuple.

De nouveaux honneurs l'attendaient aux jacobins. Les femmes avaient préparé une grande quantité de couronnes. Le président lui en offre une. Un enfant de quatre ans, monté sur le bureau, lui en place une sur la tête. Marat écarte les couronnes avec un dédain insolent. « Citoyens, s'écrie-t-il, in-
« digné de voir une faction scélérate trahir la répu-
« blique, j'ai voulu la démasquer, et *lui mettre la*
« *corde au cou*. Elle m'a résisté en me frappant
« d'un décret d'accusation. Je suis sorti victorieux.
« La faction est humiliée, mais n'est pas écrasée.
« Ne vous occupez pas de décerner des triomphes,
« défendez-vous d'enthousiasme. Je dépose sur le
« bureau les deux couronnes que l'on vient de m'of-
« frir, et j'invite mes concitoyens à attendre la fin
« de ma carrière pour se décider. »

De nombreux applaudissements accueillent cette impudente modestie. Robespierre était présent à ce triomphe, dont il dédaignait sans doute le caractère trop populaire et trop bas. Cependant il allait subir comme tout autre la vanité du triomphateur. Les réjouissances achevées, on se hâte de revenir à la discussion ordinaire, c'est-à-dire aux moyens de purger le gouvernement, et d'en chasser les traîtres, les rolandins, les brissotins, etc... On propose pour cela de composer une liste des employés de toutes les administrations, et de désigner ceux qui ont mérité leur renvoi. « Adressez-moi cette liste, dit Marat, je ferai le choix de ceux qu'il faut renvoyer ou conserver, et je le signifierai aux ministres. » Robespierre fait une observation; il dit que les ministres sont presque tous complices des coupables, qu'ils n'écouteront pas la société, qu'il vaut mieux s'adresser au comité de salut public, placé par ses fonctions au-dessus du pouvoir exécutif, et que d'ailleurs la société ne peut sans se compromettre communiquer avec des ministres prévaricateurs. « Ces raisons sont frivoles, réplique Marat avec dédain; un patriote aussi pur que moi *pourrait communiquer avec le diable;* je m'adresserai aux ministres, et je les sommerai de nous satisfaire au nom de la société. »

Une considération respectueuse entourait toujours *le vertueux*, *l'éloquent* Robespierre; mais l'audace, le cynisme insolent de Marat, étonnaient et saisissaient toutes les têtes ardentes. Sa hideuse familiarité lui attachait quelques forts des halles, qui étaient flattés de cette intimité avec *l'ami du peuple*, et qui étaient tout disposés à prêter à sa chétive personne le secours de leurs bras et de leur influence dans les places publiques.

Avril 1793.

État
des opinions
et marche
de la révolution
dans
les provinces.

La colère de la Montagne provenait des obstacles qu'elle rencontrait; mais ces obstacles étaient bien plus grands encore dans les provinces qu'à Paris, et les contrariétés qu'allaient éprouver sur leur route ses commissaires envoyés pour presser le recrutement, devaient bientôt pousser son irritation au dernier terme. Toutes les provinces étaient parfaitement disposées pour la révolution, mais toutes ne l'avaient pas embrassée avec autant d'ardeur, et ne s'étaient pas signalées par autant d'excès que la ville de Paris. Ce sont les ambitions oisives, les esprits ardents, les talents supérieurs, qui les premiers s'engagent dans les révolutions : une capitale en renferme toujours beaucoup plus que les provinces, parce qu'elle est le rendez-vous de tous les hommes qui, par indépendance ou ambition, abandonnent le sol, la profession et les traditions de leurs pères. Paris devait donc produire les plus grands révolutionnaires. Placée en outre à peu de distance des frontières, but de tous les coups de l'ennemi, cette ville avait couru plus de dangers qu'aucune cité de la France : siége des autorités, elle avait vu s'agiter dans son sein toutes les grandes questions. Ainsi le danger, la dispute, tout s'était réuni pour produire chez elle l'emportement et les excès. Les provinces, qui n'étaient pas soumises aux mêmes causes d'agitation, avaient vu ces excès avec effroi, et partageaient les sentiments du côté droit et de la Plaine. Mécontentes surtout des traitements essuyés par leurs députés, elles croyaient voir dans la capitale, outre l'exagération révolutionnaire, l'ambition de dominer la France, comme Rome dominait les provinces conquises. Telles étaient les dispositions de la masse calme, industrieuse, modérée, à l'égard des révolutionnaires de Paris. Cependant ces dispositions étaient plus ou moins prononcées suivant les circonstances locales. Chaque province, chaque cité avait aussi ses révolutionnaires emportés, parce qu'en tous lieux se trouvent des esprits aventureux, des caractères ardents. Presque tous les hommes de cette espèce s'étaient emparés des municipalités, et ils avaient profité pour cela du renouvellement général des autorités, ordonné par la Législative après le 10 août. La masse inactive et modérée cède toujours le pas aux plus empressés, et il était naturel que les individus les plus violents s'emparassent des fonctions municipales, les plus difficiles de toutes, et qui exigeaient le plus de zèle et d'activité. Les citoyens paisibles, qui forment le grand nombre, s'étaient retirés dans les sections, où ils allaient donner quelquefois leurs votes, et exercer leurs droits civiques. Les fonctions départementales avaient été conférées aux notables les plus riches et les plus considérés, et par cela même les moins actifs et les moins énergiques des hommes. Ainsi

Avril 1793.

Les municipalités sont envahies par les chauds révolutionnaires.

tous les chauds révolutionnaires étaient retranchés dans les municipalités, tandis que la masse moyenne et riche occupait les sections et les fonctions départementales.

La commune de Paris, sentant cette position, avait voulu se mettre en correspondance avec toutes les municipalités. Mais, comme on l'a vu, elle en avait été empêchée par la Convention. La société-mère des jacobins y avait suppléé par sa propre correspondance, et la relation qui n'avait pas pu s'établir encore de municipalité à municipalité, existait de club à club, ce qui revenait à peu près au même, car les mêmes hommes qui délibéraient dans les clubs jacobins allaient agir ensuite dans les conseils généraux des communes. Ainsi tout le parti jacobin de la France, réuni dans les municipalités et dans les clubs, correspondant d'un bout du territoire à l'autre, se trouvait en présence de la masse moyenne, masse immense, mais divisée dans une multitude de sections, n'exerçant pas de fonctions actives, ne correspondant pas de ville en ville, formant çà et là quelques clubs modérés, et se réunissant quelquefois dans les sections ou dans les conseils de département pour donner un vote incertain et timide.

C'est cette différence de position qui pouvait faire espérer aux révolutionnaires de dominer la masse de la population. Cette masse admettait la république, mais la voulait pure d'excès, et dans le moment elle avait encore l'avantage dans toutes les provinces. Depuis que les municipalités, armées d'une police terrible, ayant la faculté de faire des visites domiciliaires, de rechercher les étrangers, de désarmer les suspects, pouvaient vexer impunément les citoyens paisibles, les sections avaient essayé de réagir, et elles s'étaient réunies pour en imposer aux municipalités. Dans presque toutes les villes de France, elles avaient pris un peu de courage, elles étaient en armes, résistaient aux municipalités, s'élevaient contre leur police inquisitoriale, soutenaient le côté droit, et réclamaient avec lui l'ordre, la paix, le respect des personnes et des propriétés. Les municipalités et les clubs jacobins demandaient, au contraire, de nouvelles mesures de police, et l'institution de tribunaux révolutionnaires dans les départements. Dans certaines villes on était prêt à en venir aux mains pour ces questions. Cependant les sections étaient si fortes par le nombre, qu'elles dominaient l'énergie des municipalités. Les députés montagnards, envoyés pour presser le recrutement et ranimer le zèle révolutionnaire, s'effrayaient de cette résistance, et remplissaient Paris de leurs alarmes.

Telle était la situation de presque toute la France et la manière dont elle était partagée. La lutte se montrait plus ou moins vive, et les partis plus ou

Avril 1793.

Résistance opposée aux municipalités par la classe moyenne.

Avril 1793.

Dispositions des principales villes.

Lyon est agité par les partis extrêmes.

moins menaçants, selon la position et les dangers de chaque ville. Là où les dangers de la révolution paraissaient plus grands, les jacobins étaient plus portés à employer les moyens violents, et par conséquent la masse modérée plus disposée à leur résister. Mais ce qui exaspérait surtout les passions révolutionnaires, c'était le danger des trahisons intérieures, plus encore que le danger de la guerre étrangère. Ainsi sur la frontière du Nord, menacée par les armées ennemies, et peu travaillée par l'intrigue, on était assez d'accord; les esprits se réunissaient dans le vœu de la défense commune, et les commissaires envoyés depuis Lille jusqu'à Lyon avaient fait à la Convention des rapports assez satisfaisants. Mais à Lyon, où des menées secrètes concouraient avec la position géographique et militaire de cette ville pour y rendre le péril plus grand, en avait vu s'élever des orages aussi terribles que ceux de Paris. Par sa position à l'Est, et par son voisinage du Piémont, Lyon avait toujours fixé les regards de la contre-révolution. La première émigration de Turin voulut y opérer un mouvement en 1790, et y envoyer même un prince français. Mirabeau en avait aussi projeté un à sa manière. Depuis que la grande émigration s'était transportée à Coblentz, un agent avait été laissé en Suisse pour correspondre avec Lyon, et par Lyon avec le camp de Jalès et les fanatiques du Midi. Ces menées provoquèrent une réaction de jacobinisme, et les royalistes firent naître à Lyon des montagnards. Ceux-ci occupaient un club appelé *club central*, et composé des envoyés de tous les clubs du quartier. A leur tête se trouvait un Piémontais qu'une inquiétude naturelle avait entraîné de pays en pays, et fixé enfin à Lyon, où il avait dû à son ardeur révolutionnaire d'être nommé successivement officier municipal, et président du tribunal civil. Son nom était *Chalier*. Il tenait dans le *club central* un langage qui, chez les jacobins de Paris, l'aurait fait accuser par Marat de tendre au bouleversement, et d'être payé par l'étranger. Outre ce club, les montagnards lyonnais avaient toute la municipalité, excepté le maire Nivière, ami et disciple de Roland, et chef à Lyon du parti girondin. Fatigué de tant d'orages, Nivière avait comme Pétion donné sa démission, et comme Pétion il avait été aussi réélu par les sections, plus puissantes et plus énergiques à Lyon que dans tout le reste de la France. Sur onze mille votants, neuf mille avaient obligé Nivière à reprendre la mairie; mais il s'était démis de nouveau, et cette fois la municipalité montagnarde avait réussi à se compléter en nommant un maire de son choix. A cette occasion on en était venu aux mains; la jeunesse des sections avait chassé Chalier du *club central*, et dévasté la salle où il exhalait son fanatisme. Le département effrayé avait appelé des commissaires de la Convention, qui en se prononçant d'abord contre les sections, puis contre les excès de la commune, déplurent à tous les partis, se firent dénoncer par les jacobins et rappeler par la Convention. Leur tâche s'était bornée à recomposer le *club central*, à l'affilier aux jacobins, et, en lui conservant son énergie, à le délivrer de quelques membres trop impurs. Au mois de mai, l'irritation était arrivée au plus haut degré. D'un côté, la commune, composée entièrement de jacobins, et le *club central* présidé par Chalier, demandaient pour Lyon un tribunal révolutionnaire, et promenaient sur les places publiques une guillotine envoyée de Paris, et qu'on exposait aux regards publics pour effrayer les *traîtres* et les aristocrates, etc.; de l'autre côté, les sections en armes étaient prêtes à réprimer la municipalité, et à empêcher l'établissement du sanglant tribunal que les girondins n'avaient pu épargner à la capitale. Dans cet état de choses, les agents secrets du royalisme, répandus à Lyon, attendaient le moment favorable pour profiter de l'indignation des Lyonnais, prête à éclater.

Dans tout le reste du Midi jusqu'à Marseille, l'esprit républicain modéré régnait d'une manière plus égale, et les girondins possédaient l'attachement général de la contrée. Marseille jalousait la suprématie de Paris, était irritée des outrages faits à son député chéri, Barbaroux, et prête à se soulever contre la Convention si l'on attaquait la représentation nationale. Quoique riche, elle n'était pas située d'une manière favorable pour les contre-révolutionnaires du dehors, car elle ne touchait qu'à l'Italie, où rien ne se tramait, et son port n'intéressait pas les Anglais comme celui de Toulon. Les menées secrètes n'y avaient donc pas autant effarouché les esprits qu'à Lyon et à Paris, et la municipalité, faible et menacée, était près d'être destituée par les sections toutes-puissantes. Le député Moïse Bayle, assez mal reçu, avait trouvé là beaucoup d'ardeur pour le recrutement, mais un dévouement absolu pour la Gironde.

Avril 1793.

A partir du Rhône, et de l'est à l'ouest jusqu'aux bords de l'Océan, cinquante ou soixante départements manifestaient les mêmes dispositions. A Bordeaux enfin, l'unanimité était complète. Là, les sections, la municipalité, le club principal, tout le monde était d'accord pour combattre la violence montagnarde et pour soutenir cette glorieuse députation de la Gironde, à laquelle on était si fier d'avoir donné le jour. Le parti contraire n'avait trouvé d'asile que dans une seule section, et partout ailleurs il se trouvait impuissant et condamné au silence. Bordeaux ne demandait ni taxe, ni denrées, ni tribunal révolutionnaire, et préparait à la

Unanimité à Bordeaux en faveur des Girondins.

fois des pétitions contre la commune de Paris, et des bataillons pour le service de la république.

Mais le long des côtes de l'Océan, en tirant de la Gironde à la Loire, et de la Loire aux bouches de la Seine, se présentaient des opinions bien différentes et des dangers bien plus grands. Là, l'implacable Montagne ne rencontrait pas seulement pour obstacle le républicanisme clément et généreux des girondins, mais le royalisme constitutionnel de 89, qui repoussait la république comme illégale, et le fanatisme des temps féodaux, qui était armé contre la révolution de 93, contre la révolution de 89, et qui ne reconnaissait que l'autorité temporelle des châteaux et l'autorité spirituelle des églises.

Dans la Normandie, et particulièrement à Rouen, qui en était la principale ville, on avait voué un grand attachement à Louis XVI, et la constitution de 1790 avait réuni tous les vœux qu'on formait pour la liberté et pour le trône. Depuis l'abolition de la royauté et de la constitution de 1790, c'est-à-dire depuis le 10 août, il régnait en Normandie un silence improbateur et menaçant. La Bretagne offrait des dispositions encore plus hostiles, et le peuple y était dominé par l'influence des prêtres et des seigneurs. Plus près des rives de la Loire, cet attachement allait jusqu'à l'insurrection, et enfin sur la rive gauche de ce fleuve, dans le Bocage, le Loroux, la Vendée, l'insurrection était complète, et de grandes armées de dix et vingt mille hommes tenaient la campagne.

Avril 1793. Insurrection de la Vendée.

C'est ici le lieu de faire connaître ce pays singulier, couvert d'une population si obstinée, si héroïque, si malheureuse, et si fatale à la France, qu'elle manqua perdre par une funeste diversion, et dont elle aggrava les maux en irritant au dernier point la dictature révolutionnaire.

Sur les deux rives de la Loire, le peuple avait conservé un grand attachement pour son ancienne manière d'être, et particulièrement pour ses prêtres et pour son culte. Lorsque, par l'effet de la constitution civile, les membres du clergé se trouvèrent partagés, un véritable schisme s'établit. Les curés qui refusaient de se soumettre à la nouvelle circonscription des églises, et de prêter serment, furent préférés par le peuple; et lorsque dépossédés de leurs cures, ils furent obligés de se retirer, les paysans les suivirent dans les bois, et se regardèrent comme persécutés, eux et leur culte. Ils se réunirent par petites bandes, poursuivirent les curés constitutionnels comme intrus, et commirent les plus graves excès à leur égard. Dans la Bretagne, aux environs de Rennes, il y eut des révoltes plus générales et plus imposantes, qui avaient pour cause la cherté des subsistances, et la menace de détruire le culte, contenue dans ces paroles de

Sentiments du peuple de la Bretagne et de la Vendée.

Cambon : *Ceux qui voudront la messe la payeront.*
Cependant le gouvernement était parvenu à réprimer ces mouvements partiels de la rive droite de la Loire, et il n'avait à redouter que leur communication avec la rive gauche, où s'était formée la grande insurrection.

C'est particulièrement sur cette rive gauche, dans l'Anjou, le bas et le haut Poitou, qu'avait éclaté la fameuse guerre de la Vendée. C'était la partie de la France où le temps avait le moins fait sentir son influence, et le moins altéré les anciennes mœurs. Le régime féodal s'y était empreint d'un caractère tout patriarcal, et la révolution, loin de produire une réforme utile dans ce pays, y avait blessé les plus douces habitudes, et y fut reçue comme une persécution. Le Bocage et le Marais composent un pays singulier, qu'il faut décrire pour faire comprendre les mœurs et l'espèce de société qui s'y étaient formées. (*Voir la carte n° 4.*) En partant de Nantes et Saumur, et en s'étendant depuis la Loire jusqu'aux Sables d'Olonne, Luçon, Fontenay et Niort, on trouve un sol inégal, ondulant, coupé de ravins, et traversé d'une multitude de haies, qui servent de clôture à chaque champ, et qui ont fait appeler cette contrée le *Bocage*. En se rapprochant de la mer, le terrain s'abaisse, se termine en marais salants, et se trouve coupé partout d'une multitude de petits canaux, qui en rendent l'accès presque impossible. C'est ce qu'on a appelé le *Marais*. Les seuls produits abondants dans ce pays sont les pâturages, et par conséquent les bestiaux. Les paysans y cultivaient seulement la quantité de blé nécessaire à leur consommation, et se servaient du produit de leurs troupeaux comme moyen d'échange. On sait que rien n'est plus simple que les populations vivant de ce genre d'industrie. Peu de grandes villes s'étaient formées dans ces contrées; on n'y trouvait que de gros bourgs de deux à trois mille âmes. Entre les deux grandes routes qui conduisent l'une de Tours à Poitiers, et l'autre de Nantes à la Rochelle, s'étend un espace de trente lieues de largeur, où il n'y avait alors que des chemins de traverse, aboutissant à des villages et à des hameaux. Les terres étaient divisées en une multitude de petites métairies de cinq à six cents francs de revenu, confiées chacune à une seule famille, qui partageait avec le maître de la terre le produit des bestiaux. Par cette division du fermage, les seigneurs avaient à traiter avec chaque famille, et entretenaient avec toutes des rapports continuels et faciles. La vie la plus simple régnait dans les châteaux : on s'y livrait à la chasse à cause de l'abondance du gibier; les seigneurs et les paysans la faisaient en commun, et tous étaient célèbres par leur adresse et leur vigueur. Les prêtres, d'une grande pureté de mœurs, y exerçaient un ministère tout paternel. La richesse n'avait ni corrompu leur caractère, ni provoqué la critique sur leur compte. On subissait l'autorité du seigneur, on croyait les paroles du curé, parce qu'il n'y avait ni oppression ni scandale. Avant que l'humanité se jette dans la route de la civilisation, il y a pour elle une époque de simplicité, d'ignorance et de pureté, au milieu de laquelle on voudrait l'arrêter, si son sort n'était pas de marcher à travers le mal vers tous les genres de perfectionnement.

Causes qui amenèrent et entretinrent la guerre civile.

Lorsque la révolution, si bienfaisante ailleurs, atteignit ce pays avec son niveau de fer, elle y causa un trouble profond. Il aurait fallu qu'elle s'y modifiât, mais c'était impossible. Ceux qui l'ont accusée de ne pas s'adapter aux localités, de ne pas varier avec elles, n'ont pas compris l'impossibilité des exceptions, et la nécessité d'une règle uniforme et absolue dans les grandes réformes sociales. On ne savait donc, au milieu de ces campagnes, presque rien de la révolution; on savait seulement ce que le mécontentement des seigneurs et des curés en avait appris au peuple. Quoique les droits féodaux fussent abolis, on ne cessa pas de les payer. Il fallut se réunir, nommer des maires; on le fit, et on pria les seigneurs de l'être. Mais lorsque la destitution des prêtres non assermentés priva les paysans des curés qui jouissaient de leur confiance, ils furent fort irrités, et, comme la Bretagne, ils coururent dans les bois, et allèrent à de grandes distances assister aux cérémonies du culte, seul véritable à leurs yeux. Dès ce moment, une haine violente s'alluma dans les âmes, et les prêtres n'oublièrent rien pour l'exciter davantage. Le 10 août rejeta dans leurs terres quelques nobles poitevins; le 21 janvier les révolta, et ils communiquèrent leur indignation autour d'eux. Cependant ils ne conspirèrent pas, comme on l'a cru; mais les dispositions connues du pays inspirèrent à des hommes qui lui étaient étrangers des projets de conspiration. Il s'en était tramé un en Bretagne, mais aucun dans le Bocage; il n'y avait là aucun plan arrêté; on s'y laissait pousser à bout. Enfin la levée de trois cent mille hommes excita au mois de mars une insurrection générale. Au fond, peu importait aux paysans du bas Poitou ce qui se faisait en France; mais la dispersion de leur clergé, et surtout l'obligation de se rendre aux armées, les exaspéra. Dans l'ancien régime, le contingent du pays n'était fourni que par ceux que leur inquiétude naturelle portait à quitter la terre natale; mais aujourd'hui la loi les frappait tous, quels que fussent leurs goûts personnels. Obligés de prendre les armes, ils préférèrent se battre contre la république que pour elle. Presque en même temps, c'est-à-dire au commencement de mars, le tirage fut l'occasion d'une révolte dans le haut Bocage et dans le Marais. Le 10 mars, le

Avril 1793.

Insurrection générale excitée dans le Bocage par la levée de trois cent mille hommes.

Avril 1793.
Premiers
succès
des Vendéens.

Cathelineau
et Stofflet se
mettent à la tête
de
l'insurrection.

tirage devait avoir lieu à Saint-Florent, près d'Ancenis en Anjou : les jeunes gens s'y refusèrent. La garde voulut les y obliger; le commandant militaire fit pointer une pièce et tirer sur les mutins. Ils s'élancèrent alors avec leurs bâtons, s'emparèrent de la pièce, désarmèrent la garde, et furent cependant assez étonnés de leur témérité. Un voiturier, nommé Cathelineau, homme très-considéré dans les campagnes, très-brave, très-persuasif, quitta sa ferme à cette nouvelle, accourut au milieu d'eux, les rallia, leur rendit le courage, et donna quelque consistance à l'insurrection en sachant la maintenir. Le jour même il voulut attaquer un poste républicain, composé de quatre-vingts hommes. Les paysans le suivirent avec leurs bâtons et leurs fusils. Après une première décharge, dont chaque coup portait, parce qu'ils étaient grands tireurs, ils s'élancèrent sur le poste, le désarmèrent et se rendirent maîtres de la position. Le lendemain, Cathelineau se porta sur Chemillé, et l'enleva encore, malgré deux cents républicains et trois pièces de canon. Un garde-chasse du château de Maulevrier, nommé Stofflet, et un jeune paysan du village de Chanzeau, avaient réuni de leur côté une troupe de paysans. Ils vinrent se joindre à Cathelineau, qui osa concevoir le projet d'attaquer Cholet, la ville la plus considérable du pays, chef-lieu de district, et gardée par cinq cents républicains. Leur manière de combattre fut la même. Profitant des haies, des inégalités du terrain, ils entourèrent le bataillon ennemi, et se mirent à tirailler à couvert et à coup sûr. Après avoir ébranlé les républicains par ce feu terrible, ils profitèrent du premier moment d'hésitation qui se manifesta parmi eux, s'élancèrent en poussant de grands cris, renversèrent leurs rangs, les désarmèrent, et les assommèrent avec leurs bâtons. Telle fut depuis toute leur tactique militaire; la nature la leur avait indiquée, et c'était la mieux adaptée au pays. Les troupes qu'ils attaquaient, rangées en ligne et à découvert, recevaient un feu auquel il leur était impossible de répondre, parce qu'elles ne pouvaient ni faire usage de leur artillerie, ni marcher à la baïonnette contre des ennemis dispersés. Dans cette situation, si elles n'étaient pas vieillies à la guerre, elles devaient être bientôt ébranlées par un feu si continu et si juste, que jamais les feux réguliers des troupes de ligne n'ont pu l'égaler. Lorsqu'elles voyaient surtout fondre sur elles ces furieux, poussant de grands cris, il leur était difficile de ne pas s'intimider et de ne pas se laisser rompre. Alors elles étaient perdues, car la fuite si facile aux gens du pays, était impraticable pour la troupe de ligne. Il aurait donc fallu les soldats les plus intrépides pour lutter contre tant de désavantages, et ceux qui dans le premier mo-

Avril 1793.

Tactique militaire des Vendéens.

ment furent opposés aux rebelles, étaient des gardes nationaux de nouvelle levée, qu'on prenait dans les bourgs, presque tous très-républicains, et que leur zèle conduisait pour la première fois au combat.

La troupe victorieuse de Cathelineau entra donc dans Cholet, s'empara de toutes les armes qu'elle y trouva, et fit des cartouches avec les gargousses des canons. C'est toujours ainsi que les Vendéens se sont procuré des munitions. Leurs défaites ne donnaient rien à l'ennemi, parce qu'ils n'avaient rien qu'un fusil ou un bâton qu'ils emportaient à travers les champs, et chaque victoire leur valait toujours un matériel de guerre considérable. Les insurgés, victorieux, célébrèrent leurs succès avec l'argent qu'ils trouvèrent, et ensuite brûlèrent tous les papiers des administrations, dans lesquelles ils voyaient un instrument de tyrannie. Ils rentrèrent ensuite dans leurs villages et dans leurs fermes, qu'ils ne voulaient jamais quitter pour longtemps.

Une autre révolte bien plus générale avait éclaté dans le Marais et le département de la Vendée. A Machecoul et à Challans, le recrutement fut l'occasion d'un soulèvement universel. Un nommé Gaston, perruquier, tua un officier, prit son uniforme, se mit à la tête des mécontents, et s'empara de Challans, puis de Machecoul, où sa troupe brûla tous les papiers des administrations, et commit des massacres dont le Bocage n'avait pas donné l'exemple. Trois cents républicains furent fusillés par bandes de vingt et trente. Les insurgés les faisaient confesser d'abord, et les conduisaient ensuite au bord d'une fosse, à côté de laquelle ils les fusillaient pour n'avoir pas la peine de les ensevelir. Nantes envoya sur-le-champ quelques cents hommes à Saint-Philibert; mais, apprenant qu'il y avait du mouvement à Savenay, elle rappela ses troupes, et les insurgés de Machecoul restèrent maîtres du pays conquis.

Dans le département de la Vendée, c'est-à-dire vers le midi du théâtre de cette guerre, l'insurrection prit encore plus de consistance.

Les gardes nationales de Fontenay, sorties pour marcher sur Chantonnay, furent repoussées et battues. Chantonnay fut pillé. Le général Verteuil, qui commandait la onzième division militaire, en apprenant cette défaite, envoya le général Marcé avec douze cents hommes, partie de troupes de ligne, partie de gardes nationales. Les rebelles, rencontrés à Saint-Vincent, furent repoussés. Le général Marcé eut le temps d'ajouter encore à sa petite armée douze cents hommes et neuf pièces de canon. En marchant sur Saint-Fulgent, il rencontra de nouveau les Vendéens dans un fond, et s'arrêta pour rétablir un pont qu'ils avaient détruit. Vers les quatre heures après midi, le 18 mars, les

Avril 1793.

Succès des insurgés dans le département de la Vendée.

Avril 1793.

Vendéens, prenant l'initiative, vinrent l'attaquer. Profitant encore des avantages du sol, ils commencèrent à tirailler avec leur supériorité ordinaire, cernèrent peu à peu l'armée républicaine, étonnée de ce feu si meurtrier, et réduite à l'impuissance d'atteindre un ennemi caché, dispersé dans tous les replis du terrain. Enfin ils l'assaillirent, répandirent le désordre dans ses rangs, et s'emparèrent de l'artillerie, des munitions et des armes que les soldats jetaient en se retirant, pour être plus légers dans leur fuite.

Les insurgés reçoivent le nom de Vendéens.

Ces succès, plus prononcés dans le département de la Vendée proprement dit, valurent aux insurgés le nom de *Vendéens*, qu'ils conservèrent depuis, quoique la guerre fût bien plus active hors de la Vendée. Les brigandages commis dans le Marais leur firent donner le nom de *brigands*, quoique le plus grand nombre ne méritât pas ce titre. L'insurrection s'étendait dans le Marais, depuis les environs de Nantes jusqu'aux Sables, et dans l'Anjou et le Poitou, jusqu'aux environs de Vihiers et de Parthenay. La cause des succès des Vendéens était dans le pays, dans sa configuration, dans leur adresse et leur courage à profiter de ces avantages naturels, enfin dans l'inexpérience et l'imprudente ardeur des troupes républicaines, qui, levées à la hâte, venaient les attaquer précipitamment, et leur procurer ainsi des victoires et tout ce qui en est la suite, c'est-à-dire des munitions, de la confiance et du courage.

La Pâque avait ramené tous les insurgés dans leurs demeures, d'où ils ne consentaient jamais à s'éloigner longtemps. La guerre était pour eux une espèce de chasse de quelques jours; ils y portaient du pain pour le temps nécessaire, et revenaient ensuite enflammer leurs voisins par leurs récits. Il y eut des rendez-vous donnés pour le mois d'avril. L'insurrection fut alors générale, et s'étendit sur toute la surface du pays. On pourrait comprendre ce théâtre de la guerre dans une ligne qui, en partant de Nantes, passerait par Pornic, l'île de Noirmoutiers, les Sables, Luçon, Fontenay, Niort, Parthenay, et reviendrait par Airvault, Thouars, Doué et Saint-Florent jusqu'à la Loire. (*Voir la carte n° 4.*) L'insurrection, commencée par des hommes qui n'étaient supérieurs aux paysans qu'ils commandaient que par leurs qualités naturelles, fut continuée bientôt par des hommes d'un rang supérieur. Les paysans allèrent dans les châteaux, et forcèrent les nobles à se mettre à leur tête. Tout le Marais voulut être commandé par Charette. Il était d'une famille d'armateurs de Nantes; il avait servi dans la marine, où il était devenu lieutenant de vaisseau, et à la paix il s'était retiré dans un château appartenant à un oncle, où il passait sa vie à chasser. D'une complexion faible et délicate, il

88 LIVRE XIII.

Avril 1793.

semblait peu propre aux fatigues de la guerre ; mais, vivant dans les bois où il passait des mois entiers, couchant à terre avec les chasseurs, il s'était renforcé, avait acquis une parfaite habitude du pays, et s'était fait connaître de tous les paysans par son adresse et son courage. Il hésita d'abord à accepter le commandement, en faisant sentir aux insurgés les dangers de l'entreprise. Cependant il se rendit à leurs instances, et, en leur laissant commettre tous les excès, il les compromit et les engagea irrévocablement à son service. Habile, rusé, d'un caractère dur et d'une opiniâtreté indomptable, il devint le plus terrible des chefs vendéens. Tout le Marais lui obéissait, et avec quinze et quelquefois vingt mille hommes, il menaçait les Sables et Nantes.

Charette s'empare de l'île de Noirmoutiers.

A peine tout son monde fut-il réuni, qu'il s'empara de l'île de Noirmoutiers, île importante dont il pouvait faire sa place de guerre et son point de communication avec les Anglais.

Dans le Bocage, les paysans s'adressèrent à MM. de Bonchamp, d'Elbée, de La Rochejaquelein, et les arrachèrent de leurs châteaux pour les mettre à leur tête. M. de Bonchamp avait autrefois servi sous M. de Suffren, était devenu un officier habile, et réunissait à une très-grande intrépidité un caractère noble et élevé. Il commandait tous les révoltés de l'Anjou et des bords de la Loire. M. d'Elbée avait servi aussi, et joignait à une dévotion

LAROCHEJACQUELIN.

excessive un caractère obstiné et une grande intelligence de ce genre de guerre. C'était dans le moment le chef le plus accrédité de cette partie du Bocage. Il commandait les paroisses autour de Cholet et de Beaupréau. Cathelineau et Stofflet gardèrent leur commandement dû à la confiance qu'ils avaient inspirée, et se réunirent à MM. de Bonchamp et d'Elbée pour marcher sur Bressuire, où se trouvait le général Quétineau. Celui-ci avait fait enlever du château de Clisson la famille de Lescure, qu'il soupçonnait de conspiration, et la détenait à Bressuire. Henri de La Rochejaquelein, jeune gentilhomme autrefois enrôlé dans la garde du roi, et maintenant retiré dans le Bocage, se trouvait à Clisson chez son cousin de Lescure. Il s'évada, souleva les Aubiers, où il était né, et toutes les paroisses autour de Châtillon. Il se joignit ensuite aux autres chefs, et avec eux força le général Quétineau à s'éloigner de Bressuire. M. de Lescure fut alors délivré avec sa famille. C'était un jeune homme de l'âge de Henri de La Rochejaquelein. Il était calme, prudent, d'une bravoure froide, mais inébranlable, et joignait à ces qualités un rare esprit de justice. Henri, son cousin, avait une bravoure héroïque et souvent emportée; il était bouillant et généreux. M. de Lescure se mit alors à la tête de ses paysans, qui vinrent se réunir à lui, et tous ensemble se rendirent à Bressuire pour mar-

Avril 1793.

MM. de Bonchamp, d'Elbée, de La Rochejaquelein et de Lescure, chefs de l'insurrection dans le Bocage.

cher de là sur Thouars. Les femmes de tous les chefs distribuaient des cocardes et des drapeaux; on s'exaltait par des chants, on marchait comme à une croisade. L'armée ne traînait point avec elle de bagages; les paysans, qui ne voulaient jamais rester longtemps absents, portaient avec eux le pain nécessaire à la durée de chaque expédition, et, dans les cas extraordinaires, les paroisses averties préparaient des vivres pour ceux qui en manquaient. Cette armée se composait d'environ trente mille hommes, et fut appelée la grande armée royale et catholique. Elle faisait face à Angers, Saumur, Doué, Thouars et Parthenay. Entre cette armée et celle du Marais, commandée par Charette, se trouvaient divers rassemblements intermédiaires, dont le principal, sous les ordres de M. de Royrand, pouvait s'élever à dix ou douze mille hommes.

Le grand rassemblement commandé par MM. de Bonchamp, d'Elbée, de Lescure, de La Rochejaquelein, Cathelineau, Stofflet, arriva devant Thouars, le 3 mai, et se prépara à l'attaquer dès le 4 au matin. Il fallait traverser le Thoué, qui entoure la ville de Thouars presque de toutes parts. Le général Quétineau fit défendre les passages. Les Vendéens canonnèrent quelque temps avec l'artillerie qu'ils avaient prise aux républicains, et tiraillèrent sur la rive avec leur succès accoutumé. M. de Lescure, voulant alors décider le passage, s'avance au milieu des balles, dont son habit est criblé, et ne peut entraîner qu'un seul paysan. Mais La Rochejaquelein accourt; ses gens le suivent; on passe le pont, et les républicains sont refoulés dans la place. Il fallait pratiquer une brèche, mais on manquait des moyens nécessaires. Henri de La Rochejaquelein se fait élever sur les épaules de ses soldats, et commence à atteindre les remparts. M. d'Elbée attaque vigoureusement de son côté, et Quétineau, ne pouvant résister, consent à se rendre pour éviter des malheurs à la ville. Les Vendéens, grâce à leurs chefs, se conduisirent avec modération; aucun excès ne fut commis envers les habitants, et l'on se contenta de brûler l'arbre de la liberté et les papiers des administrations. Le généreux Lescure rendit à Quétineau les égards qu'il en avait reçus pendant sa détention à Bressuire, et voulut l'engager à rester dans l'armée vendéenne, pour le soustraire aux sévérités du gouvernement, qui, ne lui tenant pas compte de l'impossibilité de la résistance, le punirait peut-être de s'être rendu. Quétineau refusa généreusement, et voulut retourner aux républicains pour demander des juges.

FIN DU LIVRE TREIZIÈME.

LIVRE XIV

TRENTE-UN MAI.

Levée d'une armée parisienne de douze mille hommes; emprunt forcé, nouvelles mesures révolutionnaires contre les suspects. — Effervescence croissante des jacobins à la suite des troubles des départements. — Custine est nommé général en chef de l'armée du Nord. — Accusations et menaces des jacobins; violente lutte des deux côtés de la Convention. — Formation d'une commission de douze membres, destinée à examiner les actes de la commune. — Assemblée insurrectionnelle à la mairie; motions et complots contre la majorité de la Convention et contre la vie des députés girondins; mêmes projets dans le club des Cordeliers. — La Convention prend des mesures pour sa sûreté. — Arrestation d'Hébert, substitut du procureur de la commune. — Pétitions impérieuses de la commune. — Tumulte et scènes de désordre dans toutes les sections. — Évènements principaux des 28, 29 et 30 mai 1793; dernière lutte des montagnards et des girondins. — Journées du 31 mai et du 2 juin. — Détails et circonstances de l'insurrection dite du 34 mai. — Vingt-neuf représentants girondins sont mis en arrestation. — Caractère et résultats politiques de cette journée. — Coup d'œil sur la marche de la révolution. — Jugement sur les girondins.

Les nouvelles des désastres de la Vendée concourant avec celles venues du Nord, qui annonçaient les revers de Dampierre, avec celles venues du Midi, qui portaient que les Espagnols devenaient menaçants sur les Pyrénées, avec tous les renseignements arrivant de plusieurs provinces, où se manifestaient les dispositions les moins favorables, ces nouvelles répandirent la plus grande fermentation. Plusieurs départements voisins de la Vendée, en apprenant le succès des insurgés, se crurent autorisés à envoyer des troupes pour les combattre. Le département de l'Hérault leva six millions et six mille hommes, et envoya une adresse au peuple de Paris, pour l'engager à en faire autant. La Convention, encourageant cet enthousiasme, approuva la conduite du département de l'Hérault, et autorisa par là toutes les communes de France à faire des actes de souveraineté, en levant des hommes et de l'argent.

Mai 1793.

Levée spontanée d'hommes et d'argent dans le département de l'Hérault.

La commune de Paris ne resta point en arrière. Elle prétendait que c'était au peuple parisien à sauver la France, et elle se hâta de prouver son zèle et de déployer son autorité en organisant une armée. Elle arrêta que, d'après *l'approbation solennelle donnée par la Convention à la conduite du département de l'Hérault*, il serait levé dans l'enceinte de Paris une armée de douze mille hommes, pour marcher contre la Vendée. A l'exemple de la Convention, la commune choisit dans le conseil général des commissaires pour accompagner cette armée. Ces douze mille hommes devaient être pris dans les compagnies des sections armées; et sur chaque compagnie de cent vingt-six il devait en partir quatorze. Suivant la coutume révolutionnaire, une

Levée d'une armée parisienne de douze mille hommes.

espèce de pouvoir dictatorial était laissé au comité révolutionnaire de chaque section, pour désigner les hommes dont le départ était sujet à moins d'inconvénients. « En conséquence, disait l'arrêté de la commune, tous les commis non mariés de tous les bureaux existant à Paris, excepté les chefs et sous-chefs, les clercs de notaires et d'avoués, les commis de banquiers et de négociants, les garçons marchands, les garçons de bureaux, etc..., pourront être requis d'après les proportions ci-après : sur deux, il en partira un; sur trois, deux; sur quatre, deux; sur cinq, trois; sur six, trois; sur sept, quatre; sur huit, quatre; et ainsi de suite. Ceux des commis de bureaux qui partiront conserveront leurs places et le tiers de leurs appointements. Nul ne pourra refuser de partir. Les citoyens requis feront connaître au comité de leur section ce qui manque à leur équipement, et il y sera pourvu sur-le-champ. Ils se réuniront immédiatement après pour nommer leurs officiers, et se rendront tout de suite à leurs ordres. »

Mais ce n'était pas tout que de lever une armée, et de la former aussi violemment, il fallait pourvoir aux dépenses de son entretien; et pour cela, il fut convenu de s'adresser aux riches. Les riches, disait-on, ne voulaient rien faire pour la défense du pays et de la révolution; ils vivaient dans une heureuse oisiveté, et laissaient au peuple le soin de

verser son sang pour la patrie; il fallait les obliger
à contribuer au moins de leurs richesses au salut
commun. Pour cela, on imagina un emprunt forcé,
fourni par les citoyens de Paris, suivant la quotité
de leurs revenus. Depuis le revenu de mille francs
jusqu'à celui de cinquante mille, ils devaient fournir
une somme proportionnelle qui s'élevait depuis
trente francs jusqu'à vingt mille. Tous ceux dont
le revenu dépassait cinquante mille francs devaient
s'en réserver trente mille et abandonner tout le
reste. Les meubles et immeubles de ceux qui n'auraient point satisfait à cette patriotique contribution
devaient être saisis et vendus à la réquisition des
comités révolutionnaires, et leurs personnes regar-
dées comme suspectes.

De telles mesures, qui atteignaient toutes les classes, soit en s'adressant aux personnes pour les obliger à prendre les armes, soit en s'adressant aux fortunes pour les faire contribuer, devaient éprou-ver une forte résistance dans les sections. On a déjà vu qu'il existait entre elles des divisions; et qu'elles étaient plus ou moins agitées suivant la propor-tion dans laquelle s'y trouvait le bas peuple. Dans quelques-unes, et notamment celles des Quinze-Vingts, des Gravilliers, de la Halle aux Blés, on déclara qu'on ne partirait pas tant qu'il resterait à Paris des fédérés et des troupes soldées, lesquelles servaient, disait-on, de *gardes du corps* à la Con-

<small>Mai 1793.</small>

<small>Oppositions diverses des sections aux arrêtés de la commune.</small>

vention. Celles-ci résistaient par esprit de jacobinisme, mais beaucoup d'autres résistaient pour une cause contraire. La population des clercs, des commis, des garçons de boutique, reparut dans les sections, et montra une forte opposition aux deux arrêtés de la commune. Les anciens serviteurs de l'aristocratie en fuite, qui contribuaient beaucoup à agiter Paris, se réunirent à eux; on se rassembla dans les rues et sur les places publiques, on cria : *A bas les jacobins! à bas la Montagne!* et les mêmes obstacles que le système révolutionnaire rencontrait dans les provinces, il les rencontra cette fois à Paris.

Ce fut alors un cri général contre l'aristocratie des sections. Marat dit que MM. les épiciers, les procureurs, les commis, conspiraient avec MM. du côté droit et avec MM. les riches pour combattre la révolution, qu'il fallait les arrêter tous comme suspects, et les réduire à la classe des sans-culottes, *en ne pas leur laissant de quoi se couvrir le derrière.*

Chaumette, procureur de la commune, fit un long discours où il déplora les malheurs de la patrie, provenant, disait-il, de la perfidie des gouvernants, de l'égoïsme des riches, de l'ignorance du peuple, de la fatigue et du dégoût de beaucoup de citoyens pour la chose publique. Il proposa donc et fit arrêter qu'on demanderait à la Convention des moyens d'instruction publique, des moyens de vaincre l'égoïsme des riches, et de venir au secours des pauvres; qu'on formerait une assemblée composée des présidents des comités révolutionnaires des sections, et des députés de tous les corps administratifs; que cette assemblée se réunirait les dimanches et jeudis à la commune, pour aviser aux dangers de la chose publique; qu'enfin on inviterait tous les bons citoyens à se rendre dans les assemblées de section, pour y faire valoir leur patriotisme.

Danton, toujours prompt à trouver des ressources dans les moments difficiles, imagina de composer deux armées de sans-culottes, dont l'une marcherait sur la Vendée, tandis que l'autre resterait dans Paris pour contenir l'aristocratie; de les solder toutes deux aux dépens des riches; et enfin, pour s'assurer la majorité dans les sections, il proposa de payer les citoyens qui perdraient leur temps pour assister à leurs séances. Robespierre, empruntant les idées de Danton, les développa aux jacobins, et proposa en outre de former de nouvelles classes de suspects, de ne plus les borner aux ci-devant nobles, ou prêtres, ou financiers, mais à tous les citoyens qui avaient de quelque manière fait preuve d'incivisme; de les enfermer jusqu'à la paix, d'accélérer encore l'action du tribunal révolutionnaire, et de contrebalancer par de nouveaux moyens de communication l'effet des mauvais journaux. Avec toutes ces ressources, on pouvait, disait-il, sans moyen illégal, sans violation des lois, résister au côté droit et à ses machinations.

Mai 1793.

Reconstitution de l'assemblée de l'Évêché.

Toutes les idées se dirigeaient donc vers un but, qui était d'armer le peuple, d'en placer une partie au dedans, d'en porter une autre au dehors; de l'équiper aux frais des riches, de le faire même assister à leurs dépens à toutes les assemblées délibérantes; d'enfermer tous les ennemis de la révolution sous le nom de *suspects*, bien plus largement défini qu'il ne l'avait été jusqu'ici; d'établir entre la commune et les sections un moyen de correspondance, et pour cela de créer une nouvelle assemblée révolutionnaire qui prît des moyens nouveaux de salut, c'est-à-dire l'insurrection. L'assemblée de l'Évêché, précédemment dissoute, et maintenant renouvelée, sur la proposition de Chaumette, et avec un caractère bien plus imposant, était évidemment destinée à ce but.

Troubles dans les départements.

Du 8 au 10 mai, des nouvelles alarmantes se succèdent : Dampierre a été tué à l'armée du Nord; dans l'intérieur, les provinces continuent de se révolter. La Normandie tout entière semble prête à se joindre à la Bretagne. Les insurgés de la Vendée se sont avancés de Thouars vers Loudun et Montreuil, ont pris ces deux villes, et ont ainsi presque atteint les bords de la Loire. Les Anglais, débarquant sur les côtes de la Bretagne, vont, dit-on, se joindre à eux et attaquer la république au cœur. Des citoyens de Bordeaux, indignés des accusations portées contre leurs députés, et montrant l'attitude la plus menaçante, ont désarmé une section où s'étaient retirés les jacobins. A Marseille, les sections sont en pleine insurrection. Révoltées des excès commis sous le prétexte du désarmement des suspects, elles se sont réunies, ont destitué la commune, transporté ses pouvoirs à un comité, dit comité central des sections, et institué un tribunal populaire, pour rechercher les auteurs des meurtres et des pillages. Après s'être ainsi conduites dans leur cité, elles ont envoyé des députés aux sections de la ville d'Aix et s'efforcent de propager leur exemple dans tout le département. Ne respectant même pas les commissaires de la Convention, elles ont saisi leurs papiers et les ont sommés de se retirer. A Lyon, le désordre est aussi grave : les corps administratifs unis aux jacobins ayant ordonné, à l'imitation de Paris, une levée de six millions et de six mille hommes, ayant en outre voulu exécuter le désarmement des suspects, et instituer un tribunal révolutionnaire, les sections se sont révoltées, et sont prêtes à en venir aux mains avec la commune. Ainsi, tandis que l'ennemi avance vers le Nord, l'insurrection partant de la Bretagne et de la Vendée, et soutenue par les Anglais, peut faire le tour de la France par Bordeaux, Rouen, Nantes, Marseille et Lyon. Ces nouvelles arrivant l'une

Mai 1793.
Effervescence croissante des jacobins à la suite des troubles des départements.

après l'autre, dans l'espace de deux ou trois jours, du 12 au 15 mai, font naître les plus sinistres présages dans l'esprit des montagnards et des jacobins. Les propositions déjà faites se renouvellent encore avec plus de fureur; on veut que tous les garçons des cafés et des traiteurs, que tous les domestiques partent sur-le-champ; que les sociétés populaires marchent tout entières; que des commissaires de l'Assemblée se rendent aussitôt dans les sections pour les décider à fournir leur contingent; que trente mille hommes partent en poste dans les voitures de luxe; que les riches contribuent sans délai et donnent le dixième de leur fortune; que les suspects soient enfermés et gardés en otage; que la conduite des ministres soit examinée; que le comité de salut public soit chargé de rédiger une instruction pour les citoyens dont l'opinion est égarée; que toute affaire civile cesse; que l'activité des tribunaux civils soit suspendue; que les spectacles soient fermés; que le tocsin sonne, et que le canon d'alarme soit tiré.

Danton, pour apporter quelque assurance au milieu de ce trouble général, fait deux remarques : la première, c'est que la crainte de dégarnir Paris des bons citoyens qui sont nécessaires à sa sûreté, ne doit pas empêcher le recrutement, car il restera toujours à Paris cent cinquante mille hommes prêts à se lever et à exterminer les aristocrates qui oseraient s'y montrer; la seconde, c'est que l'agitation des guerres civiles, loin d'être un sujet d'espoir, doit être au contraire un sujet de terreur pour les ennemis extérieurs. « Montesquieu, dit-il, « l'a déjà remarqué en parlant des Romains : un « peuple dont tous les bras sont armés et exercés, « dont toutes les âmes sont aguerries, dont tous « les esprits sont exaltés, dont toutes les passions « sont changées en fureur de combattre, un tel « peuple n'a rien à craindre du courage froid et « mercenaire des soldats étrangers. Le plus faible « des deux partis que la guerre civile mettrait aux « prises, serait toujours assez fort pour détruire « des automates à qui la discipline ne tient pas lieu « de vie et de feu. »

Il est ordonné aussitôt que quatre-vingt-seize commissaires se rendront dans les sections pour obtenir leur contingent, et que le comité de salut public continuera ses fonctions pendant un mois de plus. Custine est nommé général de l'armée du Nord, Houchard de celle du Rhin. On fait la distribution des armées autour des frontières. Cambon présente un projet d'emprunt forcé d'un milliard, qui sera rempli par les riches et hypothéqué sur les biens des émigrés. « C'est un moyen, dit-il, d'obliger les riches à prendre part à la révolution, en les réduisant à acquérir une partie des biens nationaux, s'ils veulent se payer de leur créance sur le gage lui-même. »

Mai 1793.

Arrêtés révolutionnaires de la commune.

La commune, de son côté, arrête qu'une seconde armée de sans-culottes sera formée dans Paris pour contenir l'aristocratie, tandis que la première marchera contre les rebelles; qu'il sera fait un emprisonnement général de tous les suspects, et que l'assemblée centrale des sections, composée des autorités administratives, des présidents des sections, des membres des comités révolutionnaires, se réunira au plus tôt pour faire la répartition de l'emprunt forcé, pour rédiger les listes de suspects, etc.

Le trouble était au comble. D'une part, on disait que les aristocrates du dehors et ceux du dedans étaient d'accord; que les conspirateurs de Marseille, de la Vendée, de la Normandie, se concertaient entre eux; que les membres du côté droit dirigeaient cette vaste conjuration, et que le tumulte des sections n'était que le résultat de leurs intrigues dans Paris : d'autre part, on attribuait à la Montagne tous les excès commis sur tous les points, et on lui imputait le projet de bouleverser la France, et d'assassiner vingt-deux députés. Des deux côtés, on se demandait comment on sortirait de ce péril, et ce qu'on ferait pour sauver la république. Les membres du côté

droit s'excitaient au courage, et se conseillaient
quelque acte d'une grande énergie. Certaines sections, telles que celles du Mail, de la Butte-des-
Moulins et plusieurs autres, les appuyaient fortement et refusaient d'envoyer des commissaires à
l'assemblée centrale formée à la mairie. Elles refusaient aussi de souscrire à l'emprunt forcé, disant
qu'elles pourvoiraient à l'entretien de leurs volontaires, et s'opposaient à de nouvelles listes de
suspects, disant encore que leur comité révolutionnaire suffisait pour faire la police dans leur
ressort. Les montagnards, au contraire, les jacobins, les cordeliers, les membres de la commune,
criaient à la trahison, répétaient en tous lieux qu'il
fallait en finir, qu'on devait se réunir, s'entendre,
et sauver la république de la conspiration des
vingt-deux. Aux cordeliers, on disait ouvertement qu'il fallait les enlever et les égorger. Dans
une assemblée où se réunissaient des femmes
furieuses, on proposait de saisir l'occasion du
premier tumulte à la Convention, et de les poi-
gnarder. Ces forcenées portaient des poignards,
faisaient tous les jours grand bruit dans les tribunes, et disaient qu'elles sauveraient elles-mêmes
la république. On parlait partout du nombre de
ces poignards, dont un seul armurier du faubourg
Saint-Antoine avait fabriqué plusieurs centaines.
De part et d'autre, on marchait en armes et avec

Mai 1793.

Menaces des jacobins.

Mai 1793.

Robespierre
s'oppose aux
moyens violents
et illégaux.

tous les moyens d'attaquer et de se défendre. Il n'y avait encore aucun complot d'arrêté, mais les passions en étaient à ce point d'exaltation où le moindre événement suffit pour amener une explosion. Aux jacobins, on proposait des moyens de toute espèce. On prétendait que les actes d'accusation dirigés par la commune contre les vingt-deux ne les empêchaient pas de siéger encore, et que, par conséquent, il fallait un acte d'énergie populaire; que les citoyens destinés à la Vendée ne devaient pas partir avant d'avoir sauvé la patrie; que le peuple pouvait la sauver, mais qu'il était nécessaire de lui en indiquer les moyens, et que, pour cela, il fallait nommer un comité de cinq membres, auquel la société permettrait d'avoir des secrets pour elle. D'autres répondaient qu'on pouvait tout dire dans la société, qu'il était inutile de vouloir rien cacher, et qu'il était temps d'agir à découvert. Robespierre, qui trouvait ces déclarations imprudentes, s'opposait à ces moyens illégaux; il demandait si on avait épuisé tous les moyens utiles et plus sûrs qu'il avait proposés. « Avez-vous organisé, leur disait-il, votre « armée révolutionnaire? Avez-vous fait ce qu'il « fallait pour payer les sans-culottes appelés aux « armes ou siégeant dans les sections? Avez-vous « arrêté les suspects? Avez-vous couvert vos places « publiques de forges et d'ateliers? Vous n'avez

« donc employé aucune des mesures sages et na-
« turelles qui ne compromettraient pas les pa-
« triotes, et vous souffrez que des hommes qui
« n'entendent rien à la chose publique vous pro-
« posent des mesures qui sont la cause de toutes
« les calomnies répandues contre vous! Ce n'est
« qu'après avoir épuisé tous les moyens légaux
« qu'il faut recourir aux moyens violents, et en-
« core ne faut-il pas les proposer dans une société
« qui doit être sage et politique. Je sais, ajoutait
« Robespierre, qu'on m'accusera de *modérantisme*,
« mais je suis assez connu pour ne pas craindre de
« telles imputations. »

Ici, comme avant le 10 août, on sentait le besoin de prendre un parti, on errait de projets en projets, on parlait d'un lieu de réunion pour parvenir à s'entendre. L'assemblée de la mairie avait été formée, mais le département n'y était pas présent; un seul de ses membres, le jacobin Dufourny, s'y était rendu; plusieurs sections y manquaient; le maire n'y avait pas encore paru, et on s'était ajourné au dimanche 19 mai pour s'y occuper de l'objet de la réunion. Malgré le but, en apparence assez circonscrit, que l'arrêté de la commune fixait à cette assemblée, on y avait tenu les propos qui se tenaient partout, et on y avait dit, comme ailleurs, qu'il fallait un nouveau 10 août. Cependant on s'était borné à de mauvais propos, à des exagérations

Mai 1793.

Tumulte excité dans la Convention par des pétitions de Lyon et de Marseille.

de club; il s'y était trouvé des femmes mêlées aux hommes, et ce tumultueux rassemblement n'avait offert que le même désordre d'esprit et de langage que présentaient tous les lieux publics.

Le 15, le 16 et le 17 mai se passent en agitations, et tout devient une occasion de querelle et de tumulte dans l'Assemblée. Les Bordelais envoient une adresse, dans laquelle ils annoncent qu'ils vont se lever pour soutenir leurs députés; ils déclarent qu'une partie d'entre eux marchera sur la Vendée pour combattre les rebelles, tandis que l'autre marchera sur Paris pour exterminer les anarchistes qui oseraient attenter à la représentation nationale. Une lettre de Marseille annonce que les sections de cette ville persistent dans leur résistance. Une pétition de Lyon réclame du secours pour quinze cents détenus, enfermés sous le nom de suspects, et menacés du tribunal révolutionnaire par Chalier et les jacobins. Ces pétitions excitent un tumulte épouvantable. Dans l'Assemblée, dans les tribunes, on semble prêt à en venir aux mains. Cependant le côté droit, s'animant par le danger, communique son courage à la Plaine, et on décrète à une grande majorité que la pétition des Bordelais est un modèle de patriotisme; on casse tout tribunal révolutionnaire érigé par des autorités locales, et on autorise les citoyens qu'on voudrait y traduire, à repousser la force par la force. Ces décisions exaltent à la fois l'indignation de la Montagne et le courage du côté droit. Le 18, l'irritation est portée au comble. La Montagne, privée d'un grand nombre de ses membres, envoyés comme commissaires dans les départements et les armées, crie à l'oppression. Guadet demande aussitôt la parole pour une application historique aux circonstances présentes, et il semble prophétiser d'une manière effrayante la destinée des partis.

Mai 1793.

« Lorsqu'en Angleterre, dit-il, une majorité géné-
« reuse voulut résister aux fureurs d'une minorité
« factieuse, cette minorité cria à l'oppression, et
« parvint avec ce cri à mettre en oppression la ma-
« jorité elle-même. Elle appela à elle les patriotes
« *par excellence*. C'est ainsi que se qualifiait une
« multitude égarée, à laquelle on promettait le pil-
« lage et le partage des terres. Cet appel continuel
« aux patriotes *par excellence* contre l'oppression
« de la majorité, amena l'attentat connu sous le
« nom de *purgation du parlement*, attentat dont
« *Pride*, qui de boucher était devenu colonel, fut
« l'auteur et le chef. Cent cinquante membres fu-
« rent chassés du parlement, et la minorité, com-
« posée de cinquante ou soixante membres, resta
« maîtresse de l'État.

Paroles prophétiques de Guadet.

« Qu'en arriva-t-il? Ces patriotes par excellence,
« instruments de Cromwell, et auxquels il fit faire
« folies sur folies, furent chassés à leur tour : leurs
« propres crimes servirent de prétexte à l'usurpa-

« teur. » Ici Guadet montrant le boucher Legendre, Danton, Lacroix et tous les autres députés accusés de mauvaises mœurs et de dilapidations, ajoute : « Cromwell entra un jour au parlement, et s'adres-« sant à ces mêmes membres, qui seuls, à les en-« tendre, étaient capables de sauver la patrie, il « les en chassa en disant à l'un : Toi, tu es un vo-« leur; à l'autre : Toi, tu es un ivrogne ; à celui-ci : « Toi, tu es gorgé des deniers publics ; à celui-là : « Toi, tu es un coureur de filles et de mauvais lieux. « Fuyez donc, dit-il à tous, cédez la place à des « hommes de bien. Ils la cédèrent, et Cromwell la « prit. »

Cette allusion grande et terrible touche profondément l'Assemblée, qui demeure silencieuse. Guadet continue, et pour prévenir cette *purgation pridienne*, propose divers moyens de police, que l'Assemblée adopte au milieu des murmures. Mais, tandis qu'il regagne sa place, une scène scandaleuse éclate dans les tribunes. Une femme veut en enlever un homme pour le mettre hors de la salle; on la seconde de toutes parts, et le malheureux, qui résiste, est près d'être accablé par toute la population des tribunes. La garde fait de vains efforts pour rétablir le calme. Marat s'écrie que cet homme qu'on veut chasser est un aristocrate.... L'Assemblée s'indigne contre Marat de ce qu'il augmente le danger de ce malheureux, exposé à être assassiné. Il répond qu'on

ne sera tranquille que lorsqu'on sera délivré des
aristocrates, des complices de Dumouriez, des
hommes d'État.... C'est ainsi qu'il nommait les
membres du côté droit, à cause de leur réputation
de talent.

Aussitôt le président Isnard se découvre et demande à faire une déclaration importante. Il est écouté avec le plus grand silence, et, du ton de la plus profonde douleur, il dit : « On m'a révélé un
« projet de l'Angleterre que je dois faire connaître.
« Le but de Pitt est d'armer une partie du peuple
« contre l'autre, en le poussant à l'insurrection.
« Cette insurrection doit commencer par les fem-
« mes ; on se portera contre plusieurs députés, on
« les égorgera, on dissoudra la Convention natio-
« nale, et ce moment sera choisi pour faire une
« descente sur nos côtes. »

« Voilà, dit Isnard, la déclaration que je devais
« à mon pays. »

La majorité applaudit Isnard. On ordonne l'impression de sa déclaration ; on décrète de plus que les députés ne se sépareront point, et que tous les dangers leur seront communs. On s'explique ensuite sur le tumulte des tribunes. On dit que ces femmes qui les troublent appartiennent à une société dite de *la Fraternité,* qu'elles viennent occuper la salle, en exclure les étrangers, les fédérés des départements, et y troubler les délibérations par leurs huées. Il est question alors des sociétés populaires, et les murmures éclatent aussitôt. Marat, qui n'a cessé de parcourir les corridors et de passer d'un banc de la salle à l'autre, parlant toujours des *hommes d'État*, désigne l'un des membres du côté droit, en lui disant : *Tu en es un, toi ; mais le peuple fera justice de toi et des autres*. Guadet s'élance alors à la tribune, pour provoquer au milieu de ce danger une détermination courageuse. Il rappelle tous les troubles dont Paris est le théâtre, les propos tenus dans les assemblées populaires, les affreux discours proférés aux Jacobins, les projets exprimés dans l'assemblée réunie à la mairie; il dit que le tumulte dont on est témoin n'a pour but que d'amener une scène de confusion, au milieu de laquelle on exécutera les assassinats qu'on médite A chaque instant interrompu, il parvient néanmoins à se faire entendre jusqu'au bout, et propose deux mesures d'une énergie héroïque, mais impossible.

« Le mal, dit-il, est dans les autorités anarchi-
« ques de Paris; je vous propose donc de les cas-
« ser, et de les remplacer par tous les présidents
« de section.

« La Convention n'étant plus libre, il faut réunir
« ailleurs une autre Assemblée et décréter que tous
« les suppléants se réuniront à Bourges, et seront
« prêts à s'y constituer en Convention, au premier
« signal que vous leur donnerez, ou au premier

« avis qu'ils recevront de la dissolution de la Con-
« vention. »

Mai 1793.

A cette double proposition, un désordre épouvantable éclate dans l'Assemblée. Tous les membres du côté droit se lèvent en criant que c'est là le seul moyen de salut, et semblent remercier l'audacieux génie de Guadet, qui a su le découvrir. Le côté gauche se lève de son côté, menace ses adversaires, crie à son tour que la conspiration est enfin découverte, que les conjurés se dévoilent, et que leurs projets contre l'unité de la république sont avoués. Danton veut se précipiter à la tribune, mais on l'arrête, et on laisse Barère l'occuper au nom du comité de salut public.

Barère avec sa finesse insinuante et son ton conciliateur, dit que si on l'avait laissé parler, il aurait depuis plusieurs jours révélé beaucoup de faits sur l'état de la France. Il rapporte alors que partout on parle d'un projet de dissoudre la Convention, que le président de sa section a recueilli de la bouche du procureur Chaumette des propos qui annonceraient cette intention; qu'à l'Évêché, et dans une autre assemblée de la mairie, il a été question du même objet; que, pour arriver à ce but, on a projeté d'exciter un tumulte, de se servir des femmes pour le faire naître, et d'enlever vingt-deux têtes à la faveur du désordre. Barère ajoute que le ministre des affaires étrangères et le ministre

Discours et motion de Barère.

de l'intérieur doivent s'être procuré à cet égard des renseignements, et qu'il faut les entendre. Passant ensuite aux mesures proposées, il est, ajoute-t-il, de l'avis de Guadet sur les autorités de Paris ; il trouve un département faible, des sections agissant en souveraines, une commune excitée à tous les débordements par son procureur Chaumette, ancien moine, et suspect comme tous les ci-devant prêtres et nobles ; mais il croit que la dissolution de ces autorités causerait un tumulte anarchique. Quant à la réunion des suppléants à Bourges, elle ne sauverait pas la Convention, et ne pourrait pas la suppléer. Il y a, suivant lui, un moyen de parer à tous les dangers réels dont on est entouré, sans se jeter dans de trop grands inconvénients : c'est de nommer une commission composée de douze membres, qui sera chargée de vérifier les actes de la commune depuis un mois, de rechercher les complots tramés dans l'intérieur de la république, et les projets formés contre la représentation nationale ; de prendre auprès de tous les comités, de tous les ministres, de toutes les autorités, les renseignements dont elle aura besoin, et autorisée enfin à disposer de tous les moyens nécessaires pour s'assurer de la personne des conspirateurs.

Le premier élan d'enthousiasme et de courage passé, la majorité est trop heureuse d'adopter le

projet conciliateur de Barère. Rien n'était plus
ordinaire que de nommer des commissions : à chaque événement, à chaque danger, pour chaque
besoin, on créait un comité chargé d'y pourvoir,
et dès que des individus étaient nommés pour exécuter une chose, l'Assemblée semblait croire que la
chose serait exécutée, et que des comités auraient
pour elle ou du courage, ou des lumières, ou des
forces. Celui-ci ne devait pas manquer d'énergie,
et il était composé de députés appartenant presque
tous au côté droit. On y comptait entre autres
Boyer-Fonfrède, Rabaut-Saint-Étienne, Kervélégan, Henri Larivière, tous membres de la Gironde.
Mais l'énergie même de ce comité allait lui être
funeste; institué pour mettre la Convention à couvert des mouvements des jacobins, il allait les
exciter davantage, et augmenter le danger même
qu'il était destiné à écarter. Les jacobins avaient
menacé les girondins par leurs cris de chaque jour;
les girondins rendaient la menace, en instituant
une commission, et à cette menace les jacobins
allaient répondre enfin par un coup fatal, en faisant
le 31 mai et le 2 juin.

A peine cette commission fut-elle instituée, que
les sociétés populaires et les sections crièrent,
comme d'usage, à l'inquisition et à la loi martiale.
L'assemblée de la mairie, ajournée au dimanche 19,
se réunit en effet, et fut plus nombreuse que dans

Mai 1793.
Commission
de
douze membres
pour vérifier
les actes de la
commune.

Mai 1793.

Assemblée insurrectionnelle à la mairie.

les séances précédentes. Cependant le maire n'y était pas, et un administrateur de police présidait; quelques sections manquaient au rendez-vous, et il n'y en avait guère que trente-cinq qui eussent envoyé leurs commissaires. L'assemblée se qualifiait de *comité central révolutionnaire*. On y convient d'abord de ne rien écrire, de ne tenir aucun registre, et d'empêcher quiconque voudra se retirer de sortir avant la fin de la séance. On songe ensuite à fixer les objets dont il faut s'occuper. L'objet réel et annoncé était l'emprunt et la liste des suspects; néanmoins, dès les premières paroles, on commence à dire que les patriotes de la Convention sont impuissants pour sauver la chose publique, qu'il est nécessaire de suppléer à leur impuissance, et qu'il faut pour cela rechercher les hommes suspects, soit dans les administrations, soit dans les sections, soit dans la Convention elle-même, et s'emparer d'eux pour les mettre dans l'impossibilité de nuire. Un

Motions contre la vie des girondins.

membre, parlant froidement et lentement, dit qu'il ne connaît de suspects que dans la Convention, et que c'est là qu'il faut frapper. Il propose donc un moyen fort simple : c'est d'enlever vingt-deux députés, de les transporter dans une maison des faubourgs, de les égorger, et de supposer des lettres, pour faire accroire qu'ils ont émigré. « Nous ne « ferons pas cela nous-mêmes, ajoute cet homme; « mais, en payant, il nous sera facile de trouver

« des exécuteurs. » Un autre membre répond aussitôt que cette mesure est inexécutable et qu'il faut attendre que Marat et Robespierre aient proposé aux jacobins leurs moyens d'insurrection, qui sans doute vaudront mieux. « Silence ! s'écrient plusieurs voix ; on ne doit nommer personne. » Un troisième membre, député de la section de 92, représente qu'il ne convient pas d'assassiner, et qu'il y a des tribunaux pour juger les ennemis de la révolution. A cette observation, un grand tumulte s'élève ; on se récrie contre la doctrine de celui qui vient de parler ; on dit qu'il ne faut souffrir que des hommes qui soient à la hauteur des circonstances, et que chacun doit dénoncer son voisin s'il en suspecte l'énergie. Sur-le-champ celui qui a voulu parler des lois et des tribunaux est chassé de l'assemblée. On s'aperçoit en même temps qu'un membre de la section de la Fraternité, section assez mal disposée pour les jacobins, prenait des notes, et il est expulsé comme le précédent. On continue sur le même ton à s'occuper de la proscription des députés, du lieu à choisir pour cette *septembrisation*, et pour l'emprisonnement des autres suspects, soit de la commune, soit des sections. Un membre veut que l'exécution se fasse cette nuit même ; on lui répond que ce n'est pas possible ; il réplique qu'on a des hommes tout prêts, et il ajoute qu'à minuit Coligny était à la cour, et qu'à une heure il était mort.

Mai 1793.

Pache présidant
l'assemblée
de la mairie,
veut
la maintenir
dans la limite
des lois.

Cependant le temps s'écoule; on renvoie au lendemain l'examen de ces divers objets, et on convient de s'occuper de trois choses : 1° de l'enlèvement des députés; 2° de la liste des suspects; 3° de l'épurement de tous les bureaux et comités. On s'ajourne au lendemain six heures du soir.

Le lendemain lundi 20, l'assemblée se réunit de nouveau. Cette fois Pache était présent; on lui présente plusieurs listes portant des noms de toute espèce. Il observe qu'on ne doit pas les nommer autrement que listes de suspects, ce qui était légal, puisque les listes étaient ordonnées. Quelques membres observent qu'il ne faut pas que l'écriture d'aucun membre soit connue, et qu'il faut faire recopier les listes. D'autres disent que des républicains ne doivent rien craindre. Pache ajoute que peu lui importe qu'on le sache muni de ces listes, car elles concernent la police de Paris, dont il est chargé. Le caractère fin et réservé de Pache ne se démentait pas, et il voulait faire entrer tout ce qu'on exigeait de lui dans la limite des lois et de ses fonctions.

Un membre, voyant ces précautions, lui dit alors que sans doute il n'est pas instruit de ce qui s'est passé dans la séance de la veille, qu'il ne connaît pas l'ordre des questions, qu'il faut le lui faire connaître, et que la première a pour objet l'enlèvement de vingt-deux députés. Pache fait observer alors que la personne de tous les députés est confiée à la ville de Paris; que porter atteinte à leur sûreté serait compromettre la capitale avec les départements, et provoquer la guerre civile. On lui demande alors comment il se fait qu'il ait signé la pétition présentée le 15 avril au nom des quarante-huit sections de Paris, contre les vingt-deux. Pache répond qu'alors il fit son devoir en signant une pétition qu'on l'avait chargé de présenter, mais qu'aujourd'hui la question proposée sort des attributions de l'assemblée, réunie pour s'occuper de l'emprunt et des suspects, et qu'il sera obligé de lever la séance, si on persiste à s'occuper de pareilles discussions. Sur de telles observations, il s'élève une grande rumeur, et comme on ne peut rien faire en présence de Pache, et qu'on n'a aucun goût à s'occuper de simples listes de suspects, on se sépare sans ajournement fixe.

Le mardi 21, il ne se trouva qu'une douzaine de membres présents à l'assemblée. Les uns ne voulaient plus se rendre dans une réunion aussi tumultueuse et aussi violente; les autres trouvaient qu'il n'était pas possible d'y délibérer avec assez d'énergie.

Ce fut aux cordeliers qu'alla se décharger, le lendemain 22, toute la fureur des conjurés. Femmes et hommes poussèrent d'horribles vociférations. C'était une prompte insurrection qu'il fallait, et il ne suffisait plus du sacrifice de vingt-deux députés; on en demandait maintenant trois cents. Une femme, parlant avec l'emportement de son sexe, proposa d'assembler tous les citoyens sur la place de la Révolution; d'aller porter en corps une pétition à la Convention, et de ne pas désemparer qu'on ne lui eût arraché les décrets indispensables au salut public. Le jeune Varlet, qui se montrait depuis si longtemps dans toutes les émeutes, présenta en quelques articles un projet d'insurrection. Il proposait de se rendre à la Convention en portant les Droits de l'Homme voilés d'un crêpe, d'enlever tous les députés ayant appartenu aux Assemblées législative et constituante, de supprimer tous les ministres, de détruire tout ce qui restait de la famille des Bourbons, etc. Legendre se hâte de le remplacer à la tribune pour s'opposer à ces propositions. Toute la force de sa voix put à peine couvrir les cris et les huées qui s'élevaient contre lui, et il parvint avec la plus grande peine à combattre les motions incendiaires du jeune Varlet. Cependant on voulait assigner un terme fixe à l'insurrection, et prendre jour pour aller exiger de la Convention ce qu'on désirait d'elle; mais la nuit étant déjà avancée, chacun finit par se retirer sans aucune décision prise.

Tout Paris était déjà instruit de ce qui s'était dit, soit dans les deux réunions de la mairie, le 19 et le 20, soit dans la séance des cordeliers du 22. Une foule de membres du *comité central révolutionnaire* avaient eux-mêmes dénoncé les propos qui s'y étaient tenus, les propositions qu'on y avait faites; et le bruit d'un complot contre un grand nombre de citoyens et de députés était universellement répandu. La commission des douze en était informée avec le plus grand détail, et se préparait à agir contre les auteurs désignés des propositions les plus violentes.

Mai 1793.

La section de la Fraternité les dénonça formellement le 24 par une adresse à la Convention; elle rapporta tout ce qui s'était dit et fait dans l'assemblée de la mairie, et accusa hautement le maire d'y avoir assisté. Le côté droit couvrit d'applaudissements cette courageuse dénonciation, et demanda que Pache fût appelé à la barre. Marat répondit que les membres du côté droit étaient eux-mêmes les seuls conspirateurs, que Valazé, chez lequel ils se réunissaient tous les jours, leur avait donné avis de s'armer, et qu'ils s'étaient rendus à la Convention avec des pistolets. « Oui, réplique Valazé, j'ai donné cet avis parce qu'il devenait nécessaire de défendre notre vie, et certainement nous l'aurions défendue. — Oui, oui! » s'écrient énergiquement tous les membres du côté droit. Lasource ajoute un fait des plus graves, c'est que les conjurés, croyant apparemment que l'exécution était fixée pour la

La section de la Fraternité dénonce les complots.

nuit dernière, s'étaient rendus chez lui pour l'enlever.

Dans ce moment, on apprend que la commission des douze est munie de tous les renseignements nécessaires pour découvrir le complot et en poursuivre les auteurs, et on annonce un rapport de sa part pour le lendemain. La Convention déclare en attendant que la section de la Fraternité a bien mérité de la patrie.

Le soir du même jour, grand tumulte à la municipalité contre la section de la Fraternité, qui a, dit-on, calomnié le maire et les patriotes, en supposant qu'ils veulent égorger la représentation nationale. De ce que le projet n'avait été qu'une proposition, combattue d'ailleurs par le maire, Chaumette et la commune induisaient que c'était une calomnie que de supposer une conspiration réelle. Sans doute ce n'en était pas une dans le vrai sens du mot, ce n'était pas une de ces conspirations profondément et secrètement ourdies comme on les fait dans les palais, mais c'était une de ces conspirations telles que la multitude d'une grande ville en peut former; c'était le commencement de ces mouvements populaires tumultueusement proposés, et tumultueusement exécutés par la foule entraînée, comme au 14 juillet et au 10 août. En ce sens, il s'agissait d'une véritable conspiration. Mais celles-là, il est inutile de vouloir les arrêter, car elles ne surprennent pas l'autorité ignorante et endormie, mais elles emportent ouvertement et à la face du ciel l'autorité avertie et éveillée.

Le lendemain 24, deux autres sections, celles des Tuileries et de la Butte-des-Moulins, se joignirent à celle la Fraternité pour dénoncer les mêmes faits. « Si la raison ne peut l'emporter, « disait la Butte-des-Moulins, faites un appel aux « bons citoyens de Paris, et d'avance nous pouvons « vous assurer que notre section ne contribuera « pas peu à faire rentrer dans la poussière ces roya- « listes déguisés qui prennent insolemment le titre « de *sans-culottes*. » Le même jour, le maire écrivit à l'Assemblée pour expliquer ce qui s'était passé à la mairie. « Ce n'était pas, disait-il, un complot, « c'était une simple délibération sur la composition « de la liste des suspects. Quelques *mauvaises têtes* « avaient bien interrompu la délibération par quel- « ques propositions déraisonnables; mais lui, Pache, « avait rappelé à l'ordre ceux qui s'en écartaient, « et ces mouvements d'imagination n'avaient eu « aucune suite. » On tint peu de compte de la lettre de Pache, et on écouta la commission des douze, qui se présenta pour proposer un décret de sûreté générale. Ce décret mettait la représentation nationale et les dépôts renfermant le trésor public sous la sauvegarde des bons citoyens. Tous devaient, à l'appel du tambour, se rendre au lieu du rassemblement de la compagnie du quartier, et marcher au premier signal qui leur serait donné. Aucun ne pouvait manquer au rendez-vous ; et, en attendant la nomination d'un commandant général, en remplacement de Santerre, parti pour la Vendée, le plus ancien chef de légion devait avoir le commandement supérieur. Les assemblées de section devaient être fermées à dix heures du soir ; les présidents étaient rendus responsables de l'exécution de cet article. Le projet de décret fut adopté en totalité, malgré quelques débats, et malgré Danton, qui dit qu'en mettant ainsi l'Assemblée et les établissements publics sous la sauvegarde des citoyens de Paris, on *décrétait la peur*.

Immédiatement après avoir proposé ce décret, la commission des douze fit arrêter à la fois les nommés Marino et Michel, administrateurs de police, accusés d'avoir fait à l'assemblée de la mairie les propositions qui causaient tant de rumeur. Elle fit arrêter en outre le substitut du procureur de la commune, Hébert, lequel écrivait, sous le nom du *Père Duchêne*, une feuille encore plus ordurière que celle de Marat, et mise, par un langage hideux et dégoûtant, à la portée de la plus basse populace. Hébert, dans cette feuille, imprimait ouvertement tout ce que les nommés Marino et Michel étaient accusés d'avoir verbalement proposé à la mairie. La commission crut donc devoir poursuivre à la

fois et ceux qui prêchaient, et ceux qui voulaient
exécuter une nouvelle insurrection. A peine l'ordre
d'arrestation était-il lancé contre Hébert, qu'il se
rendit en toute hâte à la commune pour annoncer
ce qui lui arrivait et montrer au conseil général le
mandat d'arrêt dont il était frappé. On l'arrachait,
disait-il, à ses fonctions, mais il allait obéir. La
commune ne devait pas oublier le serment qu'elle
avait fait de se regarder comme frappée lorsqu'un
de ses membres le serait. Il n'invoquait pas ce serment pour lui, car il était prêt à porter sa tête sur
l'échafaud, mais pour ses concitoyens menacés d'un
nouvel esclavage. De nombreux applaudissements
accueillent Hébert. Chaumette, le procureur en
chef, l'embrasse; le président lui donne l'accolade
au nom de tout le conseil. La séance est déclarée
permanente jusqu'à ce qu'on ait des nouvelles
d'Hébert. Les membres du conseil sont invités à
porter des consolations et des secours aux femmes
et aux enfants de tous ceux qui sont ou seront
détenus.

La séance fut permanente, et d'heure en heure
on envoyait à la commission des douze pour avoir
des nouvelles du magistrat arraché, disait-on, à
ses fonctions. A deux heures et demie de la nuit,
on apprit qu'il subissait un interrogatoire, et que
Varlet avait été arrêté aussi. A quatre heures, on
annonça qu'Hébert avait été mis en état d'arres-

Mai 1793.

Pétition de la commune.

tation à l'Abbaye. A cinq heures, Chaumette se rendit dans sa prison pour le voir, mais il ne put être introduit. Le matin, le conseil général rédigea une pétition à la Convention et la fit porter par des cavaliers dans les sections, afin d'avoir leur adhésion. Presque dans toutes les sections on se battait; on voulait changer à chaque instant les bureaux et les présidents, empêcher ou faire des arrestations, adhérer ou s'opposer au système de la commune, signer ou rejeter la pétition qu'elle proposait. Enfin cette pétition, approuvée par un grand nombre de sections, fut présentée dans la journée du 25 à la Convention. La députation de la commune se plaignait des calomnies répandues contre les magistrats du peuple; elle demandait que la pétition de la section de la Fraternité fût remise à l'accusateur public, pour que les coupables, s'il en existait, ou les calomniateurs, fussent punis. Elle demandait enfin justice de la commission des douze, qui avait commis un attentat sur la personne d'un magistrat du peuple, en le faisant enlever à ses fonctions et enfermer à l'Abbaye. Isnard présidait en ce moment et devait répondre à la députation. « Magis-
« trats du peuple, dit-il d'un ton grave et sévère,
« il est urgent que vous entendiez des vérités im-
« portantes. La France a confié ses représentants
« à la ville de Paris, et elle veut qu'ils y soient en
« sûreté. Si la représentation nationale était violée

Belles paroles du député Isnard, président la Convention.

« par une de ces conspirations dont nous avons été
« entourés depuis le 10 mars, et dont les magistrats
« ont été les derniers à nous avertir, je le déclare
« au nom de la république, Paris éprouverait la
« vengeance de la France, et serait rayé de la liste
« des cités. » Cette réponse solennelle et grande
produisit sur l'Assemblée une impression profonde.
Une foule de voix en demandaient l'impression.
Danton soutint qu'elle était faite pour augmenter la
division qui commençait à éclater entre Paris et les
départements, et qu'il ne fallait rien faire qui pût
accroître ce malheur. La Convention, croyant que
c'était assez de l'énergie de la réponse et de l'énergie de la commission des douze, passa à l'ordre du
jour, sans ordonner l'impression proposée.

Mai 1793.

Les députés de la commune furent donc congédiés sans avoir rien obtenu. Tout le reste de la journée du 25 et toute la journée du lendemain 26 se
passèrent en scènes tumultueuses dans les sections.
On se battait de toutes parts, et les deux opinions
avaient alternativement le dessus, suivant l'heure
du jour et suivant le nombre variable des membres
de chaque parti. La commune continuait d'envoyer
des députés pour s'enquérir de l'état d'Hébert. Une
fois on l'avait trouvé reposant; une autre fois il
avait prié la commune d'être tranquille sur son
compte. On se plaignait qu'il fût sur un misérable
grabat. Des sections le prenaient sous leur protec-

Scènes tumultueuses dans toutes les sections.

tion; d'autres se préparaient à demander de nouveau son élargissement, et avec plus d'énergie que ne l'avait fait la municipalité; enfin des femmes, courant les carrefours avec un drapeau, voulaient entraîner le peuple à l'Abbaye pour délivrer son magistrat chéri.

Le 27, le tumulte fut poussé à son comble. On se portait d'une section à l'autre pour y décider l'avantage en s'y battant à coups de chaises. Enfin, vers le soir, à peu près vingt-huit sections avaient concouru à émettre le vœu de l'élargissement d'Hébert, et à rédiger une pétition impérative à la Convention. La commission des douze, voyant quel désordre se préparait, avait signifié au commandant de service de requérir la force armée de trois sections, et elle avait eu soin de désigner les sections de la Butte-des-Moulins, de Lepelletier et du Mail, qui étaient les plus dévouées au côté droit, et prêtes même à se battre pour lui. Ces trois sections s'empressèrent d'accourir, et se placèrent, vers les six heures du soir, 27 mai, dans les cours du Palais-National, du côté du Carrousel, avec leurs armes et leurs canons, mèches allumées. Elles composaient ainsi une force imposante et capable de protéger la représentation nationale. Mais la foule qui se pressait autour de leurs rangs et aux diverses portes du palais, le tumulte qui régnait, la difficulté qu'on avait à pénétrer dans la salle, donnaient à cette scène les apparences d'un siége. Quelques députés avaient eu de la peine à entrer, avaient même essuyé quelques insultes au milieu de cette populace, et ils étaient venus répandre le trouble dans l'Assemblée, en disant qu'elle était assiégée. Il n'en était rien pourtant, et si les portes étaient obstruées, elles n'étaient cependant pas interdites. Mais les apparences suffisaient aux imaginations irritées, et le désordre régnait dans l'Assemblée. Isnard présidait. La section de la Cité se présente, et demande la liberté de son président, nommé Dobsen, arrêté par ordre de la commission des douze, pour avoir refusé de communiquer les registres de sa section. Elle demande en outre la liberté des autres détenus, la suppression de la commission des douze, et la mise en accusation des membres qui la composent. « La Convention, répond Isnard, pardonne à votre jeunesse; elle ne se laissera jamais influencer par aucune portion du peuple. » La Convention approuve la réponse. Robespierre veut au contraire la blâmer. Le côté droit s'y oppose, une lutte des plus vives s'engage, et le bruit du dedans, celui du dehors, concourent à produire un tumulte épouvantable. Dans ce moment, le maire et le ministre de l'intérieur arrivent à la barre, croyant, comme on le disait dans Paris, que la Convention était assiégée. A la vue du ministre de l'intérieur, un cri général s'élève de tous

Mai 1793.

Rapport de Garat sur la situation des esprits dans Paris.

côtés, pour lui demander compte de l'état de Paris et des environs de la salle. La situation de Garat était embarrassante, car il fallait se prononcer entre les deux partis, ce qui ne convenait pas plus à la douceur de son caractère qu'à son scepticisme politique. Cependant ce scepticisme provenant d'une grande impartialité d'esprit, il eût été heureux qu'on pût, dans le moment, l'écouter et le comprendre. Il prend la parole, et remonte à la cause des troubles. La première cause, selon lui, est le bruit qui s'est répandu d'un conciliabule formé à la mairie pour comploter contre la représentation nationale. Garat répète alors, d'après Pache, que ce conciliabule n'était point une réunion de conspirateurs, mais une réunion légale, ayant un but connu; que si, en l'absence du maire, quelques esprits ardents avaient fait des propositions coupables, ces propositions, repoussées avec indignation lorsque le maire était présent, n'avaient eu aucune suite, et qu'on ne pouvait voir là un véritable complot; que l'institution de la commission des douze pour la poursuite de ce prétendu complot, et les arrestations qu'elle avait faites, étaient devenues la cause du trouble actuel; qu'il ne connaissait pas Hébert; qu'il n'avait reçu aucun renseignement défavorable sur son compte; qu'il savait seulement qu'Hébert était l'auteur d'un genre d'écrits méprisable sans doute, mais regardé à tort comme dangereux; que la Constituante et l'Assemblée législative dédaignèrent toujours les écrits dégoûtants répandus contre elles, et que la rigueur exercée contre Hébert avait dû paraître nouvelle et peut-être intempestive; que la commission des douze, composée d'hommes de bien et d'excellents patriotes, était dans de singulières préventions, et qu'elle paraissait trop dominée du désir de montrer une grande énergie. Ces paroles sont fort applaudies par le côté gauche et la Montagne. Garat, arrivant ensuite à la situation présente, assure que la Convention n'est point en danger, que les citoyens qui l'entourent sont pleins de respect pour elle. A ces mots, un député l'interrompt, en disant qu'il a été insulté. « Soit, reprend Garat, je ne réponds pas de ce qui « peut arriver à un individu au milieu d'une foule « renfermant des hommes de toute espèce; mais « que la Convention tout entière se montre à la « porte, et je réponds pour elle que tout le peuple « s'ouvrira devant elle avec respect, qu'il saluera « sa présence et obéira à sa voix. »

Garat termine en présentant quelques vues conciliatoires, et en indiquant, avec le plus d'adresse possible, que c'est en voulant réprimer les violences des jacobins qu'on s'exposait à les exciter davantage. Garat avait raison sans doute; c'est en voulant se mettre en défense contre un parti qu'on l'irrite davantage et qu'on précipite la catastrophe;

LIVRE XIV.

Mai 1793.

La nuit, les cris, le tumulte, la foule, tout contribuait à augmenter la confusion. Le décret est mis aux voix, et il est rendu sans qu'on puisse savoir s'il a été voté. Les uns disent que le président n'a pas été entendu ; d'autres, que les votes n'ont pas été en nombre suffisant, d'autres enfin, que les pétitionnaires ont pris la place des députés absents, et que le décret est nul. Néanmoins il est proclamé, et les tribunes et les pétitionnaires s'échappent, et vont annoncer à la commune, aux sections, aux jacobins, aux cordeliers, que les prisonniers sont élargis et que la commission est cassée.

28 mai.
Séance
orageuse de la
Convention.

Cette nouvelle répandit une grande joie populaire et un moment de calme dans Paris. Le visage même du maire sembla respirer un contentement sincère de voir les troubles apaisés. Cependant les girondins, décidés à combattre en désespérés, et à ne pas céder la victoire à leurs adversaires, se réunissent le lendemain avec la plus brûlante indignation. Lanjuinais surtout, qui n'avait pris aucune part aux haines d'orgueil qui divisaient les deux côtés de la Convention, et à qui on pardonnait son opiniâtreté, parce qu'aucun ressentiment personnel ne semblait l'animer, Lanjuinais arrive plein de chaleur et de résolution pour faire honte à l'Assemblée de sa faiblesse de la veille. A peine Osselin a-t-il demandé la lecture du décret et sa rédaction définitive, pour qu'on puisse élargir sur-le-champ les détenus,

que Lanjuinais s'élance à la tribune, et demande la parole pour soutenir que le décret est nul et n'a pas été rendu. Des murmures violents l'interrompent. « Accordez-moi du silence, dit-il à la gauche, « car je suis décidé à rester ici jusqu'à ce que vous « m'ayez entendu. » On ne veut entendre Lanjuinais que sur la rédaction du décret; cependant, après des épreuves douteuses, il est décidé que, dans le doute, il sera entendu. Il s'explique alors, et soutient que la question qui s'agite est l'une des plus importantes pour la sûreté générale. « Plus de cin-
« quante mille citoyens, dit-il, ont été enfermés
« dans toute la France par vos commissaires; on a
« fait plus d'arrestations arbitraires en un mois que
« sous l'ancien régime dans un siècle, et vous vous
« plaignez de ce qu'on ait enfermé deux ou trois
« hommes qui prêchent le meurtre et l'anarchie à
« deux sous la feuille! Vos commissaires sont des
« proconsuls qui agissent loin de vos yeux, et que
« vous laissez agir; et votre commission, placée à
« côté de vous, sous votre surveillance immédiate,
« vous vous en défiez, vous la supprimez! Diman-
« che dernier, on a proposé dans la jacobinière de
« faire un massacre dans Paris, on recommence ce
« soir la même délibération à l'Évêché, on vous
« en fournit les preuves, on vous les offre, et vous
« les repoussez! Vous protégez les hommes de
« sang! » Le trouble éclate à ces paroles et couvre

la voix de Lanjuinais. « On ne peut plus délibérer, s'écrie Chambon, il n'y a plus qu'à nous retirer dans nos départements. — On assiége vos portes, reprend Lanjuinais. — C'est faux, crie la gauche. — Hier, ajoute Lanjuinais de toutes ses forces, vous n'étiez pas libres, vous étiez maîtrisés par les prédicateurs du meurtre. » Legendre, de sa place, élevant alors la voix, dit : « On veut nous faire perdre la séance; je déclare que si Lanjuinais continue à mentir, je vais le jeter à bas de la tribune. » A cette scandaleuse menace l'Assemblée se soulève et les tribunes applaudissent. Aussitôt Guadet demande que les paroles de Legendre soient conservées dans le procès-verbal, et connues de toute la France, pour qu'elle sache comment sont traités ses députés. Lanjuinais, continuant, soutient que le décret de la veille n'a pas été rendu, car les pétitionnaires ont voté avec les députés; ou que, s'il a été rendu, il doit être rapporté, parce que l'Assemblée n'était pas libre. « Quand vous êtes libres, ajoute Lanjuinais, vous ne votez pas l'impunité du crime. » A gauche, on affirme que Lanjuinais altère les faits; que les pétitionnaires n'ont pas voté, qu'ils se sont retirés dans les couloirs. A droite, on assure le contraire; et, sans s'être entendu à cet égard, on met aux voix le rapport du décret. A une majorité de cinquante et une voix, le décret est rapporté. « Vous avez fait, dit alors

« Danton, un grand acte de justice, et j'espère qu'il
« sera reproduit avant la fin de la séance; mais si
« la commission que vous venez de réintégrer con-
« serve ses pouvoirs tyranniques, si les magistrats
« du peuple ne sont pas rendus à la liberté et à leurs
« fonctions, alors je vous déclare qu'après avoir
« prouvé que nous passons nos ennemis en pru-
« dence et en sagesse, nous *prouverons que nous les
« passons en audace et en vigueur révolutionnaire.* »
On met alors aux voix l'élargissement provisoire des
détenus, et il est prononcé à l'unanimité. Rabaut-
Saint-Étienne veut être entendu au nom de la commission des douze, invoque l'attention au nom du
salut public, et ne peut se faire écouter; enfin il
donne sa démission.

Mai 1793.

Paroles menaçantes de Danton.

Le décret avait été ainsi rapporté, et la majorité,
revenue au côté droit, semblait prouver que les décrets n'appartiennent au côté gauche que dans quelques moments de faiblesse. Quoique les magistrats
réclamés eussent été élargis; quoique Hébert fût
rendu à la commune, où il recevait des couronnes,
néanmoins le rapport du décret avait soulevé toutes
les passions, et l'orage, qui semblait s'être dissipé
un moment, allait enfin éclater d'une manière plus
terrible.

Le jour même, l'assemblée qui s'était tenue à la
mairie, et qui ne s'y réunissait plus depuis que le
maire avait interdit les propositions dites de *salut*

public, fut renouvelée à l'Évêché, dans le club électoral, où se rendaient parfois quelques électeurs. Elle fut composée de commissaires des sections, choisis dans les comités de surveillance, de commissaires de la commune, du département et de divers clubs. Les femmes mêmes y étaient représentées, et sur cinq cents personnes on comptait cent femmes, à la tête desquelles s'en trouvait une, fameuse par ses emportements politiques et son éloquence populaire. Le premier jour, il ne parut à cette réunion que les envoyés de trente-six sections; il en restait douze qui n'avaient pas député de commissaires, et on leur adressa une nouvelle convocation. On s'occupa ensuite de nommer une commission de six membres, chargée d'imaginer et de présenter le lendemain les moyens de salut public. On se sépara après cette mesure préliminaire, et on s'ajourna pour le lendemain 29.

Le même soir, grand tumulte dans les sections. Malgré le décret de la Convention qui les ferme à dix heures, elles se prolongent bien après, se constituent à cette heure en *sociétés patriotiques*, et, sous ce nouveau titre, continuent leurs séances fort avant dans la nuit. Dans les unes, on prépare de nouvelles adresses contre la commission des douze; dans les autres, on fait des pétitions à l'Assemblée, pour lui demander l'explication de ces paroles d'Isnard : *Paris sera rayé de la liste des cités.*

A la commune, long discours de Chaumette sur la conspiration évidente qui se trame contre la liberté, sur les ministres, sur le côté droit, etc. Hébert arrive, raconte sa détention, reçoit une couronne qu'il dépose sur le buste de J. J. Rousseau, et retourne ensuite à sa section, accompagné par des commissaires de la commune, qui ramènent en triomphe le magistrat délivré de ses fers.

Le lendemain 29, la Convention est affligée de deux nouvelles fâcheuses venant des deux points militaires les plus importants, le Nord et la Vendée. L'armée du Nord a été repoussée entre Bouchain et Cambray; Valenciennes et Cambray sont privées de toute communication. A Fontenay, les troupes républicaines ont été complétement battues par M. de Lescure, qui s'est emparé de Fontenay même. Ces nouvelles répandent la plus grande consternation, et rendent plus dangereuse la situation du parti modéré. Les sections se succèdent, avec des bannières portant ces mots : *Résistance à l'oppression*. Les unes demandent, comme elles l'avaient annoncé la veille, l'explication des paroles d'Isnard; les autres déclarent qu'il n'y a plus d'autre inviolabilité que celle du peuple, que par conséquent les députés qui ont cherché à armer les départements contre Paris doivent être mis en accusation, que la commission des douze doit être cassée, qu'une armée révolutionnaire doit être organisée.

Mai 1793.

29 mai. Nouvelles affligeantes du Nord et de la Vendée.

Déclarations des sections.

Aux jacobins, la séance n'était pas moins significative. De toutes parts, on disait que le moment était arrivé, qu'il fallait enfin sauver le peuple ; et dès qu'un membre se présentait pour détailler les moyens à employer, on le renvoyait à la commission des six, nommée au club central. Celle-là, disait-on, est chargée de pourvoir à tout, et de rechercher les moyens de salut public. Legendre, voulant parler sur les dangers du jour, et sur la nécessité d'épuiser les moyens légaux avant de recourir aux moyens extrêmes, fut traité d'*endormeur*. Robespierre, ne s'expliquant pas, dit que c'était à la commune *à s'unir intimement au peuple* ; que, pour lui, il était incapable de prescrire les moyens de salut ; que cela n'était pas donné à un seul homme, et moins encore à lui qu'à tout autre, épuisé qu'il était par quatre ans de révolution, et consumé d'une fièvre lente et mortelle.

Ces paroles du tribun firent un grand effet, et provoquèrent de vifs applaudissements. Elles indiquaient assez qu'il s'en remettait, comme tout le monde, à ce que feraient les autorités municipales à l'Évêché. Cette assemblée de l'Évêché s'était encore réunie, et, comme la veille, elle avait été mêlée de beaucoup de femmes. On s'occupa d'abord de rassurer les propriétaires, en jurant respect aux propriétés. On a respecté, s'écria-t-on, les propriétés au 10 août et au 14 juillet, et sur-le-champ

on prêta le serment de les respecter au 31 mai 1793.
Après quoi Dufourny, membre de la commission
des six, dit que, sans un commandant général de
la garde parisienne, il était impossible de répondre
d'aucun résultat, et qu'il fallait demander à la
commune d'en nommer un sur-le-champ. Une
femme, la célèbre Lacombe, prenant la parole,
insista sur la proposition de Dufourny, et déclara
que, sans des mesures promptes et vigoureuses, il
était impossible de se sauver. Aussitôt on fit partir
des commissaires pour la commune, et celle-ci
répondit, à la manière de Pache, que le mode
pour la nomination d'un commandant général était
fixé par les décrets de la Convention, et que ce
mode lui interdisant de le nommer elle-même, il
ne lui restait que des vœux à former à ce sujet.
C'était inviter le club à ranger cette nomination au
nombre des mesures extraordinaires de salut public, dont il devait se charger. L'assemblée résolut
ensuite d'inviter tous les cantons du département
à s'unir à elle, et envoya des députés à Versailles.
Une confiance aveugle fut demandée au nom des
six, et on exigea la promesse d'exécuter sans
examen tout ce qu'ils proposeraient. Le silence fut
prescrit sur tout ce qui regardait la grande question
des moyens, et on s'ajourna au lendemain matin
neuf heures, pour commencer une séance permanente, qui devait être décisive.

Mai 1793.

Confiance
aveugle
demandée au
nom des six.

La commission des douze avait été instruite de tout dans la soirée même, le comité de salut public l'avait été aussi, et il soupçonna en outre, d'après un placard imprimé dans la journée, qu'il y avait eu à Charenton des conciliabules où se trouvaient Danton, Marat et Robespierre. Le comité de salut public, profitant d'un moment où Danton était absent de son sein, ordonna au ministre de l'intérieur de faire les perquisitions les plus actives pour découvrir ce conciliabule secret. Rien ne fut découvert, et tout prouve que le bruit était faux. Il paraît que tout se faisait dans l'assemblée de la commune. Robespierre désirait vivement une révolution manifestement dirigée contre ses antagonistes, les girondins, mais il n'avait pas besoin de se compromettre pour la produire; il lui suffisait de ne plus s'y opposer, comme il l'avait fait plusieurs fois pendant le mois de mai. En effet, son discours aux jacobins, où il avait dit que la commune devait s'unir au peuple et trouver les moyens que lui ne pouvait pas découvrir, était un véritable consentement à l'insurrection[1]. Cette approbation était suffisante, et il y avait assez d'ardeur au club central sans qu'il s'en mêlât. Pour Marat, il favorisait le mouvement par ses feuilles, par ses scènes de tous les jours à la Convention, mais il n'était pas

---

1. Voyez la note à la fin du volume.

membre de la commission des six, véritablement
chargée de l'insurrection. Le seul homme qu'on
pourrait croire l'auteur caché de ce mouvement,
c'est Danton; mais il était incertain; il désirait
l'abolition de la commission des douze, et cependant il n'aurait pas voulu qu'on touchât encore à la
représentation nationale. Meilhan, le rencontrant
dans la journée au comité de salut public, l'aborda,
l'entretint amicalement, lui fit sentir quelle différence les girondins mettaient entre lui et Robespierre, quelle considération ils avaient pour ses
grands moyens, et finit par lui dire qu'il pourrait
jouer un grand rôle en usant de sa puissance au
profit du bien, et pour le soutien des honnêtes
gens. Danton, que ces paroles touchaient, releva
brusquement la tête, et dit à Meilhan : « Vos girondins n'ont point de confiance en moi. » Meilhan
voulut insister de nouveau : « Ils n'ont point de
confiance, » répéta Danton; et il s'éloigna sans
vouloir prolonger l'entretien. Ces paroles peignent
parfaitement les dispositions de cet homme. Il méprisait cette populace municipale, il n'avait aucun
goût pour Robespierre ni pour Marat, et il eût bien
mieux aimé se mettre à la tête des girondins, mais
ils n'avaient point de confiance en lui. Une conduite
et des principes différents les séparaient entièrement. D'ailleurs, Danton ne trouvait, ni dans leur
caractère, ni dans leur opinion, l'énergie nécessaire

Mai 1793.

pour sauver la révolution, grand but qu'il chérissait par-dessus toutes choses. Danton, indifférent pour les personnes, ne cherchait qu'à distinguer celui des deux partis qui devait assurer à la révolution les progrès les plus sûrs et les plus rapides. Maître des cordeliers et de la commission des six, il est présumable qu'il avait une grande part au mouvement qui se préparait, et il paraît qu'il voulait d'abord renverser la commission des douze, sauf à voir ensuite ce qu'il faudrait faire à l'égard des girondins.

Enfin le projet d'insurrection fut arrêté dans la tête des conjurés du club central révolutionnaire. Ils ne voulaient pas, suivant leur expression, faire une insurrection *physique*, mais *toute morale*, respecter les personnes, les propriétés, violer enfin avec le plus grand ordre les lois et la liberté de la Convention. Leur but était de constituer la commune en insurrection, de convoquer en son nom toute la force armée, qu'elle avait le droit de requérir, d'en entourer la Convention, et de lui présenter une adresse qui, en apparence, ne serait qu'une pétition, et qui en réalité serait un ordre véritable. Ils voulaient, en un mot, prier le fer à la main.

Le jeudi 30, en effet, les commissaires des sections s'assemblent à l'Évêché, et ils forment ce qu'ils appellent l'*union républicaine*. Revêtus des pleins pouvoirs de toutes les sections, ils se déclarent en insurrection pour sauver la chose publique, menacée par *la faction aristocratique et oppressive de la liberté*. Le maire, persistant dans ses ménagements ordinaires, fait quelques représentations sur le caractère de cette mesure, s'y oppose doucement, et finit par obéir aux insurgés, qui lui ordonnent de se rendre à la commune pour annoncer ce qu'ils viennent de décider. Il est ensuite résolu que les quarante-huit sections seront réunies pour émettre, dans la journée même, leur vœu sur l'insurrection, et qu'immédiatement après le tocsin sonnera, les barrières seront fermées, et la générale battra dans toutes les rues. Les sections se réunissent en effet, et la journée se passe à recueillir tumultueusement le vœu de l'insurrection. Le comité de salut public, la commission des douze, mandent les autorités pour obtenir des renseignements. Le maire fait connaître, avec un regret du moins apparent, le plan arrêté à l'Évêché. L'Huillier, procureur-syndic du département, déclare ouvertement, et avec une assurance tranquille, le projet d'une insurrection *toute morale*, et il se retire paisiblement auprès de ses collègues.

La journée s'achève ainsi, et dès le commencement de la nuit le tocsin retentit, la générale se bat dans toutes les rues, les barrières sont fer-

<small>Mai 1793.</small>

<small>Plan arrêté par les chefs de l'insurrection.</small>

mées, et les citoyens étonnés se demandent si de nouveaux massacres vont ensanglanter la capitale. Tous les députés de la Gironde, les ministres menacés, passent la nuit hors de leur demeure. Roland va se cacher chez un ami; Buzot, Louvet, Barbaroux, Guadet, Bergoing, Rabaut-Saint-Étienne, se retranchent dans une chambre écartée, munis de bonnes armes, et prêts, en cas d'attaque, à se défendre jusqu'à la dernière goutte de leur sang. A cinq heures du matin, ils en sortent pour se rendre à la Convention, où, à la faveur du jour naissant, se réunissaient déjà quelques membres appelés par le tocsin. Leurs armes, qui étaient apparentes, les font respecter de quelques groupes qu'ils traversent, et ils arrivent à la Convention, où se trouvaient déjà quelques montagnards, et où Danton s'entretenait avec Garat. « Vois, dit Louvet à Guadet, quel horrible espoir brille sur ces visages! — Oui, répond Guadet, c'est aujourd'hui que Clodius exile Cicéron. » De son côté, Garat, étonné de voir Danton rendu si matin à l'Assemblée, l'observait avec attention. « Pourquoi tout ce bruit, lui dit Garat, et que veut-on? — Ce ne sera rien, répond froidement Danton. Il faut leur laisser briser quelques presses, et les renvoyer avec cela. » Vingt-huit députés étaient présents. Fermont occupe momentanément le fauteuil; Guadet siége courageusement comme secrétaire. Le nombre des députés augmente, et on attend le moment d'ouvrir la séance.

Mai 1793.

Dans cet instant, l'insurrection se consommait à la commune. Les envoyés du comité central révolutionnaire, ayant à leur tête le président Dobsen, se présentent à l'Hôtel de ville, munis de pleins pouvoirs révolutionnaires. Dobsen prend la parole, et déclare au conseil général que le peuple de Paris, blessé dans ses droits, vient annuler toutes les autorités constituées. Le vice-président du conseil demande à connaître les pouvoirs du comité. Il les vérifie, et, y trouvant exprimé le vœu de trente-trois sections de Paris, il déclare que la majorité des sections annule les autorités constituées. En conséquence, le conseil général, le bureau, se retirent. Dobsen, avec les commissaires, prend la place vacante aux cris de *Vive la république!* Il consulte ensuite la nouvelle assemblée, et lui propose de réintégrer la municipalité et le conseil général dans leurs fonctions, vu que l'un et l'autre n'ont jamais manqué à leurs devoirs envers le peuple. Aussitôt en effet on réintègre l'ancienne municipalité avec l'ancien conseil général, au milieu des plus vifs applaudissements. Ces formalités apparentes n'avaient d'autre but que de renouveler les pouvoirs municipaux, et de les rendre illimités et suffisants pour l'insurrection. Immédiatement après, on désigne

Renouvellement des pouvoirs municipaux.

un nouveau commandant général provisoire : c'est le nommé Henriot, homme grossier, dévoué à la commune, et commandant du bataillon des sans-culottes. Pour s'assurer ensuite le secours du peuple, et le maintenir sous les armes pendant ces moments d'agitation, on arrête qu'il sera donné quarante sous par jour à tous les citoyens peu aisés qui seront de service, et que ces quarante sous seront pris immédiatement sur le produit de l'emprunt forcé sur les riches. C'était un moyen assuré d'appeler au secours de la commune, et contre la bourgeoisie des sections, tous les ouvriers qui aimaient mieux gagner quarante sous en prenant part à des mouvements révolutionnaires, que d'en gagner trente en se livrant à leurs travaux accoutumés.

Pendant qu'on prenait toutes ces déterminations à la commune, les citoyens de la capitale se réunissaient au bruit du tocsin, et se rendaient en armes autour du drapeau placé à la porte de chaque capitaine de section. Un grand nombre étaient incertains de ce qu'il fallait penser de ces mouvements; beaucoup d'entre eux même se demandaient pourquoi on les réunissait, et ignoraient les mesures prises la nuit dans les sections et à la commune. Dans cette disposition, ils étaient incapables d'agir et de résister à ce qui se ferait contre leur opinion, et ils devaient, tout en désapprouvant l'insurrection, la seconder de leur présence. Plus de quatre-vingt mille hommes en armes parcouraient Paris avec la plus grande tranquillité, et se laissaient conduire avec docilité par l'autorité audacieuse qui avait pris le commandement. Les seules sections de la Butte-des-Moulins, du Mail et des Champs-Élysées, prononcées depuis longtemps contre la commune et la Montagne, et un peu encouragées par l'appui des girondins dont elles partageaient les dangers, étaient prêtes à résister. Elles s'étaient réunies en armes, et attendaient l'événement, dans l'attitude de gens menacés et prêts à se défendre. Les jacobins, les sans-culottes, effrayés de ces dispositions, et se les exagérant, couraient dans le faubourg Saint-Antoine, disant que ces sections révoltées allaient arborer la cocarde et le drapeau blancs, et qu'il fallait courir au centre de Paris pour arrêter une explosion des royalistes. Pour exciter un mouvement plus général, on voulait faire tirer le canon d'alarme. Il était placé au pont Neuf, et il y avait peine de mort contre celui qui le tirerait sans un décret de la Convention. Henriot avait ordonné de tirer; mais le commandant du poste avait résisté à cet ordre, et demandait un décret. Les envoyés d'Henriot étaient revenus en force, avaient vaincu la résistance du poste; et dans le moment, le bruit

Mai 1793.

Henriot fait tirer le canon d'alarme.

du canon d'alarme se joignait à celui du tocsin et de la générale.

Mai 1793.

Rapport sur la situation de Paris fait à la Convention par Garat.

La Convention, réunie dès le matin, comme on l'a vu, avait mandé sur-le-champ toutes les autorités, pour savoir quelle était la situation de Paris. Garat, présent dans la salle, et occupé à observer Danton, paraît le premier à la tribune, et rapporte ce que tout le monde connaît, c'est qu'une assemblée a été tenue à l'Évêché, qu'elle demande une réparation des injures faites à Paris, et l'abolition de la commission des douze. A peine Garat a-t-il achevé de parler, que les nouveaux commissaires, se qualifiant administration du département de la Seine, se présentent à la barre, et déclarent qu'il ne s'agit que d'une insurrection *toute morale*, ayant pour but la réparation des outrages faits à la ville de Paris. Ils ajoutent que le plus grand ordre est observé, que chaque citoyen a juré de respecter les personnes et les propriétés, que les sections armées parcourent la ville avec calme, et que toutes les autorités réunies viendront dans la journée faire à la Convention leur profession de foi et leurs demandes.

Lutte et tumulte dans la Convention.

Le président Mallarmé fait immédiatement connaître un billet du commandant de poste au pont Neuf, rapportant la contestation qui s'est élevée à l'occasion du canon d'alarme. Dufriche-Valazé demande aussitôt qu'on s'enquière des auteurs de ce mouvement, qu'on recherche les coupables qui ont sonné le tocsin, et qu'on arrête le commandant général, assez audacieux pour faire tirer le canon d'alarme sans décret de la Convention. A cette demande, les tribunes et le côté gauche poussent des cris auxquels il était naturel de s'attendre. Valazé ne se décourage pas; il dit qu'on ne le fera pas renoncer à son caractère, qu'il est le représentant de vingt-cinq millions d'hommes, et qu'il fera son devoir jusqu'au bout; il demande enfin qu'on entende sur-le-champ cette commission des douze si calomniée, et qu'on écoute son rapport, car ce qui arrive est la preuve des complots qu'elle n'a cessé de dénoncer. Thuriot veut répondre à Valazé, la lutte s'engage et le tumulte commence. Mathieu et Cambon tâchent de se porter pour médiateurs; ils réclament le silence des tribunes, la modération des orateurs de la droite, et s'efforcent de faire sentir que dans le moment actuel un combat dans la capitale serait mortel pour la cause de la révolution, que le calme est le seul moyen de maintenir la dignité de la Convention, et que la dignité est pour elle le seul moyen de se faire respecter par les malveillants. Vergniaud, disposé, comme Mathieu et Cambon, à employer les moyens conciliatoires, dit qu'il regarde aussi comme mortel à la liberté et à la révolution le combat prêt à s'engager;

il se borne donc à reprocher modérément à Thuriot d'avoir aggravé les dangers de la commission des douze en la peignant comme le fléau de la France, dans un moment où tous les mouvements populaires sont dirigés contre elle. Il pense qu'il faut la dissoudre si elle a commis des actes arbitraires, mais l'entendre auparavant; et, comme son rapport serait inévitablement de nature à exciter les passions, il demande qu'on en renvoie l'audition et la discussion à un jour plus calme. C'est, selon lui, le seul moyen de maintenir la dignité de l'Assemblée et de prouver sa liberté. Pour le moment, il importe avant tout de savoir qui a donné, dans Paris, l'ordre de sonner le tocsin et de tirer le canon d'alarme; on ne peut donc se dispenser de mander à la barre le commandant général provisoire. « Je « vous répète, s'écria Vergniaud en finissant, que, « quelle que fût l'issue du combat qui s'engagerait « aujourd'hui, il amènerait la perte de la liberté; « jurons donc de rester fermes à notre devoir, et « de mourir tous à notre poste plutôt que d'abandonner la chose publique! » On se lève aussitôt avec des acclamations, et l'on prête le serment proposé par Vergniaud. On dispute ensuite sur la proposition de mander le commandant général à la barre. Danton, sur lequel tous les regards étaient fixés dans cet instant, et à qui les girondins et les montagnards semblaient demander s'il était l'auteur

des mouvements de la journée, se présente à la
tribune, et obtient aussitôt une profonde attention.
« Ce qu'il faut avant tout, dit-il, c'est de supprimer
« la commission des douze. Ceci est bien autrement
« important que de mander à la barre le comman-
« dant général. C'est aux hommes doués de quel-
« ques vues politiques que je m'adresse. Mander
« Henriot ne fera rien à l'état des choses, car il ne
« faut pas s'adresser à l'instrument, mais à la cause
« des troubles. Or, la cause est cette commission
« des douze. Je ne prétends pas juger sa conduite
« et ses actes; ce n'est pas comme ayant commis
« des arrestations arbitraires que je l'attaque, c'est
« comme impolitique que je vous demande de la
« supprimer. — Impolitique! s'écrie-t-on à droite,
« nous ne comprenons pas cela! — Vous ne le
« comprenez pas! reprend Danton; il faut donc
« vous l'expliquer. Cette commission n'a été insti-
« tuée que pour réprimer l'énergie populaire; elle
« n'a été conçue que dans cet esprit de *modéran-*
« *tisme* qui perdra la révolution et la France. Elle
« s'est attachée à poursuivre des magistrats énergi-
« ques dont tout le tort était de réveiller l'ardeur
« du peuple. Je n'examine pas encore si elle a
« dans ses poursuites obéi à des ressentiments per-
« sonnels; mais elle a montré des dispositions
« qu'aujourd'hui nous devons condamner. Vous-
« mêmes, sur le rapport de votre ministre de l'in-

Mai 1793.

Paroles
de Danton.

« térieur, dont le caractère est si doux, dont l'es-
« prit est si impartial, si éclairé, vous avez élargi
« des hommes que la commission des douze avait
« enfermés. Que faites-vous donc de la commis-
« sion elle-même, puisque vous annulez ses ac-
« tes?... Le canon a tonné, le peuple s'est soulevé,
« mais il faut remercier le peuple de son énergie,
« dans l'intérêt de la cause même que nous défen-
« dons; et, si vous êtes des *législateurs politiques*,
« vous applaudirez vous-mêmes à son ardeur, vous
« réformerez vos propres erreurs, et vous abolirez
« votre commission. Je ne m'adresse, répète encore
« Danton, qu'à ces hommes qui ont quelque in-
« telligence de notre situation, et non à ces êtres
« stupides qui, dans ces grands mouvements, ne
« savent écouter que leurs passions. N'hésitez donc
« pas à satisfaire ce peuple..... — Quel peuple?
« s'écrie-t-on à droite. — Ce peuple, répond Dan-
« ton, ce peuple immense qui est notre sentinelle
« avancée, qui hait fortement la tyrannie et le lâche
« *modérantisme* qui doit la ramener. Hâtez-vous de
« le satisfaire, sauvez-le des aristocrates, sauvez-le
« de sa propre colère; et si, lorsqu'il sera satisfait,
« des hommes pervers, n'importe à quel parti ils
« appartiennent, voulaient prolonger un mouve-
« ment devenu inutile, Paris lui-même les ferait
« rentrer dans le néant. »

Rabaut-Saint-Étienne veut justifier la commission

des douze sous le rapport politique, et s'attache à prouver que rien n'était plus politique que de créer une commission pour découvrir les complots de Pitt et de l'Autriche, qui payent tous les désordres de la France. « A bas! s'écrie-t-on; ôtez la parole à Rabaut! — Non, s'écrie Bazire, laissez-la-lui, c'est un menteur; je prouverai que sa commission a organisé dans Paris la guerre civile. » Rabaut veut continuer; Marat demande qu'on introduise une députation de la commune. « Laissez-moi donc achever, dit Rabaut. — La commune! la commune! la commune! s'écrie-t-on dans les tribunes et à la Montagne. — Je déclarerai, reprend Rabaut, que, lorsque j'ai voulu dire la vérité, vous m'avez interrompu. — Eh bien, concluez, » lui dit-on. Rabaut finit par demander que la commission soit supprimée, si l'on veut, mais que le comité de salut public soit immédiatement chargé de poursuivre toutes les recherches qu'elle avait commencées.

La députation de la commune insurrectionnelle est introduite. « Un grand complot a été formé, « dit-elle, mais il est découvert. Le peuple, qui s'est « soulevé au 14 juillet et au 10 août pour renverser « la tyrannie, se lève de nouveau pour arrêter la « contre-révolution. Le conseil général nous en- « voie pour vous faire connaître les mesures qu'il « a prises. La première a été de mettre les pro- « priétés sous la sauvegarde des républicains; la

Mai 1793.

Députation de la commune insurrectionnelle à la Convention.

« seconde, de donner quarante sous par jour aux
« républicains qui resteront en armes; la troisième,
« de former une commission qui corresponde avec
« la Convention dans ce moment d'agitation. Le
« conseil général vous demande de fixer à cette
« commission une salle voisine de la vôtre, où elle
« puisse siéger et se concerter avec vous. »

Paroles irritantes de Guadet.

A peine la députation a-t-elle cessé de parler, que Guadet se présente pour répondre à ses demandes. Ce n'était pas celui des girondins dont la vue était le plus propre à calmer les passions. « La « commune, dit-il, en prétendant qu'elle a décou-« vert un complot, ne s'est trompée que d'un mot, « c'est qu'elle l'a exécuté. » Les cris des tribunes l'interrompent. Vergniaud demande qu'elles soient évacuées. Un horrible tumulte s'élève, et pendant longtemps on n'entend que des cris confus. Le président Mallarmé répète en vain que, si la Convention n'est pas respectée, il usera de l'autorité que la loi lui donne. Guadet occupe toujours la tribune, et parvient à peine à faire entendre une phrase, puis une autre, dans les intervalles de ce grand désordre. Enfin il demande que la Convention interrompe ses délibérations jusqu'à ce que sa liberté soit assurée, et que la commission des douze soit chargée de poursuivre sur-le-champ ceux qui ont sonné le tocsin et tiré le canon d'alarme. Une telle proposition n'était pas faite pour apaiser le tumulte. Vergniaud veut reparaître à la tribune pour ramener un peu de calme, mais une nouvelle députation de la municipalité vient reproduire les réclamations déjà faites. La Convention pressée de nouveau ne peut plus résister, et décrète que les ouvriers requis pour veiller au respect de l'ordre public et des propriétés recevront quarante sous par jour, et qu'une salle sera donnée aux commissaires des autorités de Paris, pour se concerter avec le comité de salut public.

Après ce décret, Couthon veut répondre à Guadet, et la journée déjà fort avancée se consume en discussions sans résultat. Toute la population de Paris, réunie sous les armes, continue de parcourir la ville dans le plus grand ordre et dans la même incertitude. La commune s'occupe à rédiger de nouvelles adresses relatives à la commission des douze, et l'Assemblée ne cesse pas de s'agiter pour ou contre cette commission. Vergniaud, qui venait de sortir un moment de la salle, et qui avait été témoin du singulier spectacle de toute une population ne sachant quel parti prendre et obéissant aveuglément à la première autorité qui s'en emparait, pense qu'il faut profiter de ces dispositions, et il fait une motion qui a pour but d'établir une distinction entre les agitateurs et le peuple parisien, et de s'attacher celui-ci par un témoignage de confiance. « Je suis loin, dit-il à l'Assemblée, d'accuser

Mai 1793.
Nouvelle députation de la commune.

Concessions faites par la Convention.

Mai 1793.

L'Assemblée, sur la proposition de Vergniaud, déclare que Paris a bien mérité de la patrie.

Des sections prêtes à en venir aux mains unissent leurs bataillons.

« la majorité ni la minorité des habitants de Paris,
« ce jour servira à faire voir combien Paris aime
« la liberté. Il suffit de parcourir les rues, de voir
« l'ordre qui y règne, les nombreuses patrouilles
« qui y circulent; il suffit de voir ce beau spectacle
« pour décréter que Paris a bien mérité de la pa-
« trie ! » A ces mots, toute l'Assemblée se lève et
déclare par acclamation que Paris a bien mérité de
la patrie. La Montagne et les tribunes applaudissent, surprises de voir une telle proposition sortir
de la bouche de Vergniaud. Cette motion était fort
adroite sans doute, mais ce n'était pas avec un
témoignage flatteur qu'on pouvait réveiller le zèle
des sections, rallier celles qui désapprouvaient la
commune, et leur donner le courage et l'ensemble
nécessaires pour résister à l'insurrection.

Dans ce moment, la section du faubourg Saint-
Antoine, excitée par les émissaires qui étaient
venus lui dire que la Butte-des-Moulins avait ar-
boré la cocarde blanche, descend dans l'intérieur
de Paris avec ses canons, et s'arrête à quelques
pas du Palais-Royal, où la section de la Butte-
des-Moulins s'était retranchée. Celle-ci s'était mise
en bataille dans le jardin, avait fermé toutes les
grilles, et se tenait prête, avec ses canons, à soutenir un siége en cas d'attaque. Au dehors on
continuait à répandre le bruit qu'elle avait la
cocarde et le drapeau blancs, et on excitait la

CHARLOTTE CORDAY.

section du faubourg Saint-Antoine à l'attaquer. Cependant quelques officiers de cette dernière représentent qu'avant d'en venir à des extrémités, il faut s'assurer des faits et tâcher de s'entendre. Ils se présentent aux grilles et demandent à parler aux officiers de la Butte-des-Moulins. On les reçoit, et ils ne trouvent partout que les couleurs nationales. Alors on s'explique, on s'embrasse de part et d'autre. Les officiers retournent à leurs bataillons, et bientôt les deux sections réunies se confondent et parcourent ensemble les rues de Paris.

Ainsi la soumission devenait de plus en plus générale, et on laissait la nouvelle commune poursuivre ses débats avec la Convention. Dans ce moment, Barère, toujours prêt à fournir les projets moyens, proposait, au nom du comité de salut public, d'abolir la commission des douze, mais en même temps de mettre la force armée à la disposition de la Convention. Tandis qu'il développe son projet, une nouvelle députation vient pour la troisième fois exprimer ses dernières intentions à l'Assemblée, au nom du département, de la commune, et des commissaires des sections extraordinairement réunis à l'Évêché.

Le procureur-syndic du département, L'Huillier, a la parole. « Législateurs, dit-il, depuis longtemps « la ville et le département de Paris sont calom- « niés aux yeux de l'univers. Les mêmes hommes

« qui ont voulu perdre Paris dans l'opinion pu-
« blique sont les fauteurs des massacres de la Ven-
« dée; ce sont eux qui flattent et soutiennent les
« espérances de nos ennemis; ce sont eux qui avi-
« lissent les autorités constituées; qui cherchent à
« égarer le peuple pour avoir le droit de s'en plain-
« dre; ce sont eux qui vous dénoncent des com-
« plots imaginaires pour en créer de réels; ce sont
« eux qui vous ont demandé le comité des douze
« pour opprimer la liberté du peuple; ce sont eux
« enfin qui, par une fermentation criminelle, par
« des adresses controuvées, par leur correspon-
« dance, entretiennent les haines et les divisions
« dans votre sein, et privent la patrie du plus grand
« des bienfaits, d'une bonne constitution qu'elle a
« achetée par tant de sacrifices. »

Après cette véhémente apostrophe, L'Huillier dénonce les projets de fédéralisme, déclare que la ville de Paris veut périr pour le maintien de l'unité républicaine, et demande justice des paroles fameuses d'Isnard : *Paris sera rayé de la liste des cités.*

« Législateurs, s'écrie-t-il, le projet de détruire
« Paris serait-il bien formé? voudriez-vous dis-
« soudre ce dépôt sacré des arts et des connais-
« sances humaines? » Après ces lamentations affec-
tées, il demande vengeance contre Isnard, contre
les douze, et contre *beaucoup d'autres coupables,*

tels que Brissot, Guadet, Vergniaud, Gensonné, Buzot, Barbaroux, Roland, Lebrun, Clavière, etc.

Mai 1793.

Le côté droit garde le silence. Le côté gauche et les tribunes applaudissent. Le président Grégoire répond à L'Huillier par des éloges emphatiques de Paris, et invite la députation aux honneurs de la séance. Les pétitionnaires qui la composaient étaient mêlés à une foule de gens du peuple. Trop nombreux pour rester tous à la barre, ils vont se placer du côté de la Montagne, qui les accueille avec empressement et leur ouvre ses rangs. Alors une multitude inconnue se répand dans la salle, et se confond avec l'Assemblée. Les tribunes, à ce spectacle de *fraternité* entre les représentants et le peuple, retentissent d'applaudissements. Osselin demande aussitôt que la pétition soit imprimée, et qu'on délibère sur son contenu, rédigé en projet par Barère. « Président, s'écrie Vergniaud, consultez l'Assemblée pour savoir si elle veut délibérer dans l'état où elle se trouve! — Aux voix le projet de Barère! s'écrie-t-on à gauche. — Nous protestons, s'écrie-t-on à droite, contre toute délibération. — La Convention n'est pas libre, dit Doulcet. — Eh bien, reprend Levasseur, que les membres du côté gauche se portent vers la droite, et alors la Convention sera distincte des pétitionnaires, et pourra délibérer. » A cette proposition, la Montagne s'empresse de passer à droite. Pour

Les pétitionnaires remplissent les bancs de la gauche de l'Assemblée.

Mai 1793.

Grande démarche de Vergniaud non secondée par la Plaine.

Mesures réclamées par Robespierre.

un moment les deux côtés se confondent, et les bancs de la Montagne sont entièrement abandonnés aux pétitionnaires. On met aux voix l'impression de l'adresse, et elle est décrétée. « Aux voix ! répète-t-on ensuite, le projet de Barère ! — Nous ne sommes pas libres, répondent plusieurs membres de l'Assemblée. — Je demande, s'écrie Vergniaud, que la Convention aille se réunir à la force armée qui l'entoure, pour y chercher protection contre la violence qu'elle subit. » En achevant ces mots, il sort suivi d'un grand nombre de ses collègues. La Montagne et les tribunes applaudissent avec ironie au départ du côté droit ; la Plaine reste indécise et effrayée. « Je demande, dit aussitôt Chabot, qu'on fasse l'appel nominal pour signaler les absents qui désertent leur poste. » Dans ce moment, Vergniaud et ceux qui l'avaient suivi rentrent avec un air de douleur et comme tout à fait accablés, car cette démarche, qui pouvait être grande si elle eût été secondée, devenait petite et ridicule en ne l'étant pas. Vergniaud essaye de parler, mais Robespierre ne veut pas lui céder la tribune qu'il occupait. Il y reste, et réclame des mesures promptes et énergiques pour satisfaire le peuple ; il demande qu'à la suppression de la commission des douze on joigne des mesures sévères contre ses membres ; il s'étend ensuite longuement sur la rédaction du projet de Barère, et s'oppose

à l'article qui attribuait la disposition de la force armée à la Convention. « Concluez donc, lui dit « Vergniaud impatient. — Oui, reprend Robes-« pierre, je vais conclure, et contre vous! contre « vous qui, après la révolution du 10 août, avez « voulu conduire à l'échafaud ceux qui l'ont faite! « contre vous, qui n'avez cessé de provoquer la « destruction de Paris! contre vous, qui avez « voulu sauver le tyran! contre vous, qui avez « conspiré avec Dumouriez! Ma conclusion, c'est « le décret d'accusation contre tous les complices « de Dumouriez et contre ceux désignés par les « pétitionnaires. »

Mai 1793.

Après de longs et nombreux applaudissements, un décret est rédigé, mis aux voix et adopté au milieu d'un tumulte qui permet à peine de distinguer s'il a réuni un nombre suffisant de suffrages. Il porte : que la commission des douze est supprimée; que ses papiers seront saisis pour en être fait le rapport sous trois jours; que la force armée est en réquisition permanente; que les autorités constituées rendront compte à la Convention des moyens pris pour assurer la tranquillité publique; que les complots dénoncés seront poursuivis, et qu'une proclamation sera faite pour donner à la France une juste idée de cette journée, que les malveillants chercheront sans doute à défigurer.

Décret prononçant la suppression de la commission des douze.

Il était dix heures du soir, et déjà les jacobins,

la commune, se plaignaient de ce que la journée s'écoulait sans produire de résultat. Ce décret rendu, quoiqu'il ne décide encore rien quant à la personne des girondins, est un premier succès dont on se réjouit et dont on force la Convention opprimée à se réjouir aussi. La commune ordonne aussitôt d'illuminer la ville entière; on fait une promenade civique aux flambeaux : les sections marchent confondues, celle du faubourg Saint-Antoine avec celles de la Butte-des-Moulins et du Mail. Des députés de la Montagne et le président sont obligés d'assister à ce cortége, et les vainqueurs forcent les vaincus eux-mêmes à célébrer leur victoire.

Le caractère de la journée était assez évident. Les insurgés avaient prétendu faire toutes choses avec des formes. Ils ne voulaient point dissoudre la Convention, mais en obtenir ce qu'ils exigeaient, en paraissant lui conserver leur respect. Les faibles membres de la Plaine se prêtaient volontiers à ce mensonge, qui tendait à les faire regarder encore comme libres, quoique en fait ils obéissent. On avait en effet aboli la commission des douze, et renvoyé l'examen de sa conduite à trois jours, afin de ne pas avoir l'air de céder. On n'avait pas attribué à la Convention la disposition de la force armée, mais on avait décidé qu'il lui serait rendu compte des mesures prises, pour lui conserver ainsi les apparences de la souveraineté. On ordonnait enfin une proclamation, pour répéter officiellement que la Convention n'avait pas peur, et qu'elle était parfaitement libre.

Juin 1793.

Le lendemain, Barère fut chargé de rédiger la proclamation, et il travestit les événements du 31 mai avec cette rare dextérité qui le faisait toujours rechercher quand il s'agissait de fournir aux faibles un prétexte honnête de céder aux forts. Des mesures trop rigoureuses avaient excité, disait-il, du mécontentement; le peuple s'était levé avec énergie, mais avec calme, s'était montré toute la journée couvert de ses armes, avait proclamé le respect des propriétés, avait respecté la liberté de la Convention, la vie de chacun de ses membres, et demandé une justice qu'on s'était empressé de lui rendre. C'est ainsi que Barère s'exprimait à l'égard de l'abolition de cette commission des douze, dont il était lui-même l'auteur.

Proclamation rédigée par Barère.

Le 1er juin, la tranquillité était loin d'être rétablie; la réunion à l'Évêché continuait ses délibérations; le département, la commune, toujours convoqués extraordinairement, étaient en séance; le bruit n'avait pas cessé dans les sections; et de toutes parts on disait qu'on n'avait obtenu que la moitié de ce qu'on désirait, puisque les vingt-deux siégeaient encore dans la Convention. Le trouble régnait donc toujours dans Paris, et on s'atten-

Continuation du trouble dans Paris.

dait à de nouvelles scènes pour le lendemain dimanche, 2 juin.

Toute la force positive et matérielle se trouvait dans la réunion insurrectionnelle de l'Évêché, et la force légale dans le comité de salut public, revêtu de tous les pouvoirs extraordinaires de la Convention. Une salle avait été assignée dans la journée du 31 mai, pour que les autorités constituées y vinssent correspondre avec le comité de salut public. Pendant toute la journée du 1er juin, le comité de salut public ne cessa de demander les membres de l'assemblée insurrectionnelle, pour savoir ce que voulait encore cette commune révoltée. Ce qu'elle voulait était trop évident : c'était ou l'arrestation ou la destitution des députés qui lui avaient si courageusement résisté. Tous les membres du comité de salut public étaient profondément affectés de ce projet. Delmas, Treilhard, Bréard, s'en affligeaient sincèrement. Cambon, grand partisan, comme il le disait toujours, *du pouvoir révolutionnaire,* mais scrupuleusement attaché à la légalité, s'indignait de l'audace de la commune, et disait à Bouchotte, successeur de Beurnonville, et, comme Pache, complaisant des jacobins : « Ministre « de la guerre, nous ne sommes pas aveugles; je « vois très-bien que des employés de vos bureaux « sont parmi les chefs et les meneurs de tout ceci. » Barère, malgré ses ménagements accoutumés,

commençait aussi à s'indigner, et à le dire : « Il
« faudra voir, répétait-il dans cette triste journée,
« si c'est la commune de Paris qui représente la
« république française, ou si c'est la Convention. »
Le jacobin Lacroix, ami et lieutenant de Danton,
paraissait embarrassé aux yeux de ses collègues
de l'attentat qui se préparait contre les lois et la
représentation nationale. Danton, qui s'était borné
à approuver et à désirer fortement l'abolition de
la commission des douze, parce qu'il ne voulait
rien de ce qui arrêtait l'énergie populaire, Danton
aurait souhaité qu'on respectât la représentation
nationale; mais il prévoyait de la part des girondins
de nouveaux éclats et une nouvelle résistance à la
marche de la révolution, et eût désiré trouver un
moyen de les éloigner sans les proscrire. Garat lui
en offrit un, qu'il saisit avec empressement. Tous
les ministres étaient présents au comité; Garat s'y
trouvait avec ses collègues. Profondément affligé
de la situation où se trouvaient, les uns à l'égard
des autres, les chefs de la révolution, il conçut une
idée généreuse qui aurait pu ramener la concorde.
« Souvenez-vous, dit-il aux membres du comité,
« et particulièrement à Danton, des querelles de
« Thémistocle et d'Aristide, de l'obstination de
« l'un à refuser ce qui était proposé par l'autre,
« et des dangers qu'ils firent courir à leur patrie.
« Souvenez-vous de la générosité d'Aristide, qui,

Juin 1793.

Garat propose aux chefs de la révolution de s'annuler pour pacifier la France.

« profondément pénétré des maux qu'ils causaient
« tous deux à leur pays, eut la magnanimité de
« s'écrier : O Athéniens, vous ne pourrez être tran-
« quilles et heureux que lorsque vous nous aurez
« jetés, Thémistocle et moi, dans le Barathre! Eh
« bien, ajoute Garat, que les chefs des deux côtés
« de l'Assemblée se répètent les paroles d'Aristide,
« et qu'ils s'exilent volontairement, et en nombre
« égal, de l'Assemblée. Dès ce jour les discordes se
« calmeront; il restera dans l'Assemblée assez de
« talents pour sauver la chose publique, et la pa-
« trie bénira, dans leur magnifique ostracisme, ces
« hommes qui se seront annulés pour la pacifier. »
A cette idée généreuse, tous les membres du comité
sont émus. Delmas, Barère, le chaud Cambon,
sont enchantés de ce projet. Danton, qui était ici
le premier sacrifié, Danton se lève, les larmes aux
yeux, et dit à Garat : « Vous avez raison; je vais à
« la Convention proposer cette idée, et je m'offrirai
« à me rendre le premier en otage à Bordeaux. »
On se sépare tout plein de ce noble projet, pour
aller le communiquer aux chefs des deux partis.
On s'adresse particulièrement à Robespierre, à qui
une telle abnégation ne pouvait convenir, et qui
répond que ce n'est là qu'un piége tendu à la Montagne pour écarter ses plus courageux défenseurs.
De ce projet il ne reste plus alors qu'une seule partie
exécutable, c'est l'exil volontaire des girondins,

les montagnards refusant de s'y soumettre eux-mêmes. C'est Barère qui est chargé, au nom du comité de salut public, de proposer aux uns un sacrifice que les autres n'avaient pas la générosité d'accepter. Barère rédige donc un projet pour proposer aux vingt-deux et aux membres de la commission des douze de se démettre volontairement de leurs fonctions.

Juin 1793.

Dans ce moment, le projet définitif de la seconde insurrection s'arrêtait à l'assemblée de l'Évêché. On se plaignait là, ainsi qu'aux jacobins, de ce que l'énergie de Danton s'était ralentie depuis l'abolition de la commission des douze. Marat proposait d'aller exiger de la Convention la mise en accusation des vingt-deux, et conseillait de l'exiger par force. On rédigeait même une pétition courte et énergique pour cet objet. On arrêtait le plan de l'insurrection, non dans l'assemblée, mais dans le comité d'exécution, chargé de ce qu'on appelait *les moyens de salut public*, et composé des Varlet, des Dobsen, des Gusman, et de tous ces hommes qui s'étaient constamment agités depuis le 21 janvier. Ce comité décida de faire entourer la Convention par la force armée, et de consigner ses membres dans la salle, jusqu'à ce qu'elle eût rendu le décret exigé. Pour cela, on devait faire rentrer dans Paris les bataillons destinés pour la Vendée, qu'on avait eu soin de retenir, sous divers prétextes, dans les

Plan de l'insurrection pour le 2 juin.

casernes de Courbevoie. On croyait pouvoir obtenir de ces bataillons, et de quelques autres dont on disposait, ce qu'on n'aurait peut-être pas obtenu de la garde des sections. En entourant le Palais-National de ces hommes dévoués, et en maintenant, comme au 31 mai, le reste de la force armée dans la docilité et l'ignorance, on devait facilement venir à bout de la résistance de la Convention. C'est Henriot qui fut encore chargé de commander les troupes autour du Palais-National.

C'était là ce qu'on s'était promis pour le lendemain dimanche 2 juin; mais dans la soirée du samedi on voulait voir si une dernière démarche ne suffirait pas, et essayer quelques nouvelles sommations. Dans cette soirée, en effet, on fait battre la générale et sonner le tocsin, et le comité de salut public s'empresse de convoquer la Convention, pour siéger au milieu de cette nouvelle tempête.

Dernière réunion des girondins.

Dans ce moment, les girondins, réunis une dernière fois, dînaient ensemble, pour se consulter sur ce qui leur restait à faire. Il était évident à leurs yeux que l'insurrection actuelle ne pouvait plus avoir pour objet ni *des presses à briser*, comme avait dit Danton, ni une commission à supprimer, et qu'il s'agissait définitivement de leurs personnes. Les uns conseillaient de rester fermes à leur poste, et de mourir sur la chaise curule, en défendant jusqu'au bout le caractère dont ils étaient revêtus. Pétion, Buzot, Gensonné, penchaient pour cette grave et magnanime résolution. Barbaroux, sans calculer les résultats, ne suivant que les inspirations de son âme héroïque, voulait aller braver ses ennemis par sa présence et son courage. D'autres enfin, et Louvet était le plus ardent à soutenir cette dernière opinion, proposaient d'abandonner surle-champ la Convention, où ils n'avaient plus rien à faire d'utile, où la Plaine n'avait plus assez de courage pour leur donner ses suffrages, et où la Montagne et les tribunes étaient résolues à couvrir leurs voix par des huées. Ils voulaient se retirer dans leurs départements, fomenter l'insurrection déjà presque déclarée, et revenir en force à Paris venger les lois et la représentation nationale. Chacun soutenait son avis, et on ne savait auquel s'arrêter. Le bruit du tocsin et de la générale oblige les infortunés convives à quitter la table, et à chercher un asile avant d'avoir pris une résolution. Ils se rendent alors chez l'un d'eux, moins compromis que les autres, et non inscrit sur la fameuse liste des vingt-deux, chez Meilhan, qui les avait déjà reçus, et qui habitait, rue des Moulins, un logement vaste, où ils pouvaient se réunir en armes. Ils s'y rendent en hâte, à part quelques-uns qui avaient d'autres moyens de se mettre à couvert.

La Convention s'était réunie au bruit du tocsin.

Juin 1793.

Très-peu de membres étaient présents, et tous ceux du côté droit manquaient. Lanjuinais seul, empressé de braver tous les dangers, s'y était rendu pour dénoncer le complot, dont la révélation n'apprenait rien à personne. Après une séance assez orageuse et assez courte, la Convention répondit aux pétitionnaires de l'Évêché que, vu le décret qui enjoignait au comité de salut public de lui faire un rapport sur les vingt-deux, elle n'avait pas à statuer sur la nouvelle demande de la commune. On se sépara en désordre, et les conjurés renvoyèrent au lendemain matin l'exécution définitive de leur projet.

La générale et le tocsin se firent entendre toute la nuit du samedi au dimanche matin, 2 juin 1793. Le canon d'alarme gronda, et toute la population de Paris fut en armes dès la pointe du jour. Près de quatre-vingt mille hommes étaient rangés autour de la Convention, mais plus de soixante-quinze mille ne prenaient aucune part à l'événement, et se contentaient d'y assister l'arme au bras. Quelques bataillons dévoués de canonniers étaient rangés sous le commandement de Henriot, autour du Palais-National. Ils avaient cent soixante-trois bouches à feu, des caissons, des grils à rougir les boulets, des mèches allumées, et tout l'appareil militaire capable d'imposer aux imaginations. Dès le matin on avait fait rentrer dans Paris les bataillons dont le départ pour la Vendée avait été retardé ; on les avait irrités en leur persuadant qu'on venait de découvrir des complots dont les chefs étaient dans la Convention, et qu'il fallait les en arracher. On assure qu'à ces raisons on ajouta des assignats de cent sous. Ces bataillons, ainsi entraînés, marchèrent des Champs-Élysées à la Madeleine, de la Madeleine au boulevard, et du boulevard au Carrousel, prêts à exécuter tout ce que les conjurés voudraient leur prescrire.

Ainsi la Convention, serrée à peine par quelques forcenés, semblait assiégée par quatre-vingt mille hommes. Mais quoiqu'elle ne fût réellement pas assiégée, elle n'en courait pas moins de dangers, car les quelques mille hommes qui l'entouraient étaient disposés à se livrer contre elle aux derniers excès.

Les députés de tous les côtés se trouvaient à la séance. La Montagne, la Plaine, le côté droit, occupaient leurs bancs. Les députés proscrits, réunis en grande partie chez Meilhan, où ils avaient passé la nuit, voulaient se rendre aussi à leur poste. Buzot faisait des efforts pour se détacher de ceux qui le retenaient, et aller expirer au sein de la Convention. Cependant on était parvenu à l'en empêcher. Barbaroux seul, réussissant à s'échapper, vint à la Convention pour déployer dans cette journée un sublime courage. On engagea les autres à rester réunis dans leur asile en attendant l'issue de cette séance terrible.

Juin 1793.

Conduite courageuse de Lanjuinais.

La séance de la Convention commence, et Lanjuinais, résolu aux derniers efforts pour faire respecter la représentation nationale, Lanjuinais, que ni les tribunes, ni la Montagne, ni l'imminence du danger, ne peuvent intimider, est le premier à demander la parole. A sa demande, les murmures les plus violents retentissent. « Je viens, dit-il, vous
« occuper des moyens d'arrêter les nouveaux
« mouvements qui vous menacent ! — A bas ! à
« bas ! s'écrie-t-on, il veut amener la guerre civile.
« — Tant qu'il sera permis, reprend Lanjuinais, de
« faire entendre ici sa voix, je ne laisserai pas
« avilir dans ma personne le caractère de repré-
« sentant du peuple ! Jusqu'ici vous n'avez rien
« fait, vous avez tout souffert ; vous avez sanc-
« tionné tout ce qu'on a exigé de vous. Une as-
« semblée insurrectionnelle se réunit, elle nomme
« un comité chargé de préparer la révolte, un
« commandant provisoire chargé de commander
« les révoltés ; et cette assemblée, ce comité, ce
« commandant, vous souffrez tout cela ! » Des cris épouvantables interrompent à chaque instant les paroles de Lanjuinais, enfin la colère qu'il inspire devient telle, que plusieurs députés de la Montagne, Drouet, Robespierre jeune, Julien, Legendre, se lèvent de leurs bancs, courent à la tribune, et

veulent l'en arracher. Lanjuinais résiste et s'y attache de toutes ses forces. Le désordre est dans toutes les parties de l'Assemblée, et les hurlements des tribunes achèvent de rendre cette scène la plus effrayante qu'on eût encore vue. Le président se couvre et parvient à faire entendre sa voix. « La « scène qui vient d'avoir lieu, dit-il, est des plus « affligeantes. La liberté périra si vous continuez « à vous conduire de même ; je vous rappelle à « l'ordre, vous qui vous êtes ainsi portés à cette « tribune ! » Un peu de calme se rétablit, et Lanjuinais, qui ne craignait pas les propositions chimériques, quand elles étaient courageuses, demande qu'on casse les autorités révolutionnaires de Paris, c'est-à-dire que ceux qui sont désarmés sévissent contre ceux qui sont en armes. A peine a-t-il achevé, que les pétitionnaires de la commune se présentent de nouveau. Leur langage est plus bref et plus énergique que jamais. *Les citoyens de Paris n'ont point quitté les armes depuis quatre jours. Depuis quatre jours, ils réclament auprès de leurs mandataires leurs droits indignement violés, et depuis quatre jours leurs mandataires se rient de leur calme et de leur inaction..... Il faut qu'on mette les conspirateurs en état d'arrestation provisoire, il faut qu'on sauve le peuple sur-le-champ, ou il va se sauver lui-même !* A peine les pétitionnaires ont-ils achevé de parler, que Billaud-Varennes et Tallien demandent le rapport sur cette pétition, séance tenante et sans désemparer. D'autres en grand nombre demandent l'ordre du jour. Enfin, au milieu du tumulte, l'Assemblée, animée par le danger, se lève, et vote l'ordre du jour, sur le motif qu'un rapport a été ordonné au comité de salut public sous trois jours. A cette décision, les pétitionnaires sortent en poussant des cris, en faisant des menaces, et en laissant apercevoir des armes cachées. Tous les hommes qui étaient dans les tribunes se retirent comme pour aller exécuter un projet, et il n'y reste que les femmes. Un grand bruit se fait au dehors, et on entend crier : *Aux armes! aux armes!* Dans ce moment plusieurs députés veulent représenter à l'Assemblée que la détermination qu'elle a prise est imprudente, qu'il faut terminer une crise dangereuse, en accordant ce qui est demandé, et en mettant en arrestation provisoire les vingt-deux députés accusés. « Nous « irons tous, tous en prison! » s'écrie Larévellière-Lépeaux. Cambon annonce alors que, dans une demi-heure, le comité de salut public fera son rapport. Le rapport était ordonné sous trois jours; mais le danger, toujours plus pressant, avait engagé le comité à se hâter. Barère se présente en effet à la tribune, et propose l'idée de Garat, qui, la veille, avait ému tous les membres du comité, que Danton avait embrassée avec chaleur, que Robespierre avait repoussée, et qui consistait en un exil volontaire et réciproque des chefs des deux partis. Barère, ne pouvant pas la proposer aux montagnards, la propose aux vingt-deux. « Le co-« mité, dit-il, n'a eu le temps d'éclaircir aucun « fait, d'entendre aucun témoin ; mais, vu l'état « politique et moral de la Convention, il croit que « la suspension volontaire des députés désignés « produirait le plus heureux effet, et sauverait la « république d'une crise funeste, dont l'issue est « effrayante à prévoir. »

A peine a-t-il achevé de parler, qu'Isnard se rend le premier à la tribune, et dit que, dès qu'on mettra en balance un homme et la patrie, il n'hésitera jamais, et que non-seulement il renonce à ses fonctions, mais à la vie, s'il le faut. Lanthenas imite l'exemple d'Isnard et abdique ses fonctions. Fauchet offre sa démission et sa vie à la république. Lanjuinais, qui ne pensait pas qu'il fallût céder, se présente à la tribune, et dit : « Je crois « que jusqu'à ce moment j'ai montré assez d'éner-« gie pour que vous n'attendiez de moi ni suspen-« sion ni démission... » A ces mots, des cris éclatent dans l'Assemblée. Il promène un regard assuré sur ceux qui l'interrompent. « Le sacrificateur, « s'écrie-t-il, qui traînait jadis une victime à l'autel « la couvrait de fleurs et de bandelettes et ne « l'insultait pas... On veut le sacrifice de nos pou-

Juin 1793.

Le comité de salut public demande la démission volontaire des vingt-deux.

Juin 1793.

Lanjuinais et Barbaroux refusent de donner leur démission.

« voirs ; mais les sacrifices doivent être libres, et
« nous ne le sommes pas! On ne peut ni sortir
« d'ici, ni se mettre aux fenêtres ; les canons sont
« braqués, on ne peut émettre aucun vœu, et je
« me tais. » Barbaroux succède à Lanjuinais, et
refuse avec autant de courage la démission qu'on
lui demande. « Si la Convention, dit-il, ordonne
« ma démission, je me soumettrai ; mais comment
« puis-je me démettre de mes pouvoirs, lorsqu'une
« foule de départements m'écrivent et m'assurent
« que j'en ai bien usé, et m'engagent à en user
« encore ! J'ai juré de mourir à mon poste, et je
« tiendrai mon serment. » Dussaulx offre sa démission. « Quoi ! s'écrie Marat, doit-on donner à des
« coupables l'honneur du dévouement ? Il faut être
« pur pour offrir des sacrifices à la patrie ; c'est à
« moi, vrai martyr, à me dévouer ; j'offre donc
« ma suspension du moment que vous aurez or-
« donné la mise en arrestation des députés accusés.
« Mais, ajoute Marat, la liste est mal faite ; au lieu
« du vieux radoteur Dussaulx, du pauvre d'esprit
« Lanthenas, et de Ducos, coupable seulement de
« quelques opinions erronées, il faut y placer Fer-
« mont et Valazé, qui méritent d'y être et qui n'y
« sont pas. »

Dans le moment un grand bruit se fait entendre
aux portes de la salle. Lacroix entre tout agité, et
poussant des cris, il dit lui-même qu'on n'est plus

libre, qu'il a voulu sortir de la salle et qu'il ne l'a pu. Quoique montagnard et partisan de l'arrestation des vingt-deux, Lacroix était indigné de l'attentat de la commune, qui faisait consigner les députés dans le Palais-National.

Juin 1793. Les députés sont consignés dans le Palais-National.

Depuis le refus de statuer sur la pétition de la commune, la consigne avait été donnée, à toutes les portes, de ne plus laisser sortir un seul député. Plusieurs avaient vainement essayé de s'évader; Gorsas seul était parvenu à s'échapper, et il était allé engager les girondins, restés chez Meilhan, à se cacher où ils pourraient, et à ne pas se rendre à l'Assemblée. Tous ceux qui essayèrent de sortir furent forcément retenus. Boissy-d'Anglas se présente à une porte, reçoit les plus mauvais traitements, et rentre en montrant ses vêtements déchirés. A cette vue, toute l'assemblée s'indigne, et la Montagne elle-même s'étonne. On mande les auteurs de cette consigne, et on rend un décret illusoire qui appelle à la barre le commandant de la force armée.

Barère prenant alors la parole, et s'exprimant avec une énergie qui ne lui était pas ordinaire, dit que l'Assemblée n'est pas libre, qu'elle délibère sous l'empire de tyrans cachés, que dans le comité insurrectionnel se trouvent des hommes dont on ne peut pas répondre, des étrangers suspects, tels que l'Espagnol Gusman et autres; qu'à la porte de la salle on distribue des assignats de cinq livres

Vaine tentative faite par l'Assemblée entière pour traverser les troupes qui entourent la Convention.

Juin 1793.

aux bataillons destinés pour la Vendée, et qu'il faut s'assurer si la Convention est respectée encore ou ne l'est plus. En conséquence il propose à l'Assemblée de se rendre tout entière au milieu de la force armée, pour s'assurer qu'elle n'a rien à craindre et que son autorité est encore reconnue. Cette proposition déjà faite par Garat le 25 mai, renouvelée par Vergniaud le 31, est aussitôt adoptée. Hérault-Séchelles, dont on se servait dans toutes les occasions difficiles, est mis à la tête de l'Assemblée comme président, et tout le côté droit et la Plaine se lèvent pour le suivre; la Montagne seule reste à sa place. Alors les derniers députés de la droite reviennent, et lui reprochent de ne pas partager le danger commun. Les tribunes, au contraire, engagent, par des signes, les montagnards à rester sur leurs bancs, comme si un grand péril les menaçait au dehors. Cependant les montagnards cèdent par un sentiment de pudeur, et toute la Convention, ayant à sa tête Hérault-Séchelles, se présente dans les cours du Palais-National, et du côté du Carrousel. Les sentinelles s'écartent et laissent passer l'Assemblée. Elle arrive en présence des canonniers, à la tête desquels se trouvait Henriot. Le président lui signifie d'ouvrir passage à l'Assemblée. « Vous ne sortirez pas, leur dit Henriot, que vous n'ayez livré les vingt-deux. — Saisissez ce rebelle, » dit le président aux soldats. Alors Henriot faisant reculer son cheval, et s'adressant à ses canonniers, leur dit : « Canonniers, à vos pièces ! » Quelqu'un aussitôt saisit fortement Hérault-Séchelles par le bras, et le ramène d'un autre côté. On se rend dans le jardin pour renouveler la même expérience. Quelques groupes criaient : *Vive la nation!* d'autres : *Vive la Convention ! vive Marat ! à bas le côté droit!* Hors du jardin, des bataillons, autrement disposés que ceux qui entouraient le Carrousel, faisaient signe aux députés de venir les joindre. La Convention, pour s'y rendre, s'avance vers le pont tournant, mais là elle trouve un nouveau bataillon qui lui ferme la sortie du jardin. Dans ce moment, Marat, entouré de quelques enfants qui criaient : *Vive Marat !* s'approche du président, et lui dit : « Je somme les députés qui ont abandonné leur poste d'y retourner. »

L'Assemblée, en effet, dont ces épreuves répétées ne faisaient que prolonger l'humiliation, rentre dans la salle de ses séances, et chacun reprend sa place. Couthon monte alors à la tribune. « Vous « voyez bien, dit-il avec une assurance qui confond « l'Assemblée, que vous êtes respectés, obéis par « le peuple ; vous voyez que vous êtes libres, et « que vous pouvez voter sur la question qui vous « est soumise ; hâtez-vous donc de satisfaire aux « vœux du peuple. » Legendre propose de retrancher de la liste des vingt-deux ceux qui ont offert leur démission, et d'excepter de la liste des douze Boyer-Fonfrède et Saint-Martin, qui se sont opposés aux arrestations arbitraires; il propose de les remplacer par Lebrun et Clavière. Marat insiste pour qu'on raye de la liste Lanthenas, Ducos et Dussaulx, et qu'on y ajoute Fermont et Valazé. Ces propositions sont adoptées, et on est prêt à passer aux voix. La Plaine intimidée commençait à dire qu'après tout les députés mis en arrestation chez eux ne seraient pas tant à plaindre, et qu'il fallait mettre fin à cette scène terrible. Le côté droit demande l'appel nominal pour faire honte aux membres du *ventre* de leur faiblesse; mais l'un d'eux fournit à ses collègues un moyen honnête pour sortir de cette situation difficile. Il ne vote pas, dit-il, parce qu'il n'est pas libre. A son exemple, les autres refusent de voter. Alors la Montagne seule, et quelques autres membres, décrètent la mise en arrestation des députés dénoncés par la commune.

Tel fut le célèbre événement du 2 juin, plus connu sous le nom de 31 mai. Ce fut contre la représentation nationale un vrai 10 août; car les députés une fois en arrestation chez eux, il ne restait plus qu'à les faire monter sur l'échafaud, et c'était peu difficile. Ici finit une ère principale de la révolution, qui a servi de préparation à la plus terrible et à la plus grande de toutes, et dont il faut se rappeler l'ensemble pour la bien apprécier.

Au 10 août, la révolution, ne contenant plus ses défiances, attaque le palais du monarque, pour se délivrer de craintes insupportables. La première idée qu'on a, c'est de suspendre Louis XVI, et d'ajourner son sort à la réunion de la prochaine Convention nationale. Le monarque suspendu, et le pouvoir restant aux mains des différentes autorités populaires, naît la question de savoir comment on usera de ce pouvoir. Alors les divisions qui s'étaient déjà prononcées entre les partisans de la modération et ceux d'une énergie inexorable, éclatent sans ménagement : la commune, composée de tous les hommes ardents, attaque la Législative et l'insulte en la menaçant du tocsin. Dans ce moment, la coalition, ranimée par le 10 août, se presse d'avancer; le danger augmente, provoque de plus en plus la violence, décrie la modération, et pousse les passions aux plus grands excès. Longwy, Verdun, tombent au pouvoir de l'ennemi. En voyant approcher Brunswick, on devance les cruautés qu'il annonce dans ses manifestes, et on frappe de terreur ses partisans cachés, par les épouvantables journées de septembre. Bientôt sauvée par le beau sang-froid de Dumouriez, la France a le temps de s'agiter encore pour cette grande question de l'usage modéré ou impitoyable du pouvoir. Septembre devient un pénible

Juin 1793.
Coup d'œil sur la marche de la révolution.

sujet de reproches : les modérés s'indignent ; les violents veulent qu'on se taise sur des maux qu'ils disent inévitables et irréparables. De cruelles personnalités ajoutent les haines individuelles aux haines d'opinion ; la discorde est excitée au plus haut point. Alors arrive le moment de statuer sur le sort de Louis XVI. On fait sur sa personne l'application des deux systèmes ; celui de la modération est vaincu, celui de la violence l'emporte ; et, en immolant le roi, la révolution rompt définitivement avec la royauté et avec tous les trônes.

La coalition, ranimée encore par le 21 janvier, comme elle l'avait été déjà par le 10 août, réagit de nouveau et nous fait essuyer des revers. Dumouriez, arrêté dans ses progrès par des circonstances contraires et par le désordre de toutes les administrations, s'irrite contre les jacobins, auxquels il impute ses revers, sort alors de son indifférence politique, se prononce tout à coup pour la modération, la compromet en employant pour elle son épée et l'étranger, et échoue enfin contre la révolution, après avoir mis la république dans le plus grand péril. Dans ce même moment, la Vendée se lève ; les départements, tous modérés, deviennent menaçants ; jamais le danger ne fut plus grand pour la révolution. Des revers, des trahisons, fournissent aux jacobins un prétexte pour calomnier les républicains modérés, et un motif pour demander la dictature judiciaire et exécutive. Ils proposent un essai de tribunal révolutionnaire et de comité de salut public. Vive dispute à ce sujet. Les deux partis en viennent, sur ces questions, aux dernières extrémités; ils ne peuvent plus demeurer en présence. Au 10 mars, les jacobins tentent de frapper les chefs des girondins, mais leur tentative, trop prématurée, échoue. Alors ils se préparent mieux; ils provoquent des pétitions, soulèvent les sections et s'insurgent légalement. Les girondins résistent en instituant une commission chargée de poursuivre les complots de leurs adversaires; cette commission agit contre les jacobins, les soulève, et est emportée dans un orage. Replacée le lendemain, elle est emportée de nouveau dans l'horrible tempête du 31 mai. Enfin, le 2 juin, ses membres et les députés qu'elle devait défendre sont enlevés du sein de la représentation nationale, et, comme Louis XVI, la décision de leur sort est ajournée à une époque où la violence sera suffisante pour les conduire à l'échafaud.

Tel est donc l'espace que nous avons parcouru depuis le 10 août jusqu'au 31 mai : c'est une longue lutte entre les deux systèmes sur l'emploi des moyens. Le danger toujours croissant a rendu la dispute toujours plus vive, plus envenimée; et la généreuse députation de la Gironde, épuisée pour avoir voulu venger septembre, pour avoir

Juin 1793.
Jugement
sur
les girondins.

voulu empêcher le 21 janvier, le tribunal révolutionnaire et le comité de salut public, expire lorsque le danger plus grand a rendu la violence plus urgente et la modération moins admissible. Maintenant, toute légalité étant vaincue, toute réclamation étouffée avec la suspension des girondins, et le péril devenant plus effrayant que jamais par l'insurrection même qui s'efforcera de venger la Gironde, la violence va se déployer sans obstacle et sans mesure, et la terrible dictature du tribunal révolutionnaire et du comité de salut public va se compléter. Ici commencent des scènes plus grandes et plus horribles cent fois que toutes celles qui ont indigné les girondins. Pour eux leur histoire est finie; il ne reste plus à y ajouter que le récit de leur mort héroïque. Leur opposition a été dangereuse, leur indignation impolitique, ils ont compromis la révolution, la liberté et la France; ils ont compromis même la modération en la défendant avec aigreur, et en mourant ils ont entraîné dans leur chute tout ce qu'il y avait de plus généreux et de plus éclairé en France. Cependant, qui ne voudrait avoir rempli leur rôle? qui ne voudrait avoir commis leurs fautes? Est-il possible, en effet, de laisser couler le sang sans résistance et sans indignation?

FIN DU LIVRE QUATORZIÈME.

LIVRE XV

CONSTITUTION DE 1793.

Projets des jacobins après le 31 mai. — Renouvellement des comités et du ministère. — Dispositions des départements après le 31 mai ; les girondins proscrits vont les soulever contre la Convention. — Décrets de la Convention contre les départements insurgés. — Assemblées et armées insurrectionnelles en Bretagne et en Normandie. — Événements militaires sur le Rhin et au Nord. — Envahissement des frontières de l'Est par les coalisés ; retraite de Custine. — Siége de Mayence par les Prussiens. — Échecs de l'armée des Alpes ; situation de l'armée des Pyrénées. — Les Vendéens s'emparent de Fontenay et de Saumur. — Dangers imminents de la république à l'intérieur et à l'extérieur. — Travaux administratifs de la Convention. — Constitution de 1793. — Échecs des insurgés fédéralistes à Vernon. — Défaite des Vendéens devant Nantes. — Victoire contre les Espagnols dans le Roussillon. — Marat est assassiné par Charlotte Corday ; honneurs funèbres rendus à sa mémoire ; jugement et exécution de Charlotte Corday.

Le décret rendu le 2 juin contre les vingt-deux députés du côté droit et contre les membres de la commission des *douze*, portait qu'ils seraient détenus chez eux, et gardés à vue par des gendarmes. Quelques-uns se soumirent volontairement à ce décret, et se constituèrent en état d'arrestation, pour faire preuve d'obéissance à la loi, et pour provoquer un jugement qui démontrât leur inno-

<small>Soumission volontaire de quelques députés au décret du 2 juin.</small>

cence. Gensonné, Valazé, pouvaient très-facilement se soustraire à la surveillance de leurs gardiens, mais ils se refusèrent constamment à chercher leur salut dans la fuite. Ils restèrent prisonniers avec leurs collègues Guadet, Pétion, Vergniaud, Biroteau, Gardien, Boileau, Bertrand, Mollevant et Gommaire. Quelques autres, ne croyant devoir aucune obéissance à une loi arrachée par la force, et n'espérant aucune justice, s'éloignèrent de Paris, ou s'y cachèrent en attendant de pouvoir en sortir. Leur projet était de se rendre dans les départements, pour exciter un soulèvement contre la capitale. Ceux qui prirent cette résolution étaient Brissot, Gorsas, Salles, Louvet, Chambon, Buzot, Lydon, Rabaut-Saint-Étienne, Lasource, Grangeneuve, Lesage, Vigée, Larivière et Bergoing. Les deux ministres Lebrun et Clavière, destitués immédiatement après le 2 juin, furent frappés d'un mandat d'arrêt par la commune. Lebrun parvint à s'y soustraire. La même mesure fut prise contre Roland, qui, démissionnaire depuis le 21 janvier, demandait en vain à rendre ses comptes. Il échappa aux recherches de la commune, et alla se cacher à Rouen. Madame Roland, poursuivie aussi, ne songea qu'à favoriser l'évasion de son mari; remettant ensuite sa fille aux mains d'un ami sûr, elle se livra avec une noble indifférence au comité de sa section, et fut jetée dans les prisons avec une multitude d'autres vaincus du 31 mai.

La joie était grande aux Jacobins. On s'y félicitait de l'énergie du peuple, de sa belle conduite dans les dernières journées, et du renversement de tous les obstacles que le côté droit n'avait cessé d'opposer à la marche de la révolution. On convint en même temps, comme c'était l'usage après tous les grands événements, de la manière dont on présenterait la dernière insurrection. « Le peuple, dit Robespierre, a confondu tous ses calomniateurs par sa conduite. Quatre-vingt mille hommes ont été debout pendant près d'une semaine, sans qu'une propriété ait été violée, sans qu'une goutte de sang ait été répandue, et ils ont fait voir par là si leur but était, comme on le disait, de profiter du désordre pour se livrer au meurtre et au pillage. Leur insurrection a été spontanée, parce qu'elle était l'effet de la conviction générale; et la Montagne elle-même, faible, étonnée en voyant ce mouvement, a prouvé qu'elle n'avait pas concouru à le produire. Ainsi cette insurrection a été *toute morale*, et toute populaire. »

C'était là tout à la fois donner une couleur favorable à l'insurrection, adresser une censure indirecte à la Montagne, qui avait montré quelque hésitation le 2 juin, repousser le reproche de conspiration adressé aux meneurs du côté gauche, et flatter agréablement le parti populaire qui avait tout fait, et si bien, par lui-même. Après cette interprétation, reçue avec acclamation par les jacobins, et depuis répétée par tous les échos du parti victorieux, on se hâta de demander compte à Marat d'un mot qui faisait beaucoup de bruit. Marat, qui ne trouvait jamais qu'un moyen de terminer les hésitations révolutionnaires, la dictature, Marat, voyant qu'on tergiversait encore le 2 juin, avait répété ce jour-là comme tous les autres : *Il nous faut un chef*. Sommé d'expliquer ce propos, il le justifia à sa manière, et les jacobins s'en contentèrent bien vite, satisfaits d'avoir prouvé leurs scrupules et la sévérité de leurs principes républicains. On présenta aussi quelques observations sur la tiédeur de Danton, qui semblait s'être amolli depuis la suppression de la commission des douze, et dont l'énergie, soutenue jusqu'au 31 mai, n'était pas allée jusqu'au 2 juin. Danton était absent; Camille Desmoulins, son ami, le défendit chaudement, et l'on se hâta de mettre fin à cette explication, par ménagement pour un personnage aussi important, et pour éviter des discussions trop délicates; car, bien que l'insurrection fût consommée, elle était loin d'être universellement approuvée dans le parti victorieux. On savait en effet que le comité de salut public et beaucoup de montagnards avaient vu avec effroi ce coup d'état populaire. La chose faite, il fallait en profiter, sans la remettre en discussion. On s'occupa donc aussitôt d'user promptement et utilement de la victoire.

Juin 1793.

Il y avait pour cela différentes mesures à prendre. Renouveler les comités où s'étaient placés tous les partisans du côté droit, s'emparer par les comités de la direction des affaires, changer les ministres, surveiller la correspondance, arrêter à la poste les écrits dangereux, ne laisser arriver dans les provinces que les écrits reconnus utiles (car, disait Robespierre, la liberté de la presse doit être entière, sans doute, mais ne pas être employée à perdre la liberté), former sur-le-champ l'armée révolutionnaire dont l'institution avait été décrétée, et dont l'intervention était indispensable pour faire exécuter à l'intérieur les décrets de la Convention, effectuer l'emprunt forcé d'un milliard sur les riches : tels furent les moyens proposés et adoptés unanimement par les jacobins. Mais une mesure dernière fut jugée plus nécessaire encore que toutes les autres, c'était la rédaction, sous huit jours, de la constitution républicaine. Il importait de prouver que l'opposition des girondins avait seule empêché l'accomplissement de cette grande tâche, de rassurer la France par de bonnes lois, et de lui présenter un pacte d'union autour duquel elle pût se

Projets des jacobins.

rallier tout entière. Tel fut le vœu émis à la fois par les jacobins, les cordeliers, les sections et la commune.

La Convention, docile à ce vœu irrésistible et répété sous tant de formes, renouvela tous ses comités, de sûreté générale, des finances, de la guerre, de législation, etc. Le comité de salut public, déjà chargé de trop d'affaires, et qui n'était point encore assez suspect pour qu'on osât en destituer brusquement tous les membres, fut seul maintenu. Lebrun fut remplacé aux relations extérieures par Desforgues, et Clavière aux finances par Destournelles. On regarda comme non avenu le projet de constitution présenté par Condorcet, d'après les vues des girondins; le comité de salut public dut en présenter un autre sous huit jours. On lui adjoignit cinq membres pour ce travail. Enfin il reçut ordre de préparer un mode d'exécution pour l'emprunt forcé, et un projet d'organisation pour l'armée révolutionnaire.

Les séances de la Convention avaient un aspect tout nouveau depuis le 31 mai. Elles étaient silencieuses, et presque tous les décrets étaient adoptés sans discussion. Le côté droit et une partie du centre ne votaient plus; ils semblaient protester par leur silence contre toutes les décisions prises depuis le 2 juin, et attendre les nouvelles des départements. Marat avait cru devoir par justice se suspendre lui-même, jusqu'à ce que ses adversaires les girondins fussent jugés. En attendant, il renonçait, disait-il, à ses fonctions, et se bornait à éclairer la Convention dans sa feuille. Les deux députés Doulcet et Fonfrède de Bordeaux rompirent seuls le silence de l'Assemblée. Doulcet dénonça le comité d'insurrection, qui n'avait pas cessé de se réunir à l'Évêché, et qui, arrêtant les paquets à la poste, les décachetait, et les renvoyait décachetés à leur adresse, avec son timbre, portant ces mots : *Révolution du 31 mai*. La Convention passa à l'ordre du jour. Fonfrède, membre de la commission des douze, mais excepté du décret d'arrestation, parce qu'il s'était opposé aux mesures de cette commission, Fonfrède monta à la tribune, et demanda l'exécution du décret qui ordonnait, sous trois jours, le rapport sur les détenus. Cette réclamation excita quelque tumulte. « Il faut, dit Fonfrède, prouver au plus tôt l'innocence de nos collègues. Je ne suis resté ici que pour les défendre, et je vous déclare qu'une force armée s'avance de Bordeaux pour venger les attentats commis contre eux. » De grands cris s'élevèrent à ces paroles, l'ordre du jour repoussa la proposition de Fonfrède, et on retomba aussitôt dans un silence profond. Ce sont, dirent les jacobins, *les derniers cris des crapauds du marais*.

La menace faite par Fonfrède du haut de la

Juin 1793.
Suspension volontaire de Marat.

Proposition de Fonfrède.

Juin 1793.

Mécontente-
ment des
départements.

Comité central
créé
à Marseille.

tribune n'était point vaine, et non-seulement les Bordelais, mais les habitants de presque tous les départements, étaient prêts à prendre les armes contre la Convention. Leur mécontentement datait de plus loin que le 2 juin; il avait commencé avec les querelles entre les montagnards et les girondins. On doit se souvenir que, dans toute la France, les municipalités et les sections étaient divisées. Les partisans du système montagnard occupaient les municipalités et les clubs; les républicains modérés, qui, au milieu des crises de la révolution, voulaient conserver l'équité ordinaire, s'étaient tous retirés, au contraire, dans les sections. Déjà la rupture avait éclaté dans plusieurs villes. A Marseille, les sections avaient dépouillé la municipalité de ses pouvoirs, pour les transporter à un *comité central;* elles avaient en outre institué de leur chef un tribunal populaire pour juger les patriotes accusés d'excès révolutionnaires. Les commissaires Bayle et Boisset cassèrent en vain ce comité et ce tribunal; leur autorité fut toujours méconnue, et les sections étaient restées en insurrection permanente contre la révolution. A Lyon, il y avait eu un combat sanglant. Il s'agissait de savoir si un arrêté municipal, portant l'institution d'une armée révolutionnaire et d'une taxe de guerre sur les riches, serait exécuté. Les sections qui s'y refusaient s'étaient déclarées en permanence : la municipalité avait voulu les dissoudre; mais aidées du directoire du département, elles avaient résisté. Le 29 mai, on en était venu aux mains, malgré la présence des deux commissaires de la Convention, qui firent de vains efforts pour empêcher le combat. Les sections victorieuses, après avoir pris d'assaut l'arsenal et l'hôtel de ville, avaient destitué la municipalité, fermé le club jacobin, où Chalier excitait les plus grands orages, et s'étaient emparées de la souveraineté de Lyon. Il y avait eu quelques centaines de morts dans ce combat. Les représentants Nioche et Gauthier restèrent détenus tout un jour; délivrés ensuite, ils se retirèrent auprès de leurs collègues Albitte et Dubois-Crancé, qui, comme eux, avaient une mission pour l'armée des Alpes.

Juin 1793.

Combat dans Lyon.

Telle était la situation de Lyon et du Midi dans les derniers jours de mai. Bordeaux n'offrait pas un aspect plus rassurant. Cette ville, avec toutes celles de l'Ouest, de la Bretagne et de la Normandie, attendait pour agir que les menaces si longtemps répétées contre les députés des provinces fussent réalisées. C'est dans ces dispositions que les départements apprirent les événements de la fin de mai. La journée du 27, où la commission des douze avait été supprimée une première fois, causa déjà beaucoup d'irritation, et de toutes parts il fut question de prendre des arrêtés improbateurs de ce qui se passait à Paris. Mais le 31 mai, le 2 juin, mirent le comble à l'indignation. La renommée, qui grossit toute chose, exagéra les faits. On répandit que trente-deux députés avaient été massacrés par la commune; que les caisses publiques étaient livrées au pillage, que les brigands de Paris s'étaient emparés du pouvoir, et allaient le transmettre ou à l'étranger, ou à Marat, ou à d'Orléans. On s'assembla pour faire des pétitions, et pour se disposer à prendre les armes contre la capitale. Dans ce moment les députés fugitifs vinrent rapporter eux-mêmes ce qui s'était passé, et donner plus de consistance aux mouvements qui éclataient de toutes parts.

Outre ceux qui s'étaient déjà évadés, plusieurs échappèrent encore aux gendarmes; d'autres même quittèrent l'Assemblée pour aller fomenter l'insurrection. Gensonné, Valazé, Vergniaud, s'obstinèrent à demeurer, disant que s'il était bon qu'une partie d'entre eux allât réveiller le zèle des départements, il était utile aussi que les autres restassent en otage dans les mains de leurs ennemis, pour y faire éclater par un procès, et au péril de leur tête, l'innocence de tous. Buzot, qui n'avait jamais voulu se soumettre au décret du 2 juin, se transporta dans son département de l'Eure, pour y exciter un mouvement parmi les Normands; Gorsas l'y suivit dans la même intention. Brissot se rendit à Moulins;

Meilhan, qui n'était point arrêté, mais qui avait donné asile à ses collègues dans les nuits du 31 mai au 2 juin; Duchâtel, que les montagnards appelaient le revenant du 21 janvier, parce qu'il était sorti de son lit pour voter en faveur de Louis XVI, quittèrent la Convention pour aller remuer la Bretagne. Biroteau échappa aux gendarmes, et alla avec Chasset diriger les mouvements des Lyonnais. Rebecqui, devançant Barbaroux, qui était encore retenu, se rendit dans les Bouches-du-Rhône. Rabaut-Saint-Étienne accourut à Nîmes, pour faire concourir le Languedoc au mouvement général contre les oppresseurs de la Convention.

Dès le 13 juin, le département de l'Eure s'assembla, et donna le premier signal de l'insurrection. La Convention, disait-il, n'étant plus libre, et le devoir de tous les citoyens étant de lui rendre la liberté, il arrêtait qu'une force de quatre mille hommes serait levée pour marcher sur Paris, et que des commissaires envoyés à tous les départements voisins iraient les engager à suivre leur exemple, et à concerter leurs opérations. Le département du Calvados, séant à Caen, fit arrêter les deux députés Romme et Prieur de la Côte-d'Or, envoyés par la Convention pour presser l'organisation de l'armée des côtes de Cherbourg. Il fut convenu que les départements de la Normandie s'assembleraient extraordinairement à Caen pour se fédérer.

Juin 1793.

Le département de l'Eure donne le signal de l'insurrection.

Juin 1793.

Centres de fédération à Caen et à Rennes.

Tous les départements de la Bretagne, tels que ceux des Côtes-du-Nord, du Finistère, du Morbihan, d'Ille-et-Vilaine, de la Mayenne, de la Loire-Inférieure, prirent des arrêtés semblables, et députèrent des commissaires à Rennes, pour y établir l'autorité centrale de la Bretagne. Les départements du bassin de la Loire, excepté ceux qui étaient occupés par les Vendéens, suivirent l'exemple général, et proposèrent même d'envoyer des commissaires à Bourges, d'y former une Convention composée de deux députés de chaque département, et d'aller détruire la Convention usurpatrice ou opprimée, siégeant à Paris.

Commission populaire de salut public formée à Bordeaux.

A Bordeaux, la sensation fut extrêmement vive : toutes les autorités constituées se réunirent en assemblée, dite *Commission populaire de salut public*, déclarèrent que la Convention n'était plus libre, et qu'il fallait lui rendre la liberté; en conséquence, elles arrêtèrent qu'une force armée serait levée sur-le-champ, et qu'en attendant, une pétition serait adressée à la Convention nationale, pour qu'elle s'expliquât et fît connaître la vérité sur les journées de juin; elles dépêchèrent ensuite des commissaires à tous les départements, pour les inviter à une coalition générale. Toulouse, ancienne ville parlementaire, où beaucoup de partisans de l'ancien régime se cachaient derrière les girondins, avait déjà institué une force départementale de mille hommes. Ses administrations déclarèrent, en présence des commissaires envoyés à l'armée des Pyrénées, qu'elles ne reconnaissaient plus la Convention : elles élargirent beaucoup d'individus emprisonnés, en firent incarcérer beaucoup d'autres accusés d'être montagnards, et annoncèrent ouvertement qu'elles étaient prêtes à se fédérer avec les départements du Midi. Les départements supérieurs du Tarn, de Lot-et-Garonne, de l'Aveyron, du Cantal, du Puy-de-Dôme, de l'Hérault, suivirent l'exemple de Toulouse et de Bordeaux. Nîmes se déclara en état de résistance; Marseille rédigea une pétition foudroyante, remit en activité son tribunal populaire, commença une procédure contre les *tueurs*, et prépara une force de six mille hommes. A Grenoble, les sections furent convoquées, et leurs présidents, réunis aux autorités constituées, s'emparèrent de tous les pouvoirs, envoyèrent des députés à Lyon, et voulaient faire arrêter Dubois-Crancé et Gauthier, commissaires de la Convention à l'armée des Alpes. Le département de l'Ain adopta la même marche. Celui du Jura, qui avait déjà levé un corps de cavalerie et une force départementale de huit cents hommes, protesta de son côté contre l'autorité de la Convention. A Lyon, enfin, où les sections régnaient en souveraines depuis le combat du 29 mai, on reçut et on envoya des députés pour se concerter avec Marseille, Bor-

Juin 1793.

Résistance et préparatifs des départements du Midi.

deaux et Caen; on instruisit sur-le-champ une procédure contre Chalier, président du club jacobin, et contre plusieurs autres montagnards. Il ne restait donc sous l'autorité de la Convention que les départements du Nord, et ceux qui composaient le bassin de la Seine. Les départements insurgés s'élevaient à soixante ou soixante-dix, et Paris devait, avec quinze ou vingt, résister à tous les autres, et continuer la guerre avec l'Europe.

À Paris, les avis étaient partagés sur les moyens à prendre dans ce péril : les membres du comité de salut public, Cambon, Barère, Bréard, Treilhard, Mathieu, patriotes accrédités, quoiqu'ils eussent improuvé le 2 juin, auraient voulu qu'on employât les voies de conciliation; il fallait, suivant eux, prouver la liberté de la Convention par des mesures énergiques contre les agitateurs, et, au lieu d'irriter les départements par des décrets sévères, les ramener en leur montrant le danger d'une guerre civile en présence de l'étranger. Barère proposa, au nom du comité de salut public, un projet de décret tout à fait conçu dans cet esprit. Dans ce projet, les comités révolutionnaires, qui s'étaient rendus si redoutables par leurs nombreuses arrestations, devaient être cassés dans toute la France, ou ramenés au but de leur institution, qui était la surveillance des étrangers suspects; les assemblées primaires devaient être réunies à Paris pour nommer un autre commandant de la force armée, à la place d'Henriot, qui était de la nomination des insurgés ; enfin, trente députés devaient être envoyés aux départements comme otages. Ces mesures semblaient propres à calmer et à rassurer les départements. La suppression des comités révolutionnaires mettait un terme à l'inquisition exercée contre les suspects; le choix d'un bon commandant assurait l'ordre à Paris; les trente députés envoyés devaient servir à la fois d'otages et de conciliateurs. Mais la Montagne n'était pas du tout disposée à négocier. Usant avec hauteur de ce qu'elle appelait l'autorité nationale, elle repoussa tous les moyens de conciliation. Robespierre fit ajourner le projet du comité. Danton, élevant encore sa voix dans cette circonstance périlleuse, rappela les crises fameuses de la révolution, les dangers de septembre au moment de l'invasion de la Champagne et de la prise de Verdun ; les dangers de janvier, avant que la condamnation du dernier roi fût décidée ; enfin les dangers bien plus grands d'avril, alors que Dumouriez marchait sur Paris et que la Vendée se soulevait. La révolution, suivant lui, avait surmonté tous ces périls, elle était sortie victorieuse de toutes ces crises, elle sortirait victorieuse encore de la dernière. « C'est au moment, s'écria-t-il, « d'une grande production que les corps politiques, « comme les corps physiques, paraissent toujours

Juin 1793.

Les montagnards rejettent les moyens de conciliation.

« menacés d'une destruction prochaine. Eh bien,
« la foudre gronde, et c'est au milieu de ses éclats
« que le grand œuvre qui établira le bonheur de
« vingt-quatre millions d'hommes sera produit. »
Danton voulait que, par un décret commun à tous
les départements, il leur fût enjoint de se rétracter
vingt-quatre heures après sa réception, sous peine
d'être mis hors la loi. La voix puissante de Danton,
qui n'avait jamais retenti dans les grands périls sans
ranimer les courages, produisit son effet accoutumé.
La Convention, quoiqu'elle n'adoptât pas exactement les mesures proposées, rendit néanmoins
les décrets les plus énergiques. Premièrement, elle
déclara, quant au 31 mai et au 2 juin, que le
peuple de Paris, en s'insurgeant, avait bien mérité de la patrie[1] ; que les députés qui d'abord
devaient être mis en arrestation chez eux, et dont
quelques-uns s'étaient évadés, seraient transférés
dans une maison de force, pour y être détenus
comme les prisonniers ordinaires ; qu'un appel de
tous les députés serait fait, et que les absents sans
commission ou sans autorisation seraient déchus et
remplacés par leurs suppléants ; que les autorités
départementales ou municipales ne pourraient ni se
déplacer ni se transporter d'un lieu dans un autre ;
qu'elles ne pourraient correspondre entre elles, et

---

[1]. Décret du 13 juin.

que tous commissaires envoyés de département à département, dans le but de se coaliser, devaient être saisis sur-le-champ par les bons citoyens, et envoyés à Paris sous escorte. Après ces mesures générales, la Convention cassa l'arrêté du département de l'Eure; elle mit en accusation les membres du département du Calvados, qui avaient arrêté deux de ses commissaires; elle se conduisit de même à l'égard de Buzot, instigateur de la révolte des Normands; elle fit partir deux députés, Mathieu et Treilhard, pour les départements de la Gironde, de la Dordogne, de Lot-et-Garonne, qui demandaient des explications avant de s'insurger. Elle manda les autorités de Toulouse, cassa le tribunal et le comité central de Marseille, décréta Barbaroux, et mit les patriotes incarcérés sous la sauvegarde de la loi. Enfin, elle envoya Robert Lindet à Lyon, pour y aller prendre connaissance des faits, et faire un rapport sur l'état de cette ville.

Ces décrets, rendus successivement dans le courant de juin, ébranlèrent beaucoup de départements, peu habitués à lutter avec l'autorité centrale. Intimidés, incertains, ils résolurent d'attendre l'exemple que leur donneraient des départements plus puissants, ou plus engagés dans la querelle.

Les administrations de la Normandie, excitées par la présence des députés qui s'étaient joints à Buzot, tels que Barbaroux, Guadet, Louvet, Salles,

Pétion, Bergoing, Lesage, Cussy, Kervélégan, poursuivirent leurs premières démarches, et fixèrent à Caen le siége d'un comité central des départements. L'Eure, le Calvados, l'Orne, y envoyèrent des commissaires. Les départements de la Bretagne, qui s'étaient d'abord confédérés à Rennes, décidèrent qu'ils se joindraient à l'assemblée centrale de Caen, et qu'ils y dépêcheraient des députés. Le 30 juin, en effet, les envoyés du Morbihan, du Finistère, des Côtes-du-Nord, de la Mayenne, d'Ille-et-Vilaine, de la Loire-Inférieure, réunis à ceux du Calvados, de l'Eure et de l'Orne, se constituent en *assemblée centrale de résistance à l'oppression*, promettant de maintenir l'égalité, l'unité, l'indivisibilité de la république, mais jurant haine aux anarchistes, et s'engageant à n'employer leurs pouvoirs que pour assurer le respect des personnes, des propriétés, et de la souveraineté du peuple. Après s'être ainsi constitués, ils décident qu'il sera fourni par chaque département des contingents destinés à composer une force armée suffisante pour aller à Paris rétablir la représentation nationale dans son intégrité. Félix Wimpfen, général de l'armée qui devait s'organiser le long des côtes de Cherbourg, est nommé commandant de l'armée départementale. Il accepte, et se revêt aussitôt du titre qu'il vient de recevoir. Mandé à Paris par le ministre de la guerre, il répond qu'il n'y a qu'un moyen de faire la paix, c'est de révoquer tous les décrets rendus depuis le 31 mai; qu'à ce prix les départements fraterniseront avec la capitale, mais que, dans le cas contraire, il ne peut aller à Paris qu'à la tête de soixante mille Normands et Bretons.

Le ministre, en même temps qu'il appelait Wimpfen à Paris, ordonnait au régiment des dragons de la Manche, stationné dans la Normandie, de partir sur-le-champ pour se rendre à Versailles. A cette nouvelle, tous les fédérés déjà rassemblés à Évreux se mirent en bataille, la garde nationale se joignit à eux, et on ferma aux dragons le chemin de Versailles. Ceux-ci ne voulant pas en venir aux mains, promirent de ne pas partir, et fraternisèrent en apparence avec les fédérés. Les officiers écrivirent secrètement à Paris qu'ils ne pouvaient obéir sans commencer la guerre civile. On leur permit alors de rester.

L'assemblée de Caen décida que les bataillons bretons déjà arrivés seraient dirigés de Caen sur Évreux, rendez-vous général de toutes les forces. On expédia sur ce point des vivres, des armes, des munitions, des fonds pris dans les caisses publiques. On y envoya des officiers gagnés à la cause du fédéralisme, et beaucoup de royalistes cachés qui se jetaient dans tous les soulèvements, et prenaient le masque du républicanisme pour combattre la

Juin 1793.

révolution. Parmi les contre-révolutionnaires de cette espèce était le nommé Puisaye, qui affichait un grand zèle pour la cause des girondins, et que Wimpfen, royaliste déguisé, nomma général de brigade et chargea du commandement de l'avant-garde déjà réunie à Évreux. Cette avant-garde pouvait s'élever à cinq ou six mille hommes, et s'augmentait tous les jours de nouveaux contingents. Les braves Bretons accouraient de toutes parts, et annonçaient d'autres bataillons qui devaient les suivre en plus grand nombre. Une circonstance les empêchait de venir tous en masse, c'était la nécessité de garder les côtes de l'Océan contre les flottes anglaises, et d'envoyer des bataillons contre la Vendée, qui débordait déjà jusqu'à la Loire et semblait prête à la franchir. Quoique les Bretons des campagnes fussent dévoués au clergé, ceux des villes étaient républicains sincères, et, tout en combattant Paris, ils n'en voulaient pas moins continuer une guerre opiniâtre contre la Vendée.

Telle était la situation des choses dans la Bretagne et la Normandie vers les premiers jours de juillet. Dans les départements voisins de la Loire, on s'était ralenti; des commissaires de la Convention, qui se trouvaient alors sur les lieux pour diriger les nouvelles levées sur la Vendée, avaient engagé les administrateurs à attendre les événements avant de se compromettre davantage. Là, pour le moment, on ne songeait plus à envoyer des députés à Bourges, et on observait une grande réserve.

Juin 1793.

A Bordeaux, l'insurrection était permanente et énergique. Les députés Treilhard et Mathieu furent gardés à vue dès leur arrivée, et il fut question d'abord de les garder comme otages; cependant, sans en venir à cette extrémité, on les somma de comparaître devant la commission populaire, où les bourgeois, qui les regardaient comme des envoyés *maratistes*, les accueillirent assez mal. On les interrogea sur ce qui s'était passé à Paris; et, après les avoir entendus, la commission déclara que, d'après leur déposition même, la Convention n'avait pas été libre au 2 juin, ne l'était plus depuis cette époque; qu'ils n'étaient eux-mêmes que les envoyés d'une assemblée sans caractère légal, et qu'en conséquence ils n'avaient qu'à sortir du département. Ils furent en effet reconduits sur les limites, et immédiatement après on décréta à Bordeaux les mesures qui venaient d'être prises à Caen. On prépara des subsistances et des armes; on détourna les fonds publics, et une avant-garde fut portée à Langon, en attendant le corps principal qui devait partir sous peu de jours. Ceci se passait encore dans les derniers jours de juin et les premiers de juillet.

Insurrection permanente à Bordeaux.

Juin 1793.

Armée de six mille hommes formée par les Marseillais.

Les députés Mathieu et Treilhard, trouvant moins de résistance et pouvant mieux se faire entendre dans les départements de la Dordogne, de la Vienne, de Lot-et-Garonne, parvinrent à calmer les esprits, et réussirent, par leur caractère conciliateur, à empêcher des mesures hostiles, et à gagner du temps dans l'intérêt de la Convention. Mais dans les départements plus élevés, dans les montagnes de la Haute-Loire et sur leur revers, dans l'Hérault, le Gard, sur tous les bords du Rhône, l'insurrection fut générale : le Gard et l'Hérault mirent leurs bataillons en marche, et les envoyèrent au Pont-Saint-Esprit, pour y occuper les passages du Rhône, et faire leur jonction avec les Marseillais, qui devaient remonter ce fleuve. Les Marseillais, en effet, refusant d'obtempérer aux décrets de la Convention, maintinrent leur tribunal, n'élargirent point les patriotes incarcérés, et firent même commencer les exécutions. Ils formèrent une armée de six mille hommes, qui s'avança d'Aix sur Avignon, et qui, se liant aux Languedociens réunis au Pont-Saint-Esprit, devait soulever dans sa marche les rives du Rhône, de l'Isère et de la Drôme, et se coaliser enfin avec les Lyonnais et avec les montagnards de l'Ain et du Jura. A Grenoble, les administrations fédéralisées luttaient contre Dubois-Crancé, et menaçaient même de l'arrêter. N'osant encore lever des troupes, elles avaient envoyé des députés pour fraterniser avec Lyon. Dubois-Crancé, avec l'armée désorganisée des Alpes, se trouvait au milieu d'une ville presque révoltée, qui lui disait chaque jour que le Midi pouvait se passer du Nord; il avait à garder la Savoie, où les illusions inspirées d'abord par la liberté et par la domination française étaient dissipées, où l'on se plaignait des levées d'hommes et des assignats, et où l'on ne comprenait rien à cette révolution si agitée et si différente de ce qu'on l'avait crue d'abord. Il avait sur ses côtés la Suisse, où les émigrés s'agitaient, et où Berne voulait de nouveau envoyer garnison à Genève; et sur ses derrières enfin, Lyon, qui interceptait sa correspondance avec le comité de salut public.

Juin 1793. Position difficile de Dubois-Crancé à Grenoble.

A Lyon on avait reçu Robert Lindet; mais on avait prêté en sa présence même le serment fédéraliste UNITÉ, INDIVISIBILITÉ DE LA RÉPUBLIQUE; HAINE AUX ANARCHISTES ET REPRÉSENTATION NATIONALE TOUT ENTIÈRE. Loin d'envoyer à Paris les patriotes arrêtés, on avait continué les procédures commencées contre eux. Une nouvelle autorité, composée des députés des communes et des membres des corps constitués, s'était formée sous le titre de *Commission populaire et républicaine de salut public de Rhône-et-Loire.* Cette assemblée venait de décréter l'organisation d'une force départementale, pour se coaliser avec les frères du Jura, de l'Isère, des Bouches-du-Rhône, de la Gironde et du Calvados.

Mesures arrêtées par les insurgés de Lyon.

Cette force était déjà toute prête; on avait décidé en outre la levée d'un subside; et là, comme dans tous les autres départements, on n'attendait plus qu'un signal pour se mettre en mouvement. Dans le Jura, dès qu'on apprit la nouvelle que les deux députés Bassal et Garnier de Troyes, envoyés pour rétablir l'obéissance envers la Convention, avaient réuni à Dôle quinze cents hommes de troupes de ligne, plus de quatorze mille montagnards avaient pris les armes, et se disposaient à les envelopper.

Si l'on considère l'état de la France dans les premiers jours de juillet 1793 [1], on verra qu'une colonne sortie de la Bretagne et de la Normandie, et portée jusqu'à Évreux, ne se trouvait qu'à quelques lieues de Paris; qu'une autre s'avançait de Bordeaux, et pouvait entraîner à sa suite tous les départements du bassin de la Loire, encore incertains; que six mille Marseillais, postés à Avignon, en attendant les Languedociens au Pont-Saint-Esprit, occupé déjà par huit cents Nîmois, étaient à portée de se réunir à Lyon avec tous les fédérés de Grenoble, de l'Ain et du Jura, pour fondre, à travers la Bourgogne, sur Paris. En attendant cette jonction générale, les fédéralistes prenaient tous les fonds dans les caisses, interceptaient les subsistances et les munitions envoyées aux

1. Rapport de Cambon sur les travaux du comité de salut public, depuis le 10 avril jusqu'au 10 juillet.

armées, et remettaient en circulation les assignats rentrés par la vente des biens nationaux. Une circonstance remarquable et qui caractérise bien l'esprit des partis, c'est que les deux factions s'adressaient les mêmes reproches et s'attribuaient le même but. Le parti de Paris et de la Montagne imputait aux fédéralistes de vouloir perdre la république en la divisant et de s'entendre avec les Anglais pour faire un roi, qui serait ou le duc d'Orléans, ou Louis XVII, ou le duc d'York. De son côté, le parti des départements et des fédéralistes accusait la Montagne de vouloir amener la contre-révolution par l'anarchie, et disait que Marat, Robespierre, Danton, étaient vendus à l'Angleterre ou à d'Orléans. Ainsi, des deux côtés, c'était la république qu'on prétendait sauver et la monarchie dont on croyait combattre le retour. Déplorable et ordinaire aveuglement des partis!

Mais ce n'était là qu'une portion des dangers de notre malheureuse patrie. L'ennemi du dedans n'était à craindre qu'à cause de l'ennemi du dehors, devenu plus redoutable que jamais. Tandis que des armées de Français s'avançaient des provinces vers le centre, des armées d'étrangers entouraient de nouveau la France et la menaçaient d'une invasion presque inévitable. Depuis la bataille de Nerwinde et la défection de Dumouriez, une suite effrayante de revers nous avait fait perdre nos conquêtes et notre frontière du Nord. On se souvient que Dampierre, nommé général en chef, avait rallié l'armée sous les murs de Bouchain et lui avait rendu là un peu d'ensemble et de courage. Heureusement pour la révolution, les coalisés, fidèles au plan méthodique arrêté au commencement de la campagne, ne voulaient percer sur aucun point et ne devaient pénétrer en France que lorsque le roi de Prusse, après avoir pris Mayence, pourrait s'avancer dans le cœur de nos provinces. S'il s'était trouvé chez les généraux de la coalition un peu de génie ou un peu d'union, la cause de la révolution était perdue. Après Nerwinde et la défection de Dumouriez, ils auraient dû marcher en avant, ne laisser aucun repos à notre armée battue, divisée et trahie, et, soit qu'on la fît prisonnière, soit qu'on la rejetât dans les places fortes, nos campagnes restaient ouvertes à l'ennemi victorieux. Mais les alliés tinrent un congrès à Anvers pour régler les opérations ultérieures de la guerre. Le duc d'York, le prince de Cobourg, le prince d'Orange et divers généraux décidèrent entre eux ce qu'il convenait de faire. On résolut de prendre Condé et Valenciennes, pour donner à la maison d'Autriche de nouvelles places fortes dans les Pays-Bas; et de s'emparer de Dunkerque, pour assurer à l'Angleterre ce port si désiré sur le continent. Ces conventions faites, on recommença les opérations.

Les Anglais, les Hollandais étaient arrivés en ligne. Le duc d'York commandait vingt mille Autrichiens et Hanovriens, le prince d'Orange quinze mille Hollandais; le prince de Cobourg avait quarante-cinq mille Autrichiens et huit mille Hessois. Le prince de Hohenlohe occupait avec trente mille Autrichiens Namur et Luxembourg, et liait l'armée coalisée des Pays-Bas avec l'armée prussienne chargée du siége de Mayence. Ainsi quatre-vingt ou quatre-vingt-dix mille hommes menaçaient le Nord. (*Voir la carte n° 1.*)

Juin 1793.

Forces de la coalition menaçant le Nord.

Déjà les coalisés faisaient le blocus de Condé, et la plus grande ambition du gouvernement français était de débloquer cette place. Dampierre, brave, mais se défiant de ses soldats, n'osait pas attaquer ces masses formidables. Cependant, pressé par les commissaires de la Convention, il ramène notre armée au camp de Famars sous Valenciennes, et le 1ᵉʳ mai il attaque sur plusieurs colonnes les Autrichiens retranchés dans les bois de Vicogne et de Saint-Amant. Les combinaisons militaires étaient timides encore; former une masse, saisir le point faible de l'ennemi et le frapper hardiment, était une tactique inconnue des deux partis. Dampierre se jette avec bravoure, mais en petites masses, sur un ennemi divisé lui-même et qu'il eût été facile d'accabler sur un point; puni de sa faute, il est repoussé après un combat acharné.

Blocus de Condé.

Le 9 mai il recommence l'attaque ; il était moins divisé que la première fois, mais les ennemis avertis l'étaient moins aussi ; et, tandis qu'il fait des efforts héroïques pour décider de la prise d'une redoute qui devait déterminer la jonction de deux de ses colonnes, il est atteint d'un boulet de canon et blessé à mort. Le général Lamarche, revêtu du commandement provisoire, ordonne la retraite et ramène l'armée dans le camp de Famars.

Le camp de Famars, situé sous les murs de Valenciennes et lié à cette place, empêchait d'en faire le siége. Les coalisés résolurent de l'attaquer le 23 mai. Ils éparpillèrent leurs troupes, suivant leur méthode accoutumée, en dispersèrent inutilement une partie sur une foule de points que la prudence autrichienne voulait tous garder, et n'attaquèrent pas le camp avec toute la puissance qu'ils auraient pu déployer. Arrêtés une journée entière par l'artillerie, honneur de l'armée française, ils ne passèrent que vers le soir la Ronelle, qui défendait le front du camp. Lamarche décampa la nuit en bon ordre et vint se poster au camp de César, qui se liait à la place de Bouchain, comme celui de Famars à Valenciennes. Ici encore il fallait nous poursuivre et nous disperser ; mais l'égoïsme et la méthode fixèrent les coalisés autour de Valenciennes. Une partie de leur armée, disposée en corps d'observation, se plaça entre Valenciennes et Bouchain, et fit face au camp de César. Une autre division entreprit le siége de Valenciennes, et le reste continua le blocus de Condé, qui manquait de vivres, et qu'on espérait réduire sous peu de jours. Le siége régulier de Valenciennes fut commencé. Cent quatre-vingts bouches à feu venaient de Vienne et cent autres de Hollande; quatre-vingt-treize mortiers étaient déjà préparés. Ainsi en juin et en juillet on affamait Condé, on incendiait Valenciennes, et nos généraux occupaient le camp de César avec une armée battue et désorganisée. Condé et Valenciennes réduits, tout devenait à craindre.

L'armée de la Moselle, liant l'armée du Nord à celle du Rhin, avait passé sous les ordres de Ligneville, quand Beurnonville fut nommé ministre de la guerre. Elle se trouvait en présence du prince de Hohenlohe, et n'en avait rien à craindre; car ce prince occupant à la fois Namur, Luxembourg et Trèves, avec trente mille hommes au plus, ayant devant lui les places de Metz et Thionville, ne pouvait rien tenter de dangereux. On venait de l'affaiblir encore en détachant sept à huit mille hommes de son corps pour les joindre à l'armée prussienne. Dès lors il devenait plus facile et plus convenable que jamais de joindre l'armée active de la Moselle à celle du Haut-Rhin pour tenter des opérations importantes.

Juin 1793.
Armée du Rhin.

Sur le Rhin, la campagne précédente s'était terminée à Mayence. Custine, après ses ridicules démonstrations autour de Francfort, avait été contraint de se replier et de s'enfermer à Mayence, où il avait rassemblé une artillerie assez considérable, tirée de nos places fortes et particulièrement de Strasbourg. Là, il formait mille projets; tantôt il voulait prendre l'offensive, tantôt garder Mayence, tantôt même abandonner cette place. Enfin il fut résolu qu'il la garderait, et il contribua même à décider le conseil exécutif à prendre cette détermination. Le roi de Prusse se vit alors forcé d'en faire le siége, et c'était la résistance qu'ils rencontraient sur ce point qui empêchait les coalisés d'avancer au Nord. (*Voir la carte n° 6.*)

Le roi de Prusse passa le Rhin à Bacharach, un peu au-dessous de Mayence; Wurmser, avec quinze mille Autrichiens et quelques mille hommes de Condé, le franchit un peu au-dessus : le corps hessois de Schœnfeld resta sur la rive droite devant le faubourg de Cassel. L'armée prussienne n'était pas encore aussi forte qu'elle devait l'être d'après les engagements qu'avait pris Frédéric-Guillaume.

Forces de l'armée coalisée menaçant la frontière de l'Est.

Ayant envoyé un corps considérable en Pologne, il ne lui restait que cinquante-cinq mille hommes, en y comprenant les différents contingents, Hessois, Saxons et Bavarois. Ainsi, en comptant les sept à huit mille Autrichiens détachés de Hohenlohe, les quinze mille Autrichiens de Wurmser, les cinq ou six mille émigrés de Condé, et les cinquante-cinq mille hommes du roi de Prusse, on peut évaluer à près de quatre-vingt mille soldats l'armée qui menaçait la frontière de l'Est. Nos places fortes du Rhin renfermaient à peu près trente-huit mille hommes de garnison; l'armée active était de quarante à quarante-cinq mille hommes, celle de la Moselle de trente; et si l'on avait réuni ces deux dernières sous un seul commandement, et avec un point d'appui comme celui de Mayence, on aurait pu aller chercher le roi de Prusse lui-même et l'occuper au delà du Rhin.

Les deux généraux de la Moselle et du Rhin auraient dû au moins s'entendre; ils auraient pu disputer, empêcher même le passage du fleuve, mais ils n'en firent rien. Dans le courant du mois de mars, le roi de Prusse traversa impunément le Rhin, et ne rencontra sur ses pas que des avant-gardes qu'il repoussa sans peine. Pendant ce temps, Custine était à Worms. Il n'avait pris soin de défendre ni les bords du Rhin, ni les revers des Vosges, qui, formant le pourtour de Mayence, auraient pu arrêter la marche des Prussiens. Il accourut, mais s'alarma subitement des échecs essuyés par ses avant-gardes; il crut avoir cent cinquante mille hommes sur les bras; il se figura surtout que Wurmser, qui devait déboucher par

Juin 1793.

Forces françaises à opposer aux alliés.

Le roi de Prusse traverse le Rhin.

le Palatinat et au-dessus de Mayence, était sur ses derrières, et allait le séparer de l'Alsace; il demanda des secours à Ligneville, qui, tremblant de son côté, n'osa pas déplacer un régiment; alors il se mit à fuir, se retira tout d'un trait sur Landau, puis sur Wissembourg, et songea même à chercher une protection sous le canon de Strasbourg. Cette inconcevable retraite ouvrit tous les passages aux Prussiens, qui vinrent se grouper sous Mayence, et l'investirent sur les deux rives. (*Voir la carte n° 7.*)

Vingt mille hommes s'étaient enfermés dans la place, et si c'était beaucoup pour la défense, c'était beaucoup trop pour l'état des vivres, qui ne pouvaient pas suffire à une garnison aussi considérable. L'incertitude de nos plans militaires avait empêché de prendre aucune mesure pour l'approvisionnement de la ville. Heureusement elle renfermait deux représentants du peuple, Rewbell et l'héroïque Merlin de Thionville, les généraux Kléber, Aubert-Dubayet et l'ingénieur Meunier, enfin une garnison qui avait toutes les vertus guerrières, la bravoure, la sobriété, la constance. L'investissement commença en avril. Le général Kalkreuth formait le siége avec un corps prussien. Le roi de Prusse et Wurmser étaient en observation au pied des Vosges, et faisaient face à Custine. La garnison renouvelait fréquemment ses sorties et étendait fort loin sa défense. Le gouvernement français, sentant la faute qu'il avait commise en séparant les deux armées de la Moselle et du Rhin, les réunit sous Custine. Ce général, disposant de soixante à soixante-dix mille hommes, ayant les Prussiens et les Autrichiens éparpillés devant lui, et au delà Mayence, gardée par vingt mille Français, ne songeait pas à fondre sur le corps d'observation, à le disperser, et à venir joindre la brave garnison qui lui tendait la main. Vers le milieu de mai, sentant le danger de son inaction, il fit une tentative mal combinée, mal secondée, et qui dégénéra en une déroute complète. Suivant son usage, il se plaignit des subordonnés, et fut transporté à l'armée du Nord, pour rendre l'organisation et le courage aux troupes retranchées au camp de César. Ainsi la coalition, qui faisait les siéges de Valenciennes et de Mayence, pouvait, après deux places prises, avancer sur notre centre, et effectuer sans obstacle l'invasion.

Juin 1793. Réunion des armées de la Moselle et du Rhin sous Custine.

Du Rhin aux Alpes et aux Pyrénées, une chaîne de révoltes menaçait le derrière de nos armées, et interrompait leurs communications. Les Vosges, le Jura, l'Auvergne, la Lozère, forment, du Rhin aux Pyrénées, une masse presque continue de montagnes de différente étendue et de diverse hauteur. Les pays de montagnes sont, pour les institutions, les mœurs et les habitudes, des lieux de conserva-

Révoltes menaçant le derrière des armées du Rhin, des Alpes et des Pyrénées.

tion. Dans presque toutes celles que nous venons de désigner, la population gardait un reste d'attachement pour son ancienne manière d'être, et, sans être aussi fanatisée que la Vendée, elle était néanmoins assez disposée à s'insurger. Les Vosges, à moitié allemandes, étaient travaillées par les nobles, par les prêtres, et montraient des dispositions d'autant plus menaçantes, que l'armée du Rhin chancelait davantage. Le Jura était insurgé tout entier pour la Gironde; et si dans sa rébellion il montrait plus d'esprit de liberté, il n'en était pas moins dangereux, car quinze à vingt mille montagnards se rassemblaient autour de Lons-le-Saulnier, et se liaient aux révoltés de l'Ain et du Rhône. On a vu dans quel état se trouvait Lyon. Les montagnes de la Lozère, qui séparent la haute Loire du Rhône, se remplissaient de révoltés à la manière des Vendéens. Commandés par un ex-constituant nommé Charrier, ils s'élevaient déjà au nombre de trente mille, et pouvaient se joindre par la Loire à la Vendée. Après, venaient les insurgés fédéralistes du Midi. Ainsi, de vastes révoltes, différentes de but et de principes, mais également formidables, menaçaient les derrières des armées du Rhin, des Alpes et des Pyrénées.

Le long des Alpes, les Piémontais étaient en armes, et voulaient reprendre sur nous la Savoie et le comté de Nice. Les neiges empêchaient le commencement des hostilités le long du Saint-Bernard, et chacun gardait ses postes dans les trois vallées de Sallenche, de la Tarentaise et de la Maurienne. Aux Alpes-Maritimes et à l'armée dite d'Italie, il en était autrement. Là, les hostilités avaient été reprises de bonne heure, et dès le mois de mai on avait recommencé à se disputer le poste si important de Saorgio, duquel dépendait la tranquille possession de Nice. En effet, ce poste une fois occupé, les Français étaient maîtres du col de Tende, et tenaient la clef de la grande chaîne. Aussi les Piémontais avaient mis autant d'énergie à le défendre que nous à l'attaquer. Ils avaient, tant en Savoie que du côté de Nice, quarante mille hommes, renforcés par huit mille Autrichiens auxiliaires. Leurs troupes, disséminées en plusieurs corps d'égale force depuis le col de Tende jusqu'au grand Saint-Bernard, avaient suivi, comme toutes celles de la coalition, le système des cordons, et gardaient toutes les vallées. L'armée française d'Italie était dans le plus déplorable état : composée de quinze mille hommes au plus, dénuée de tout, faiblement commandée, il n'était pas possible d'en obtenir de grands efforts. Le général Biron, qui l'avait commandée un instant, l'augmenta de cinq mille hommes, mais il ne put la pourvoir de tout ce qui lui était nécessaire. Si une de ces grandes pensées qui nous auraient perdus au Nord s'était

Juin 1793.

Forces des Piémontais dans les Alpes.

élevée au Midi, notre ruine n'eût pas été moins certaine de ce côté. Les Piémontais pouvaient, à la faveur des glaces qui paralysaient forcément toute action du côté des grandes Alpes, transporter toutes leurs forces aux Alpes du Midi, et, débouchant sur Nice avec une masse de trente mille hommes, culbuter notre armée d'Italie, la refouler sur les départements insurgés, la disperser entièrement, favoriser le soulèvement des deux rives du Rhône, s'avancer peut-être jusqu'à Grenoble et Lyon, prendre là par derrière notre armée engagée dans les plaines de la Savoie, et envahir ainsi toute une partie de la France. Mais il n'y avait pas plus un Amédée chez eux qu'un Eugène chez les Autrichiens, ou qu'un Marlborough chez les Anglais. Ils s'étaient donc bornés à la défense de Saorgio. (*Voir la carte n° 17.*)

Brunet, qui succéda à Anselme, avait fait sur le poste de Saorgio les mêmes efforts que Dampierre du côté de Condé. Après plusieurs combats inutiles et sanglants, on en livra enfin un dernier, le 12 juin, qui fut suivi d'une déroute complète. Alors encore, si l'ennemi eût puisé dans son succès un peu d'audace, il aurait pu nous disperser, nous faire évacuer Nice et repasser le Var. Kellermann était accouru de son quartier général des Alpes, avait rallié l'armée au camp de Donjon, fixé des positions défensives, et ordonné, en attendant de nouvelles forces, une inaction absolue. Une circonstance rendait encore plus dangereuse la situation de cette armée, c'était l'apparition dans la Méditerranée de l'amiral anglais Hood, sorti de Gibraltar avec trente-sept vaisseaux, et de l'amiral Langara, venu avec des forces à peu près égales des ports d'Espagne. Des troupes de débarquement pouvaient occuper la ligne du Var et prendre les Français par derrière. La présence des escadres empêchait en outre les approvisionnements par mer, favorisait la révolte du Midi, et encourageait la Corse à se jeter dans les bras des Anglais. Nos flottes réparaient dans Toulon les dommages qu'elles avaient essuyés dans l'expédition si malheureuse de Sardaigne, et osaient à peine protéger les caboteurs qui apportaient des grains d'Italie. La Méditerranée n'était plus à nous, et le commerce du Levant passait de Marseille aux Grecs et aux Anglais. Ainsi l'armée d'Italie avait en face les Piémontais victorieux en plusieurs combats, et à dos la révolte du Midi et deux escadres.

Juin 1793.

Aux Pyrénées, la guerre avec l'Espagne, déclarée le 7 mars, à la suite de la mort de Louis XVI, venait à peine de commencer. Les préparatifs avaient été longs des deux côtés, parce que l'Espagne, lente, paresseuse et misérablement administrée, ne pouvait se hâter davantage, et parce que la France avait sur les bras d'autres ennemis

Guerre avec l'Espagne.

qui occupaient toute son attention. Servan, général aux Pyrénées, avait passé plusieurs mois à organiser son armée, et à accuser Pache avec autant d'amertume que le faisait Dumouriez. Les choses étaient restées dans le même état sous Bouchotte, et, lorsque la campagne s'ouvrit, le général se plaignait encore du ministre, qui, disait-il, le laissait manquer de tout. Les deux pays communiquent l'un avec l'autre par deux points, Perpignan et Bayonne. Porter vigoureusement un corps d'invasion sur Bayonne et Bordeaux, et aboutir ainsi à la Vendée, était une tentative trop hardie pour ce temps-là ; d'ailleurs l'ennemi nous supposait de ce côté de plus grands moyens de résistance ; il lui aurait fallu traverser les Landes, la Garonne et la Dordogne, et de pareilles difficultés auraient suffi pour détourner de ce plan, si on y avait songé. La cour de Madrid préféra une attaque par Perpignan, parce qu'elle avait de ce côté une base plus solide en places fortes, parce qu'elle comptait sur les royalistes du Midi, d'après les promesses des émigrés, parce qu'enfin elle n'avait pas oublié ses anciennes prétentions sur le Roussillon. Quatre ou cinq mille hommes furent laissés à la garde de l'Aragon ; quinze ou dix-huit mille, moitié de troupes réglées et moitié de milices, durent guerroyer sous le général Caro dans les Pyrénées-Occidentales ; enfin le général Ricardos, avec vingt-quatre mille hommes, fut chargé d'attaquer sérieusement le Roussillon. (*Voir la carte n° 8.*)

Deux vallées principales, celle du Tech et celle de la Tet, se détachent de la chaîne des Pyrénées, et, débouchant vers Perpignan, forment nos deux premières lignes défensives. Perpignan est placé sur la seconde, celle de la Tet. Ricardos, instruit de la faiblesse de nos moyens, débute par une pensée hardie : il masque les forts Bellegarde et les Bains, situés sur la première ligne, et s'avance hardiment avec le projet de faire tomber tous nos détachements épars dans les vallées, en les dépassant. Cette tentative lui réussit. Il débouche le 15 avril, bat les détachements envoyés sous le général Villot pour l'arrêter, et répand une terreur panique sur toute la frontière. En avançant avec dix mille hommes, il était maître de Perpignan, mais il n'avait pas assez d'audace ; d'ailleurs tous ses préparatifs n'étaient pas faits, et il laissa aux Français le temps de se reconnaître.

Le commandement, qui paraissait trop vaste, fut divisé. Servan eut les Pyrénées-Occidentales, et le général Deflers, qu'on a vu employé à l'expédition de Hollande, les Pyrénées-Orientales. Celui-ci rallia l'armée en avant de Perpignan, dans une position dite *le Mas d'Eu*. Le 19 mai, Ricardos étant parvenu à réunir dix-huit mille hommes, attaqua le camp français. Le combat fut sanglant.

Le brave général Dagobert, conservant dans un âge avancé toute la fougue d'un jeune homme, et joignant à son courage une grande intelligence, réussit à se maintenir sur le champ de bataille. Deflers arriva avec dix-huit cents hommes de réserve, et le terrain fut conservé. La fin du jour approchait et le combat paraissait devoir être heureux; mais vers la nuit, nos soldats, accablés par la fatigue d'une longue résistance, cèdent tout à coup le terrain et se réfugient en désordre sous Perpignan. La garnison effrayée ferme les portes et tire sur nos troupes, qu'elle prend pour des Espagnols. C'était encore le cas de fondre hardiment sur Perpignan et de s'emparer de cette place, qui n'eût pas résisté; mais Ricardos, qui n'avait fait que masquer Bellegarde et les Bains, ne crut pas devoir pousser la hardiesse plus loin, et revint faire le siége de ces deux petites forteresses. Il s'en empara vers la fin de juin, et se porta de nouveau en présence de nos troupes, ralliées à peu près dans les mêmes positions qu'auparavant. Ainsi, en juillet, un combat malheureux pouvait nous faire perdre le Roussillon.

Nous voyons les calamités s'augmenter en nous approchant d'un autre théâtre de guerre, plus sanglant, plus terrible que tous ceux qu'on a déjà parcourus. La Vendée, en feu et en sang, allait vomir au delà de la Loire une colonne formidable.

Nous avons laissé les Vendéens enflammés par des succès inespérés, maîtres de la ville de Thouars, qu'ils avaient prise sur Quétineau, et commençant à méditer de plus grands projets. Au lieu de marcher sur Doué et Saumur, ils s'étaient rabattus au sud du théâtre de la guerre, et avaient voulu dégager le pays du côté de Fontenay et de Niort. MM. de Lescure et de La Rochejaquelein, chargés de cette expédition, s'étaient portés sur Fontenay le 16 mai. Repoussés d'abord par le général Sandos, ils se replièrent à quelque distance; bientôt, profitant de la confiance aveugle que le général républicain venait de concevoir d'un premier succès, ils reparurent au nombre de quinze à vingt mille, s'emparèrent de Fontenay, malgré les efforts que le jeune Marceau déploya dans cette journée, et obligèrent Chalbos et Sandos à se retirer à Niort dans le plus grand désordre. Là, ils trouvèrent des armes, des munitions en grande quantité, et s'enrichirent de nouvelles ressources, qui, jointes à celles qu'ils s'étaient procurées à Thouars, leur permettaient de pousser la guerre avec l'espérance de nouveaux succès. Lescure fit une proclamation aux habitants, et les menaça des plus terribles peines s'ils donnaient des secours aux républicains. Après quoi, les Vendéens se séparèrent suivant leur coutume, pour retourner aux travaux des champs, et

Juin 1793.

Les Vendéens s'emparent de Fontenay

un rendez-vous fut fixé pour le 1ᵉʳ juin dans les environs de Doué. (*Voir la carte n° 3.*)

Dans la basse Vendée, où Charette dominait seul, sans lier encore ses mouvements avec ceux des autres chefs, les succès avaient été balancés. Canclaux, commandant à Nantes, s'était maintenu à Machecoul, mais avec peine : le général Boulard, qui commandait aux Sables, grâce à ses bonnes dispositions et à la discipline de son armée, avait occupé pendant deux mois la basse Vendée, et avait même conservé des postes très-avancés jusqu'aux environs de Palluau. Le 17 mai cependant, il fut obligé de se retirer à la Motte-Achard, très-près des Sables, et il se trouvait dans le plus grand embarras, parce que ses deux meilleurs bataillons, tout composés de citoyens de Bordeaux, voulaient se retirer, pour retourner à leurs affaires, qu'ils avaient quittées au premier bruit des succès remportés par les bandes vendéennes.

Les travaux des champs avaient amené quelque repos dans la basse comme dans la haute Vendée, et, pour quelques jours, la guerre fut un peu moins active, et ajournée au commencement de juin.

Le général Berruyer, dont les ordres s'étendaient dans l'origine sur tout le théâtre de la guerre, avait été remplacé, et son commandement se trouvait divisé entre plusieurs généraux. Saumur, Niort, les Sables, composèrent l'armée dite des côtes de la Rochelle, qui fut confiée à Biron; Angers, Nantes et la Loire-Inférieure, formèrent l'armée dite des côtes de Brest, qu'on remit à Canclaux, général à Nantes. Enfin, les côtes de Cherbourg avaient été données à Wimpfen, devenu ensuite, comme on l'a vu, général des insurgés du Calvados. (*Voir la carte n° 4.*)

Juin 1793.

Biron, transporté de la frontière du Rhin à celle d'Italie, et de cette dernière en Vendée, ne se rendit qu'avec répugnance sur ce théâtre de dévastations, et devait s'y perdre par son aversion à partager les fureurs de la guerre civile. Il arriva le 27 mai à Niort, et trouva l'armée dans un désordre affreux. Elle était composée de levées en masse, faites par force ou par entraînement dans les contrées voisines, et confusément jetées sur la Vendée, sans instruction, sans discipline, sans approvisionnements. Formées de paysans et de bourgeois industrieux des villes, qui avaient quitté à regret leurs occupations, elles étaient prêtes à se dissoudre au premier accident. Il eût beaucoup mieux valu les renvoyer pour la plupart, car elles faisaient faute dans les campagnes et dans les villes, encombraient inutilement le pays insurgé, l'affamaient par leur masse, y répandaient le désordre, les terreurs paniques, et entraînaient souvent dans leur fuite des bataillons organisés qui, livrés à eux-

Composition de l'armée des côtes de la Rochelle, commandée par Biron.

mêmes, auraient beaucoup mieux résisté. Toutes ces bandes arrivaient avec leur chef, nommé dans la localité, qui se disait général, parlait de son armée, ne voulait pas obéir, et contrariait toutes les dispositions des chefs supérieurs. Du côté d'Orléans, on formait des bataillons, connus dans cette guerre sous le nom de *bataillons d'Orléans*. On les composait avec des commis, des garçons de boutique, des domestiques, avec tous les jeunes gens enfin recueillis dans les sections de Paris, et envoyés à la suite de Santerre. On les amalgamait avec des troupes tirées de l'armée du Nord, dont on avait détaché cinquante hommes par bataillon. Mais il fallait associer ces éléments hétérogènes, trouver des armes et des vêtements. Tout manquait, la paye même ne pouvait être fournie, et comme elle était inégale entre la troupe de ligne et les volontaires, elle occasionnait souvent des révoltes.

Pour organiser cette multitude, la Convention envoyait commissaires sur commissaires. Il y en avait à Tours, à Saumur, à Niort, à la Rochelle, à Nantes. Ils se contrariaient entre eux et contrariaient les généraux. Le conseil exécutif y entretenait aussi des agents, et le ministre Bouchotte avait inondé le pays de ses affidés, choisis tous parmi les jacobins et les cordeliers. Ceux-ci se croisaient avec les représentants, croyaient faire preuve de zèle en accablant le pays de réquisitions, et accusaient de despotisme et de trahison les généraux qui voulaient arrêter l'insubordination des troupes, ou empêcher des vexations inutiles. Il résultait de ce conflit d'autorités un chaos d'accusations et un désordre de commandement effroyables. Biron ne pouvait se faire obéir, et il n'osait mettre en marche son armée, de peur qu'elle ne se débandât au premier mouvement, ou ne pillât tout sur son passage. Tel est le tableau exact des forces que la république avait à cette époque dans la Vendée.

<small>Juin 1793.</small>

Biron se rendit à Tours, arrêta un plan éventuel avec les représentants, qui consistait, dès qu'on aurait un peu réorganisé cette multitude confuse, à porter quatre colonnes, de dix mille hommes chacune, de la circonférence au centre. Les quatre points de départ étaient les Ponts-de-Cé, Saumur, Chinon et Niort. En attendant, il alla visiter la basse Vendée, où il supposait le danger plus grand que partout ailleurs. Biron craignait avec raison que des communications ne s'établissent entre les Vendéens et les Anglais. Des munitions et des troupes débarquées dans le Marais pouvaient aggraver le mal et rendre la guerre interminable. Une flotte de dix voiles avait été signalée, et on savait que les émigrés bretons avaient reçu l'ordre de se rendre dans les îles de Jersey et Guernesey. Ainsi tout justifiait les craintes de Biron et sa visite dans la basse Vendée.

<small>Plan arrêté par Biron.</small>

Sur ces entrefaites, les Vendéens s'étaient réunis le 1ᵉʳ juin. Ils avaient introduit quelque régularité chez eux, et nommé un conseil pour gouverner le pays occupé par leurs armées. Un aventurier, qui se faisait passer pour évêque d'Agra et envoyé du Pape, présidait ce conseil, et, en bénissant des drapeaux, en célébrant des messes solennelles, excitait l'enthousiasme des Vendéens, et leur rendait ainsi son imposture très-utile. Ils n'avaient pas encore choisi un généralissime; mais chaque chef commandait les paysans de son quartier, et il était convenu qu'ils se concerteraient entre eux dans toutes leurs opérations. Ces chefs avaient fait une proclamation au nom de Louis XVII et du comte de Provence, régent du royaume en la minorité du jeune prince, et ils s'appelaient *commandants des armées royales et catholiques*. Ils projetèrent d'abord d'occuper la ligne de la Loire, et de s'avancer sur Doué et Saumur. L'entreprise était hardie, mais facile en l'état des choses. Le 7 ils entrèrent à Doué, et arrivèrent le 9 devant Saumur. Dès que leur marche fut connue, le général Salomon, qui était à Thouars avec trois mille hommes de bonnes troupes, reçut l'ordre de marcher sur leurs derrières. Salomon obéit, mais les trouva trop en force; il n'aurait pu essayer de les entamer sans se faire écraser; il revint à Thouars, et de Thouars à Niort. Les troupes de Saumur avaient pris position aux environs de la ville, sur le chemin de Fontevrault, dans les retranchements de Nantilly et sur les hauteurs de Bournan. Les Vendéens s'approchent, attaquent la colonne de Berthier, sont repoussés par une artillerie bien dirigée, mais reviennent en force, et font plier Berthier, qui est blessé. Les gendarmes à pied, deux bataillons d'Orléans et les cuirassiers résistent encore; mais ceux-ci perdent leur colonel; alors la défaite commence, et tous sont ramenés dans la place, où les Vendéens pénètrent à leur suite. Il restait encore en dehors le général Coustard, commandant les bataillons postés sur les hauteurs de Bournan. Il se voit séparé des troupes républicaines, qui avaient été refoulées dans Saumur, et forme la résolution hardie d'y rentrer en prenant les Vendéens par derrière. Il fallait traverser un pont où les vainqueurs venaient de placer une batterie. Le brave Coustard ordonne à un corps de cuirassiers qu'il avait à ses ordres, de charger sur la batterie. « Où nous envoyez-vous? disent ceux-ci. — A la mort, répond Coustard; le salut de la république l'exige. » Les cuirassiers s'élancent, mais les bataillons d'Orléans se débandent, et abandonnent le général et les cuirassiers qui chargent la batterie. La lâcheté des uns rend inutile l'héroïsme des autres, et Coustard, ne pouvant rentrer dans Saumur, se retire à Angers.

Saumur fut occupé le 9 juin, et le lendemain le

château se rendit. Les Vendéens, étant maîtres du cours de la Loire, pouvaient marcher ou sur Nantes, ou sur la Flèche, le Mans et Paris. La terreur les précédait, et tout devait céder devant eux. Pendant ce temps, Biron était dans la basse Vendée, où il croyait, en s'occupant des côtes, parer aux dangers les plus réels et les plus graves.

Tous les périls nous menaçaient à la fois. Les coalisés faisant les siéges de Valenciennes, de Condé, de Mayence, étaient à la veille de prendre ces places, boulevards de nos frontières. Les Vosges en mouvement, le Jura révolté, ouvraient l'accès le plus facile à l'invasion du côté du Rhin. L'armée d'Italie, repoussée par les Piémontais, avait à dos la révolte du Midi et les escadres anglaises. Les Espagnols, en présence du camp français sous Perpignan, menaçaient de l'enlever par une attaque, et de se rendre maîtres du Roussillon. Les révoltés de la Lozère étaient prêts à donner la main aux Vendéens le long de la Loire, et c'était le projet de l'auteur de cette révolte. Les Vendéens, maîtres de Saumur et du cours de la Loire, n'avaient qu'à vouloir, et possédaient tous les moyens d'exécuter les plus hardies tentatives sur l'intérieur. Enfin les fédéralistes, marchant de Caen, de Bordeaux et de Marseille, se disposaient à soulever la France sur leurs pas.

Notre situation, dans le mois de juillet 1793,

était d'autant plus désespérante qu'il y avait sur tous les points un coup mortel à porter à la France. Les coalisés du Nord, en négligeant les places fortes, n'avaient qu'à marcher sur Paris, et ils auraient rejeté la Convention sur la Loire, où elle aurait été reçue par les Vendéens. Les Autrichiens et les Piémontais pouvaient exécuter une invasion par les Alpes-Maritimes, anéantir notre armée, et remonter tout le Midi en vainqueurs. Les Espagnols étaient en position de s'avancer par Bayonne et d'aller joindre la Vendée ; ou bien, s'ils préféraient le Roussillon, de marcher hardiment vers la Lozère, peu distante de la frontière, et de mettre le Midi en feu. Enfin les Anglais, au lieu de croiser dans la Méditerranée, avaient le moyen de débarquer des troupes dans la Vendée, et de les conduire de Saumur à Paris.

Juin 1793.

Mais les ennemis extérieurs et intérieurs de la Convention n'avaient point ce qui assure la victoire dans une guerre de révolution. Les coalisés agissaient sans union, et sous les apparences d'une guerre sainte cachaient les vues les plus personnelles. Les Autrichiens voulaient Valenciennes ; le roi de Prusse, Mayence ; les Anglais, Dunkerque ; les Piémontais aspiraient à recouvrer Chambéry et Nice ; les Espagnols, les moins intéressés de tous, songeaient néanmoins quelque peu au Roussillon ; les Anglais enfin pensaient plutôt à couvrir la Médi-

Vues personnelles des coalisés.

terranée de leurs flottes et à y gagner quelque port qu'à porter d'utiles secours dans la Vendée. Outre cet égoïsme universel qui empêchait les coalisés d'étendre leurs vues au delà de leur utilité immédiate, ils étaient tous méthodiques et timides à la guerre, et défendaient avec la vieille routine militaire les vieilles routines politiques pour lesquelles ils s'étaient armés. Quant aux Vendéens, insurgés en hommes simples contre le génie de la révolution, ils combattaient en tirailleurs braves, mais bornés. Les fédéralistes répandus sur tout le sol de la France, ayant à s'entendre à de grandes distances pour concerter leurs opérations, ne se soulevant qu'avec timidité contre l'autorité centrale, et n'étant animés que de passions médiocres, ne pouvaient agir qu'avec incertitude et lenteur. D'ailleurs ils se faisaient un reproche secret, celui de compromettre leur patrie par une diversion coupable. Ils commençaient à sentir qu'il était criminel de discuter s'il fallait être révolutionnaire comme Pétion et Vergniaud, ou comme Robespierre et Danton, dans un moment où toute l'Europe fondait sur nous; et ils s'apercevaient que, dans de telles circonstances, il n'y avait qu'une bonne manière de l'être, c'est-à-dire la plus énergique. Déjà en effet toutes les factions, surgissant autour d'eux, les avertissaient de leur faute. Ce n'étaient pas seulement les constituants, c'étaient les agents de l'ancienne cour, les sectateurs de l'ancien clergé, tous les partisans, en un mot, du pouvoir absolu, qui se levaient à la fois, et il devenait évident pour eux que toute opposition à la révolution tournait au profit des ennemis de toute liberté et de toute nationalité.

Juin 1793.

Telles étaient les causes qui rendaient les coalisés si malhabiles et si timides, les Vendéens si bornés, les fédéralistes si incertains, et qui devaient assurer le triomphe de la Convention sur les révoltes intérieures et sur l'Europe. Les montagnards, animés seuls d'une passion forte, d'une pensée unique, le salut de la révolution, éprouvant cette exaltation d'esprit qui découvre les moyens les plus neufs et les plus hardis, qui ne les croit jamais ni trop hasardeux, ni trop coûteux, s'ils sont salutaires, devaient déconcerter, par une défense imprévue et sublime, des ennemis lents, routiniers, décousus, et étouffer des factions qui voulaient de l'ancien régime à tous les degrés, de la révolution à tous les degrés, et qui n'avaient ni accord ni but déterminé.

La Convention, au milieu des circonstances extraordinaires où elle était placée, n'éprouva pas un seul instant de trouble. Pendant que des places fortes ou des camps retranchés arrêtaient un moment les ennemis sur les différentes frontières, le comité de salut public travaillait jour et nuit à

Mesures contre l'étranger prises par le comité de salut public.

Juin 1793.

Mesures
énergiques
de
la Convention
contre l'ennemi
du dedans.

réorganiser les armées, à les compléter au moyen de la levée de trois cent mille hommes décrétée en mars, à envoyer des instructions aux généraux, à dépêcher des fonds et des munitions. Il parlementait avec toutes les administrations locales qui voulaient retenir, au profit de la cause fédéraliste, les approvisionnements destinés aux armées, et parvenait à les faire désister par la grande considération du salut public.

Pendant que ces moyens étaient employés à l'égard de l'ennemi du dehors, la Convention n'en prenait pas de moins efficaces à l'égard de l'ennemi du dedans. La meilleure ressource contre un adversaire qui doute de ses droits et de ses forces, c'est de ne pas douter des siens. C'est ainsi que se conduisit la Convention. On a déjà vu les décrets énergiques qu'elle avait rendus au premier mouvement de révolte. Beaucoup de villes n'ayant pas voulu céder, l'idée ne lui vint pas un instant de transiger avec celles dont les actes prenaient le caractère décidé de la rébellion. Les Lyonnais ayant refusé d'obéir, et de renvoyer à Paris les patriotes incarcérés, elle ordonna à ses commissaires près l'armée des Alpes d'employer la force, sans s'inquiéter ni des difficultés, ni des périls que ces commissaires couraient à Grenoble, où ils avaient les Piémontais en face, et tous les révoltés de l'Isère et du Rhône sur leurs derrières. Elle leur prescrivit de faire rentrer Marseille dans le devoir. Elle ne laissa que trois jours à toutes les administrations pour rétracter leurs arrêtés équivoques, et enfin elle envoya à Vernon quelques gendarmes et quelques mille citoyens de Paris, pour soumettre sur-le-champ les insurgés du Calvados, les plus rapprochés de la capitale.

La grande ressource de la Constitution ne fut pas négligée, et huit jours suffirent pour achever cet ouvrage, qui était plutôt un moyen de ralliement qu'un véritable plan de législation. Hérault de Séchelles en avait été le rédacteur. D'après ce projet, tout Français âgé de vingt et un ans était citoyen et pouvait exercer ses droits politiques, sans aucune condition de fortune ni de propriété. Les citoyens réunis nommaient un député par cinquante mille âmes. Les députés, composant une seule assemblée, ne pouvaient siéger qu'un an. Ils faisaient des décrets pour tout ce qui concernait les besoins pressants de l'État, et ces décrets étaient exécutoires sur-le-champ. Ils faisaient des lois pour tout ce qui concernait les matières d'un intérêt général et moins urgent, et ces lois n'étaient sanctionnées que lorsque, dans un délai donné, les assemblées primaires n'avaient pas réclamé. Le premier jour de mai, les assemblées primaires se formaient de droit et sans convocation, pour renouveler la députation. Les assemblées primaires pou-

vaient demander des conventions pour modifier
l'acte constitutionnel. Le pouvoir exécutif était
confié à vingt-quatre membres nommés par des
électeurs, et c'était la seule élection médiate. Les
assemblées primaires nommaient les électeurs, ces
électeurs nommaient des candidats, et le corps lé-
gislatif réduisait par élimination les candidats à
vingt-quatre. Ces vingt-quatre membres du conseil
choisissaient les généraux, les ministres, les agents
de toute espèce, et les prenaient hors de leur sein.
Ils devaient les diriger, les surveiller, et ils étaient
continuellement responsables. Le conseil exécutif
se renouvelait tous les ans par moitié. Enfin, cette
Constitution si courte, si démocratique, où le gouvernement se réduisait à un simple commissariat
temporaire, respectait cependant un seul vestige
de l'ancien régime, les communes, et n'en changeait ni la circonscription ni les attributions. L'é-
nergie dont elles avaient fait preuve leur avait valu
d'être conservées sur cette table rase, où ne
subsistait pas une seule trace du passé. Presque
sans discussion, et en huit jours, cette Constitution
fut adoptée[1], et à l'instant où l'ensemble en fut
voté, le canon retentit dans Paris, et des cris
d'allégresse s'élevèrent de toutes parts. Elle fut
imprimée à des milliers d'exemplaires, pour être

1. Elle fut décrétée le 24 juin. Le projet avait été présenté
le 10.

envoyée à toute la France. Elle n'essuya qu'une seule contradiction, ce fut de la part de quelques-uns des agitateurs qui avaient préparé le 31 mai.

On se souvient du jeune Varlet pérorant sur les places publiques, du jeune Lyonnais Leclerc, si violent dans ses discours aux jacobins, et suspect même à Marat par ses emportements; de ce Jacques Roux, si dur envers l'infortuné Louis XVI qui voulait lui remettre son testament; tous ces hommes s'étaient signalés dans la dernière insurrection, et avaient une grande influence au comité de l'Évêché et aux cordeliers. Ils trouvèrent mauvais que la Constitution ne renfermât rien contre les accapareurs; ils rédigèrent une pétition, la firent signer dans les rues, et coururent soulever les cordeliers, en disant que la Constitution était incomplète, puisqu'elle ne contenait aucune disposition contre les plus grands ennemis du peuple. Legendre voulut en vain résister à ce mouvement: on le traita de modéré, et la pétition, adoptée par la société, fut présentée par elle à la Convention. A cette nouvelle, toute la Montagne fut indignée. Robespierre, Collot-d'Herbois, s'emportèrent, firent repousser la pétition et se rendirent aux jacobins pour montrer le danger de ces exagérations perfides, qui ne tendaient, disaient-ils, qu'à égarer le peuple, et ne pouvaient être que l'ouvrage d'hommes payés par les ennemis de la république. « La

« Constitution la plus populaire qui ait jamais été,
« dit Robespierre, vient de sortir d'une Assemblée
« jadis contre-révolutionnaire, mais purgée main-
« tenant des hommes qui contrariaient sa marche et
« mettaient obstacle à ses opérations. Aujourd'hui
« pure, cette Assemblée a produit le plus bel ou-
« vrage, le plus populaire qui ait jamais été donné
« aux hommes; et un individu couvert du manteau
« du patriotisme, qui se vante d'aimer le peuple
« plus que nous, ameute des citoyens de tout état,
« et veut prouver qu'une Constitution qui doit
« rallier toute la France ne leur convient pas! Dé-
« fiez-vous de telles manœuvres, défiez-vous de
« ces ci-devant prêtres coalisés avec les Autri-
« chiens! Prenez garde au nouveau masque dont
« les aristocrates vont se couvrir! J'entrevois un
« nouveau crime dans l'avenir, qui n'est peut-être
« pas loin d'éclater; mais nous le dévoilerons, et
« nous écraserons les ennemis du peuple sous
« quelque forme qu'ils puissent se présenter. »
Collot-d'Herbois parla aussi vivement que Robespierre; il soutint que les ennemis de la république
voulaient pouvoir dire aux départements : « *Vous*
« *voyez, Paris approuve le langage de Jacques*
« *Roux!* »

Des acclamations unanimes accueillirent les deux orateurs. Les jacobins, qui se piquaient de réunir la politique à la passion révolutionnaire, la prudence à l'énergie, envoyèrent une députation aux cordeliers. Collot-d'Herbois en était l'orateur. Il fut reçu aux cordeliers avec la considération qui était due à l'un des membres les plus renommés des Jacobins et de la Montagne. On professa pour la société qui l'envoyait un respect profond. La pétition fut rétractée. Jacques Roux et Leclerc furent exclus, Varlet n'obtint son pardon qu'en raison de son âge, et Legendre reçut des excuses pour les paroles peu convenables qu'on lui avait adressées dans la séance précédente. La Constitution ainsi vengée fut envoyée à la France pour être sanctionnée par toutes les assemblées primaires.

Juillet 1793.

Ainsi la Convention présentait aux départements, d'une main la Constitution, de l'autre le décret qui ne leur donnait que trois jours pour se décider. La Constitution justifiait la Montagne de tout projet d'usurpation, fournissait un prétexte de se rallier à une autorité justifiée; et le délai de trois jours ne donnait pas le temps d'hésiter, et obligeait à préférer le parti de l'obéissance.

La Constitution soumise à l'approbation du peuple.

Beaucoup de départements en effet cédèrent, et d'autres persistèrent dans leurs premières démarches. Mais ceux-ci, échangeant des adresses, s'envoyant des députations, semblaient s'attendre les uns les autres pour agir. Les distances ne permettaient pas de correspondre rapidement et de former un ensemble. En outre, le défaut de génie ré-

Refroidissement dans le zèle des départements insurgés.

Juillet 1793.

volutionnaire empêchait de trouver les ressources nécessaires pour réussir. Quelque bien disposées que soient les masses, elles ne sont jamais prêtes à tous les sacrifices, si des hommes passionnés ne les y obligent pas. Il aurait fallu des moyens violents pour soulever les bourgeois modérés des villes, pour les obliger à marcher, à contribuer, à se hâter. Mais les girondins, qui condamnaient tous ces moyens chez les Montagnards, ne pouvaient les employer eux-mêmes. Les négociants bordelais croyaient avoir beaucoup fait quand ils avaient parlé avec un peu de vivacité dans les sections, mais ils n'étaient pas sortis de leurs murs. Les Marseillais, un peu plus prompts, avaient envoyé six mille hommes à Avignon, mais ils ne composaient pas eux-mêmes cette petite armée; ils s'étaient fait remplacer par des soldats payés. Les Lyonnais attendaient la jonction des Provençaux et des Languedociens; les Normands paraissaient un peu refroidis; les Bretons seuls ne s'étaient pas démentis, et avaient rempli eux-mêmes les cadres de leurs bataillons.

Lenteur du général Wimpfen.

On s'agitait beaucoup à Caen, centre principal de l'insurrection. C'étaient les colonnes parties de ce point qui devaient rencontrer les premières les troupes de la Convention, et ce premier engagement ne pouvait qu'avoir une grande importance. Les députés proscrits et assemblés autour de Wimpfen se plaignaient de ses lenteurs, et croyaient entrevoir en lui un royaliste. Wimpfen, pressé de toutes parts, ordonna enfin à Puisaye de porter, le 13 juillet, son avant-garde à Vernon, et annonça qu'il allait marcher lui-même avec toutes ses forces. Le 13, en effet, Puisaye s'avança vers Pacy, et rencontra les levées de Paris, accompagnées de quelques centaines de gendarmes. Quelques coups de fusil furent tirés de part et d'autre dans les bois. Le lendemain 14, les fédéralistes occupèrent Pacy et parurent avoir un léger avantage. Mais le jour suivant les troupes de la Convention se montrèrent avec du canon. A la première décharge, la terreur se répandit dans les rangs des fédéralistes; ils se dispersèrent, et s'enfuirent confusément à Évreux. Les Bretons, plus fermes, se retirèrent avec moins de désordre, mais ils furent entraînés dans le mouvement rétrograde des autres. A cette nouvelle, la consternation se répandit dans le Calvados, et toutes les administrations commencèrent à se repentir de leurs imprudentes démarches. Dès qu'on apprit cette déroute à Caen, Wimpfen assembla les députés, leur proposa de se retrancher dans cette ville, et d'y faire une résistance opiniâtre. Wimpfen, s'ouvrant ensuite davantage, leur dit qu'il ne voyait qu'un moyen de soutenir cette lutte, c'était de se ménager un allié puissant, et que, s'ils voulaient, il leur en procurerait un; il leur laissa

Juillet 1793.

Échec des insurgés fédéralistes à Vernon.

même deviner qu'il s'agissait du cabinet anglais. Il ajouta qu'il croyait la république impossible, et qu'à ses yeux le retour à la monarchie ne serait pas un malheur. Les girondins repoussèrent avec force toute offre de ce genre, et témoignèrent la plus franche indignation. Quelques-uns commencèrent à sentir alors l'imprudence de leur tentative, et le danger de lever un étendard quelconque, puisque toutes les factions venaient s'y rallier pour renverser la république. Ils ne perdirent cependant pas tout espoir, et songèrent à se retirer à Bordeaux, où quelques-uns croyaient pouvoir opérer un mouvement sincèrement républicain, et plus heureux que celui du Calvados et de la Bretagne. Ils partirent donc avec les bataillons bretons qui retournaient chez eux, et projetèrent d'aller s'embarquer à Brest. Ils prirent l'habit de soldat, et se confondirent dans les rangs du bataillon du Finistère. Ils avaient besoin de se cacher depuis l'échec de Vernon, parce que toutes les administrations, empressées de se soumettre et de donner des preuves de zèle à la Convention, auraient pu les faire arrêter. Ils parcoururent ainsi une partie de la Normandie et de la Bretagne au milieu de dangers continuels et de souffrances affreuses, et vinrent se cacher aux environs de Brest, pour se rendre ensuite à Bordeaux. Barbaroux, Pétion, Salles, Louvet, Meilhan, Guadet, Kervélégan,

Gorsas, Girey-Dupré, collaborateur de Brissot, Marchenna, jeune Espagnol qui était venu chercher la liberté en France, Rioulfe, jeune homme attaché par enthousiasme aux girondins, composaient cette troupe d'illustres fugitifs, poursuivis comme traîtres à la patrie, quoique tout prêts cependant à donner leur vie pour elle, et croyant même encore la servir alors qu'ils la compromettaient par la plus dangereuse diversion.

Dans la Bretagne, dans les départements de l'Ouest et du bassin supérieur de la Loire, les administrations s'empressèrent de se rétracter pour éviter d'être mises hors la loi. La Constitution, transportée en tous lieux, était le prétexte d'une soumission universelle. La Convention, disait-on, n'entendait ni s'éterniser ni s'emparer du pouvoir, puisqu'elle donnait une Constitution; cette Constitution devait terminer bientôt le règne des factions, et paraissait contenir le gouvernement le plus simple qu'on eût jamais vu. Pendant ce temps, les municipalités montagnardes, les clubs jacobins, redoublaient d'énergie, et les honnêtes partisans de la Gironde cédaient devant une révolution qu'ils n'avaient pas assez de force pour combattre, et qu'ils n'auraient pas eu assez de force pour défendre. Dès ce moment, Toulouse chercha à se justifier. Les Bordelais, plus prononcés, ne se soumirent pas formellement, mais ils firent rentrer leur avant-

Juillet 1793.

Soumission d'un grand nombre de départements insurgés à la Constitution.

garde, et cessèrent d'annoncer leur marche sur Paris. Deux autres événements importants vinrent terminer les dangers de la Convention dans l'Ouest et le Midi : ce furent la défense de Nantes et la dispersion des rebelles de la Lozère.

On a vu les Vendéens à Saumur, maîtres du cours de la Loire, et pouvant, s'ils avaient apprécié leur position, faire sur Paris une tentative qui eût peut-être réussi, car la Flèche et le Mans étaient sans aucun moyen de résistance. (*Voir la carte n° 5.*) Le jeune Bonchamps, qui portait seul ses vues au delà de la Vendée, aurait voulu qu'on fît une incursion en Bretagne, pour se donner un port sur l'Océan, et marcher ensuite sur Paris. Mais il n'y avait pas assez de génie chez ses compagnons d'armes pour qu'il fût compris. La véritable capitale sur laquelle il fallait marcher, selon eux, c'était Nantes : ni leur esprit ni leurs vœux n'allaient au delà. Il y avait cependant plusieurs raisons d'en agir ainsi; car Nantes ouvrait les communications avec la mer, assurait la possession de tout le pays, et rien n'empêchait les Vendéens, après la prise de cette ville, de tenter des projets plus hardis : d'ailleurs, ils n'arrachaient pas leurs soldats de chez eux, considération importante avec des paysans qui ne voulaient jamais perdre leur clocher de vue. Charette, maître de la basse Vendée, après avoir fait une fausse démonstration sur les Sables, s'était emparé de Machecoul, et se trouvait aux portes de Nantes. Il ne s'était jamais concerté avec les chefs de la haute Vendée, mais il offrait cette fois de s'entendre avec eux. Il promettait d'attaquer Nantes par la rive gauche, tandis que la grande armée l'attaquerait par la rive droite, et il semblait difficile de ne pas réussir avec un tel concours de moyens.

Juillet 1793.

Les Vendéens évacuèrent donc Saumur, descendirent vers Angers, et se disposèrent à marcher d'Angers sur Nantes, en filant le long de la rive droite de la Loire. Leur armée était fort diminuée, parce que beaucoup de paysans ne voulaient pas s'engager dans une expédition aussi longue; cependant elle se composait encore de trente mille hommes à peu près. Ils nommèrent un généralissime, et firent choix du voiturier Cathelineau, pour flatter les paysans et se les attacher davantage. M. de Lescure, blessé, dut rester dans l'intérieur du pays pour faire de nouveaux rassemblements, pour tenir les troupes de Niort en échec, et empêcher que le siége de Nantes ne fût troublé.

Cathelineau généralissime des Vendéens.

Pendant ce temps, la commission des représentants séant à Tours demandait des secours à tout le monde, et pressait Biron, qui visitait la côte, de se porter en toute hâte sur les derrières des Vendéens. Ne se contentant même pas de rappeler Biron, elle ordonnait des mouvements en son absence, et faisait marcher vers Nantes toutes les troupes qu'on avait pu réunir à Saumur. Biron répondit aussitôt aux instances de la commission. Il consentait, disait-il, au mouvement exécuté sans ses ordres, mais il était obligé de garder les Sables et la Rochelle, villes plus importantes à ses yeux que Nantes; les bataillons de la Gironde, les meilleurs de l'armée, allaient le quitter, et il fallait qu'il les remplaçât; il lui était impossible de mouvoir son armée sans la voir se débander et se livrer au pillage, tant elle était indisciplinée; il pouvait donc tout au plus en détacher trois mille hommes organisés, et il y aurait de la folie, ajoutait-il, à marcher sur Saumur et à s'enfoncer dans le pays avec des forces si peu considérables. Biron écrivit en même temps au comité de salut public qu'il donnait sa démission, puisque les représentants voulaient ainsi s'arroger le commandement. Le comité lui répondit qu'il avait toute raison, que les représentants pouvaient conseiller ou proposer certaines opérations, mais ne devaient pas les ordonner, et que c'était à lui seul à prendre les mesures qu'il croirait convenables pour conserver Nantes, la Rochelle et Niort. Biron n'en fit pas moins tous ses efforts pour se composer une petite armée plus mobile, et avec laquelle il pût aller au secours de la ville assiégée.

Les Vendéens, dans cet intervalle, quittèrent Angers le 27, et se trouvèrent le 28 en vue de

Nantes. Ils firent une sommation menaçante qui ne fut pas même écoutée, et se préparèrent à l'attaque. Elle devait avoir lieu sur les deux rives le 29, à deux heures du matin. Canclaux n'avait, pour garder un espace immense, coupé par plusieurs bras de la Loire, que cinq mille hommes de troupes réglées et à peu près autant de gardes nationales. Il fit les meilleures dispositions, et communiqua le plus grand courage à la garnison. Le 29, Charette attaqua, à l'heure convenue, du côté des ponts; mais Cathelineau, qui agissait par la rive droite, et avait la partie la plus difficile de l'entreprise, fut arrêté par le poste de Niort, où quelques cents hommes firent la résistance la plus héroïque. L'attaque retardée de ce côté en devint plus difficile. Cependant les Vendéens se répandirent derrière les haies et les jardins, et serrèrent la ville de très près. Canclaux, général en chef, et Beysser, commandant de la place, maintinrent partout les troupes républicaines. De son côté, Cathelineau redoubla d'efforts; déjà il s'était fort avancé dans un faubourg, lorsqu'une balle vint le frapper mortellement. Ses soldats se retirèrent consternés en l'emportant sur leurs épaules. Dès ce moment, l'attaque se ralentit. Après dix-huit heures de combat, les Vendéens se dispersèrent, et la place fut sauvée.

Tout le monde dans cette journée avait fait son

Juillet 1793.
Les Vendéens attaquent Nantes, vigoureusement défendue par Canclaux.

L'attaque ralentie par la mort de Cathelineau. — Dispersion des Vendéens

Juillet 1793.

devoir. La garde nationale avait rivalisé avec les troupes de ligne, et le maire lui-même reçut une blessure. Le lendemain, les Vendéens se jetèrent dans des barques, et rentrèrent dans l'intérieur du pays. Dès ce moment, l'occasion des grandes entreprises fut perdue pour eux; ils ne devaient plus aspirer à exécuter rien d'important, et ne pouvaient espérer tout au plus que d'occuper leur propre pays. Dans ce moment, Biron, se hâtant de secourir Nantes, arrivait à Angers avec ce qu'il avait pu réunir de troupes, et Westermann se rendait dans la Vendée avec sa légion germanique.

Nantes était à peine délivrée, que l'administration, disposée en faveur des girondins, voulut se réunir aux insurgés du Calvados. Elle rendit en effet un arrêté hostile contre la Convention. Canclaux s'y opposa de toutes ses forces, et réussit à ramener les Nantais à l'ordre.

Dispersion des rebelles de la Lozère.

Les dangers les plus graves étaient donc surmontés de ce côté. Un événement non moins important se passait dans la Lozère; c'était la soumission de trente mille révoltés, qui auraient pu communiquer avec les Vendéens, ou avec les Espagnols par le Roussillon.

Par une circonstance des plus heureuses, le député Fabre, envoyé à l'armée des Pyrénées-Orientales, se trouvait sur les lieux au moment de la révolte; il y déploya l'énergie qui plus tard lui

CONSTITUTION DE 1793.

fit chercher et trouver la mort aux Pyrénées. Il s'empara des administrations, mit la population entière sous les armes, et appela à lui toutes les forces des environs en gendarmerie et troupes réglées; il souleva le Cantal, la Haute-Loire, le Puy-de-Dôme; et les révoltés, frappés dès le premier moment, poursuivis de toutes parts, furent dispersés, rejetés dans les bois, et leur chef, l'ex-constituant Charrier, tomba lui-même au pouvoir des vainqueurs. On acquit, par ses papiers, la preuve que son projet était lié à la grande conspiration découverte six mois auparavant en Bretagne, et dont le chef, La Rouarie, était mort sans pouvoir réaliser ses projets. Dans les montagnes du Centre et du Midi, la tranquillité était donc assurée, les derrières de l'armée des Pyrénées étaient garantis, et la vallée du Rhône n'avait plus l'un de ses flancs couvert par des montagnes insurgées.

Juillet 1793.

Une victoire inattendue sur les Espagnols dans le Roussillon achevait d'assurer la soumission du Midi. On les a vus, après leur première marche dans les vallées du Tech et de la Tet, rétrograder pour prendre Bellegarde et les Bains, et revenir ensuite se placer devant le camp français. Après l'avoir longtemps observé, ils l'attaquèrent le 17 juillet. Les Français avaient à peine douze mille jeunes soldats : les Espagnols, au contraire, comptaient quinze ou seize mille hommes parfaitement aguer-

Victoire sur les Espagnols dans le Roussillon.

ris. Ricardos, dans l'intention de nous envelopper, avait trop divisé son attaque. Nos jeunes volontaires, soutenus par le général Barbantane et le brave Dagobert, tenaient ferme dans leurs retranchements, et après des efforts inouïs, les Espagnols parurent décidés à se retirer. Dagobert, qui attendait ce mouvement, se précipite sur eux, mais un de ses bataillons se débande tout à coup et se laisse ramener en désordre. Heureusement, à cette vue, Deflers, Barbantane, viennent au secours de Dagobert, et tous s'élancent avec tant de violence, que l'ennemi est culbuté au loin. Ce combat du 17 juillet releva le courage de nos soldats, et, suivant le témoignage d'un historien, produisit aux Pyrénées l'effet que Valmy avait produit dans la Champagne l'année précédente.

Du côté des Alpes, Dubois-Crancé, placé entre la Savoie mécontente, la Suisse incertaine, Grenoble et Lyon révoltés, se conduisait avec autant de force que de bonheur. Tandis que les autorités sectionnaires prêtaient devant lui le serment fédéraliste, il faisait prêter le serment opposé au club et à son armée, et attendait le premier mouvement favorable pour agir. Ayant saisi en effet la correspondance des autorités, il y trouva la preuve qu'elles cherchaient à se coaliser avec Lyon; alors il les dénonce au peuple de Grenoble comme voulant amener la dissolution de la république par une guerre civile;

et, profitant d'un moment de chaleur, il les fit destituer et rendit tous les pouvoirs à l'ancienne municipalité. Dès ce moment, tranquille sur Grenoble, il s'occupa de réorganiser l'armée des Alpes, afin de conserver la Savoie et de faire exécuter les décrets de la Convention contre Lyon et Marseille. Il changea tous les états-majors, rétablit l'ordre dans ses bataillons, incorpora les recrues provenant de la levée des trois cent mille hommes; et quoique les départements de la Lozère, de la Haute-Loire, eussent employé leur contingent à étouffer la révolte de leurs montagnes, il tâcha d'y suppléer par des réquisitions. Après ces premiers soins, il fit partir le général Carteaux avec quelques mille hommes d'infanterie et avec la légion levée en Savoie sous le nom de légion des Allobroges, pour se rendre à Valence, y occuper le cours du Rhône, et empêcher la jonction des Marseillais avec les Lyonnais. Carteaux, parti dans les premiers jours de juillet, se porta rapidement sur Valence, et de Valence sur le Pont-Saint-Esprit, où il enleva le corps des Nîmois, dispersa les uns, s'incorpora les autres, et s'assura les deux rives du Rhône. Il se jeta immédiatement après sur Avignon, où les Marseillais s'étaient établis quelque temps auparavant.

_{Juillet 1793.}

Tandis que ces événements se passaient à Grenoble, Lyon, affectant toujours la plus grande fidélité à la république, promettant de maintenir

_{Lyon infecté de royalisme.}

son *unité*, son *indivisibilité*, n'obéissait pourtant pas au décret de la Convention qui évoquait au tribunal révolutionnaire de Paris les procédures intentées contre divers patriotes. Sa commission et son état-major se remplissaient de royalistes cachés. Rambaud, président de la commission, Précy, commandant de la force départementale, étaient secrètement dévoués à la cause de l'émigration. Égarés par de dangereuses suggestions, les malheureux Lyonnais allaient se compromettre avec la Convention, qui, désormais obéie et victorieuse, devait faire tomber sur la dernière ville restée en révolte tout le châtiment réservé au fédéralisme vaincu. En attendant, ils s'armaient à Saint-Étienne, réunissaient des déserteurs de toute espèce : mais, cherchant toujours à ne pas se montrer en révolte ouverte, ils laissaient passer les convois destinés aux frontières, et ordonnaient l'élargissement des députés Noël-Pointe, Santeyra et Lesterpt-Beauvais, arrêtés par les communes environnantes.

Le Jura était un peu calmé; les représentants Bassal et Garnier, qu'on a vus avec quinze cents hommes enveloppés par quinze mille, avaient éloigné leurs forces trop insuffisantes et tâché de négocier. Ils réussirent, et les administrations révoltées leur avaient promis de mettre fin à ce mouvement par l'acceptation de la Constitution.

Près de deux mois s'étaient écoulés depuis le

2 juin (car on touchait à la fin de juillet); Valenciennes et Mayence étaient toujours menacées; mais la Normandie, la Bretagne et presque tous les départements de l'Ouest étaient rentrés sous l'obéissance. Nantes venait d'être délivrée des Vendéens; les Bordelais n'osaient pas sortir de leurs murs, la Lozère était soumise, les Pyrénées se trouvaient garanties pour le moment, Grenoble était pacifiée, Marseille était isolée de Lyon par les succès de Carteaux, et Lyon, quoique refusant d'obéir aux décrets, n'osait cependant pas déclarer la guerre. L'autorité de la Convention était donc à peu près rétablie dans l'intérieur. D'une part la lenteur des fédéralistes, leur défaut d'ensemble, leurs demi-moyens; de l'autre, l'énergie de la Convention, l'unité de sa puissance, sa position centrale, son habitude du commandement, sa politique tour à tour habile et forte, avaient décidé le triomphe de la Montagne sur ce dernier effort des girondins. Applaudissons-nous de ce résultat; car, dans un moment où la France était attaquée de toutes parts, le plus digne de commander c'était le plus fort. Les fédéralistes vaincus se condamnaient par leurs propres paroles : Les honnêtes gens, disaient-ils, n'ont jamais su avoir de l'énergie.

Mais, tandis que les fédéralistes succombaient de tous côtés, un dernier accident allait exciter contre eux les plus grandes fureurs.

Juillet 1793.

Charlotte Corday.

A cette époque vivait dans le Calvados une jeune fille, âgée de vingt-cinq ans, réunissant à une grande beauté un caractère ferme et indépendant. Elle se nommait Charlotte Corday d'Armans. Ses mœurs étaient pures, mais son esprit était actif et inquiet. Elle avait quitté la maison paternelle pour aller vivre avec plus de liberté chez une de ses amies à Caen. Son père avait autrefois, par quelques écrits, réclamé les priviléges de sa province, à l'époque où la France était réduite encore à réclamer des priviléges de villes et de provinces.

Résolution de Charlotte Corday.

La jeune Corday s'était enflammée pour la cause de la révolution, comme beaucoup de femmes de son temps, et, de même que madame Roland, elle était enivrée de l'idée d'une république soumise aux lois et féconde en vertus. Les girondins lui paraissaient vouloir réaliser son rêve; les montagnards semblaient seuls y apporter des obstacles, et, à la nouvelle du 31 mai, elle résolut de venger ses orateurs chéris. La guerre du Calvados commençait; elle crut que la mort du chef des anarchistes, concourant avec l'insurrection des départements, assurerait la victoire de ces derniers; elle résolut donc de faire un grand acte de dévouement et de consacrer à sa patrie une vie dont un époux, des enfants, une famille, ne faisaient ni l'occupation ni le charme. Elle trompa son père, et lui écrivit que les troubles de la France devenant tous les jours plus effrayants, elle allait chercher le calme et la sécurité en Angleterre. Tout en écrivant cela, elle s'acheminait vers Paris. Avant son départ, elle voulut voir à Caen les députés, objet de son enthousiasme et de son dévouement. Pour parvenir jusqu'à eux, elle imagina un prétexte, et demanda à Barbaroux une lettre de recommandation auprès du ministre de l'intérieur, ayant, disait-elle, des papiers à réclamer pour une amie, ancienne chanoinesse. Barbaroux lui en donna une pour le député Duperret, ami de Garat. Ses collègues, qui la virent comme lui, et comme lui l'entendirent exprimer sa haine contre les montagnards, et son enthousiasme pour une république pure et régulière, furent frappés de sa beauté et touchés de ses sentiments. Tous ignoraient ses projets.

Juillet 1793.

Arrivée à Paris, Charlotte Corday songea à choisir sa victime. Danton et Robespierre étaient assez célèbres dans la Montagne pour mériter ses coups, mais Marat était celui qui avait paru le plus effrayant aux provinces, et qu'on regardait comme le chef des anarchistes. Elle voulait d'abord frapper Marat au faîte même de la Montagne et au milieu de ses amis, mais elle ne le pouvait plus, car Marat se trouvait dans un état qui l'empêchait de siéger à la Convention. On se rappelle sans doute qu'il s'était suspendu volontairement pendant quinze jours; mais voyant que le procès des

Charlotte Corday choisit Marat pour victime.

girondins ne pouvait être vidé encore, il mit fin
à cette ridicule comédie, et reparut à sa place.
Bientôt une de ces maladies inflammatoires qui,
dans les révolutions, terminent ces existences ora-
geuses que ne termine pas l'échafaud, l'obligea à
se retirer et à rentrer dans sa demeure. Là, rien
ne pouvait calmer sa dévorante activité; il passait une partie du jour dans son bain, entouré de
plumes et de papiers, écrivant sans cesse, rédigeant
son journal, adressant des lettres à la Convention,
et se plaignant de ce qu'on ne leur donnait pas
assez d'attention. Il en écrivit une dernière, disant
que si on ne la lisait pas, il allait se faire transporter malade à la tribune, et la lire lui-même.
Dans cette lettre, il dénonçait deux généraux,
Custine et Biron. « Custine, disait-il, transporté
du Rhin au Nord, y faisait comme Dumouriez; il
médisait des *anarchistes*, il composait ses états-
majors à sa fantaisie, armait certains bataillons,
désarmait certains autres, et les distribuait confor-
mément à ses plans, qui sans doute étaient ceux
d'un conspirateur. » (On se souvient que Custine
profitait du siége de Valenciennes pour réorganiser
l'armée du Nord au camp de César.) « Quant à
Biron, c'était un ancien valet de cour; il affectait
une grande crainte des Anglais pour se tenir dans
la basse Vendée, et laisser à l'ennemi la possession
de la Vendée supérieure. Évidemment il n'atten-

dait qu'une descente, pour lui-même se réunir aux Anglais et leur livrer notre armée. La guerre de la Vendée aurait dû être déjà finie. Un homme judicieux, après avoir vu les Vendéens se battre une fois, devait trouver le moyen de les détruire. Pour lui, qui possédait aussi la science militaire, il avait imaginé une manœuvre infaillible, et si son état de santé n'avait pas été aussi mauvais, il se serait fait transporter sur les bords de la Loire pour mettre lui-même ce plan à exécution. Custine et Biron étaient les deux Dumouriez du moment; et, après les avoir arrêtés, il fallait prendre une dernière mesure qui répondrait à toutes les calomnies, et engagerait tous les députés sans retour dans la révolution, c'était de mettre à mort les Bourbons prisonniers, et de mettre à prix la tête des Bourbons fugitifs. De cette manière, on n'accuserait plus les uns de destiner Orléans au trône, et on empêcherait les autres de faire leur paix avec la famille des Capet. »

C'était toujours, comme on le voit, la même vanité, la même fureur, et la même promptitude à devancer les craintes populaires. Custine et Biron, en effet, allaient devenir les deux objets de la fureur générale, et c'était Marat qui, malade et mourant, avait encore eu l'honneur de l'initiative.

Charlotte Corday, pour l'atteindre, était donc obligée d'aller le chercher chez lui. D'abord elle remit la lettre qu'elle avait pour Duperret, remplit sa commission auprès du ministre de l'intérieur, et se prépara à consommer son projet. Elle demanda à un cocher de fiacre l'adresse de Marat, s'y rendit, et fut refusée. Alors elle lui écrivit, et lui dit qu'arrivée du Calvados, elle avait d'importantes choses à lui apprendre. C'était assez pour obtenir son introduction. Le 13 juillet, en effet, elle se présente à huit heures du soir. La gouvernante de Marat, jeune femme de vingt-sept ans, avec laquelle il vivait maritalement, lui oppose quelques difficultés; Marat, qui était dans son bain, entend Charlotte Corday, et ordonne qu'on l'introduise. Restée seule avec lui, elle rapporte ce qu'elle a vu à Caen, puis l'écoute, le considère avant de le frapper. Marat demande avec empressement le nom des députés présents à Caen; elle les nomme, et lui, saisissant un crayon, se met à écrire, en ajoutant : « C'est bien, ils iront tous à la guillotine. — A la guillotine !..... » reprend la jeune Corday indignée; alors elle tire un couteau de son sein, frappe Marat sous le teton gauche, et enfonce le fer jusqu'au cœur. « *A moi*, s'écrie-t-il, *à moi, ma chère amie !* » Sa gouvernante s'élance à ce cri; un commissionnaire qui ployait des journaux accourt de son côté : tous deux trouvent Marat plongé dans son sang, et la jeune Corday, calme, sereine, immobile. Le commissionnaire la renverse d'un coup de chaise, la gouvernante la foule aux pieds. Le tumulte attire du monde, et bientôt tout le quartier est en rumeur. La jeune Corday se relève, et brave avec dignité les outrages et les fureurs de ceux qui l'entourent. Des membres de la section, accourus à ce bruit, et frappés de sa beauté, de son courage, du calme avec lequel elle avoue son action, empêchent qu'on ne la déchire, et la conduisent en prison, où elle continue à tout confesser avec la même assurance.

Juillet 1793.

Cet assassinat, comme celui de Lepelletier, causa une rumeur extraordinaire. On répandit sur-le-champ que c'étaient les girondins qui avaient armé Charlotte Corday. On avait dit la même chose pour Lepelletier, et on le répétera dans toutes les occasions semblables. Une opinion opprimée se signale presque toujours par un coup de poignard; ce n'est qu'une âme plus exaspérée qui a conçu et exécuté l'acte : on l'impute cependant à tous les partisans de la même opinion, et on s'autorise ainsi à exercer sur eux de nouvelles vengeances et à faire un martyr. On était embarrassé de trouver des crimes aux députés détenus; la révolte départementale fournit un premier prétexte de les immoler, en les déclarant complices des députés fugitifs; la mort de Marat servit de complément à leurs crimes supposés, et aux raisons qu'on voulait se procurer pour les envoyer à l'échafaud.

Rumeur causée par l'assassinat de Marat.

La Montagne, les jacobins et surtout les cordeliers, qui se faisaient gloire d'avoir possédé Marat les premiers, d'être demeurés plus particulièrement liés avec lui, et de ne l'avoir jamais désavoué, témoignèrent une grande douleur. Il fut convenu qu'il serait enterré dans leur jardin, et sous les arbres mêmes où le soir il lisait sa feuille au peuple. La Convention décida qu'elle assisterait en corps à ses funérailles. Aux jacobins, on proposa de lui décerner des honneurs extraordinaires; on voulut lui donner le Panthéon, bien que la loi ne permît d'y transporter un individu que vingt ans après sa mort. On demandait que toute la société se rendît en masse à son convoi; que les presses de l'Ami du peuple fussent achetées par la société, pour qu'elles ne tombassent pas en des mains indignes; que son journal fût continué par des successeurs capables, sinon de l'égaler, du moins de rappeler son énergie et de remplacer sa vigilance. Robespierre, qui s'attachait à rendre les jacobins toujours plus imposants, en s'opposant à toutes leurs vivacités, et qui d'ailleurs voulait ramener à lui l'attention, trop fixée sur le martyr, prit la parole dans cette circonstance. « Si je parle aujour-
« d'hui, dit-il, c'est que j'ai le droit de le faire. Il
« s'agit des poignards, ils m'attendent, je les ai
« mérités, et c'est l'effet du hasard si Marat a été
« frappé avant moi. J'ai donc le droit d'intervenir

« dans la discussion, et je le fais pour m'étonner
« que votre énergie s'épuise ici en vaines déclama-
« tions, et que vous ne songiez qu'à de vaines
« pompes. Le meilleur moyen de venger Marat,
« c'est de poursuivre impitoyablement ses ennemis.
« La vengeance qui cherche à se satisfaire en vains
« honneurs funéraires s'apaise bientôt et ne songe
« plus à s'exercer d'une manière plus réelle et
« plus utile. Renoncez donc à d'inutiles discus-
« sions, et vengez Marat d'une manière plus digne
« de lui. » Toute discussion fut écartée par ces
paroles, et on ne songea plus aux propositions
qui avaient été faites. Néanmoins, les jacobins, la
Convention, les cordeliers, toutes les sociétés populaires et les sections se préparèrent à lui décerner des honneurs magnifiques. Son corps resta
exposé pendant plusieurs jours; il était découvert,
et on voyait la blessure qu'il avait reçue. Les sociétés populaires, les sections venaient procession-
nellement jeter des fleurs sur son cercueil. Chaque
président prononçait un discours. La section de la
République vient la première : « Il est mort,
« s'écrie son président, il est mort l'Ami du
« peuple..... il est mort assassiné!..... Ne pronon-
« çons point son éloge sur ces dépouilles inani-
« mées. Son éloge, c'est sa conduite, ses écrits,
« sa plaie sanglante et sa mort!..... Citoyennes,
« jetez des fleurs sur le corps pâle de Marat ! Marat

Juillet 1793.

« fut notre ami, il fut l'ami du peuple, c'est pour
« le peuple qu'il a vécu, c'est pour le peuple qu'il
« est mort. » Après ces paroles, des jeunes filles
font le tour du cercueil et jettent des fleurs sur le
corps de Marat. L'orateur reprend : « Mais c'est
« assez se lamenter; écoutez la grande âme de
« Marat qui se réveille et vous dit : Républicains,
« mettez un terme à vos pleurs... Les républicains
« ne doivent verser qu'une larme et songer en-
« suite à la patrie. Ce n'est pas moi qu'on a voulu
« assassiner, c'est la république : ce n'est pas moi
« qu'il faut venger, c'est la république, c'est le
« peuple, c'est vous ! »

Toutes les sociétés, toutes les sections vinrent
ainsi l'une après l'autre autour du cercueil de
Marat; et si l'histoire rappelle de pareilles scènes,
c'est pour apprendre aux hommes à réfléchir sur
l'effet des préoccupations du moment et pour les
engager à bien s'examiner eux-mêmes lorsqu'ils
pleurent les puissants ou maudissent les vaincus
du jour.

Procès de Charlotte Corday.

Pendant ce temps, le procès de la jeune Corday
s'instruisait avec la rapidité des formes révolutionnaires. On avait impliqué dans son affaire deux
députés : l'un était Duperret, avec lequel elle avait
eu des rapports, et qui l'avait conduite chez le
ministre de l'intérieur; l'autre était Fauchet, ancien
évêque, devenu suspect à cause de ses liaisons

avec le côté droit, et qu'une femme, ou folle ou méchante, prétendait faussement avoir vu aux tribunes avec l'accusée.

Charlotte Corday, conduite en présence du tribunal, conserve le même calme. On lui lit son acte d'accusation, après quoi on procède à l'audition des témoins : Corday interrompt le premier témoin, et ne lui laissant pas le temps de commencer sa déposition : « C'est moi, dit-elle, qui ai tué Marat. — Qui vous a engagée à commettre cet assassinat? lui demande le président. — Ses crimes. — Qu'entendez-vous par ses crimes? — Les malheurs dont il est cause depuis la révolution. — Qui sont ceux qui vous ont engagée à cette action? — Moi seule, répond fièrement la jeune fille. Je l'avais résolu depuis longtemps, et je n'aurais jamais pris conseil des autres pour une pareille action. J'ai voulu donner la paix à mon pays. — Mais croyez-vous avoir tué tous les Marat? — Non, reprend tristement l'accusée, non. » Elle laisse ensuite achever les témoins, et après chaque déposition, elle répète chaque fois : « C'est vrai, le déposant a raison. » Elle ne se défend que d'une chose, c'est de sa prétendue complicité avec les girondins. Elle ne dément qu'un seul témoin, c'est la femme qui implique Duperret et Fauchet dans sa cause ; puis elle se rassied et écoute le reste de l'instruction avec une parfaite sérénité. « Vous le voyez, dit pour toute défense son avocat Chauveau-Lagarde, l'accusée avoue tout avec une inébranlable assurance. Ce calme et cette abnégation, sublimes sous un rapport, ne peuvent s'expliquer que par le fanatisme politique le plus exalté. C'est à vous à juger de quel poids cette considération morale doit être dans la balance de la justice. »

Charlotte Corday est condamnée à la peine de mort. Son beau visage n'en paraît pas ému; elle rentre dans sa prison avec le sourire sur les lèvres; elle écrit à son père pour lui demander pardon d'avoir disposé de sa vie; elle écrit à Barbaroux, auquel elle raconte son voyage et son action dans une lettre charmante, pleine de grâce, d'esprit et d'élévation; elle lui dit que ses amis ne doivent pas la regretter, car une imagination vive, un cœur sensible, promettent une vie bien orageuse à ceux qui en sont doués. Elle ajoute qu'elle s'est bien vengée de Pétion, qui à Caen suspecta un moment ses sentiments politiques. Enfin elle le prie de dire à Wimpfen qu'elle l'a aidé à gagner plus d'une bataille. Elle termine par ces mots : « Quel triste « peuple pour former une république ! Il faut au « moins fonder la paix ; le gouvernement viendra « comme il pourra. »

Le 15, Charlotte Corday subit son jugement avec le calme qui ne l'avait pas quittée. Elle répondit par l'attitude la plus modeste et la plus digne aux outrages de la vile populace. Cependant tous ne l'outrageaient pas; beaucoup plaignaient cette fille si jeune, si belle, si désintéressée dans son action, et l'accompagnaient à l'échafaud d'un regard de pitié et d'admiration.

Marat fut transporté en grande pompe au jardin des cordeliers. « Cette pompe, disait le rapport de
« la commune, n'avait rien que de simple et de
« patriotique : le peuple, rassemblé sous les ban-
« nières des sections, arrivait paisiblement. Un
« désordre en quelque sorte imposant, un silence
« respectueux, une consternation générale, offraient
« le spectacle le plus touchant. La marche a duré
« depuis six heures du soir jusqu'à minuit; elle
« était formée de citoyens de toutes les sections,
« des membres de la Convention, de ceux de la
« commune et du département, des électeurs et
« des sociétés populaires. Arrivé dans le jardin des
« cordeliers, le corps de Marat a été déposé sous
« les arbres, dont les feuilles, légèrement agitées,
« réfléchissaient et multipliaient une lumière douce
« et tendre. Le peuple environnait le cercueil en
« silence. Le président de la Convention a d'abord
« fait un discours éloquent, dans lequel il a an-
« noncé que le temps arriverait bientôt où Marat
« serait vengé ; mais qu'il ne fallait pas, par des
« démarches hâtives et inconsidérées, s'attirer des
« reproches des ennemis de la patrie. Il a ajouté

« que la liberté ne pouvait périr, et que la mort
« de Marat ne ferait que la consolider. Après plu-
« sieurs discours, qui ont été vivement applaudis,
« le corps de Marat a été déposé dans la fosse. Les
« larmes ont coulé, et chacun s'est retiré l'âme na-
« vrée de douleur! »

Le cœur de Marat, disputé par plusieurs sociétés, resta aux cordeliers. Son buste, répandu partout avec celui de Lepelletier et de Brutus, figura
dans toutes les assemblées et les lieux publics. Le
scellé mis sur ses papiers fut levé; on ne trouva
chez lui qu'un assignat de cinq francs, et sa pau-
vreté fut un nouveau sujet d'admiration. Sa gouvernante, qu'il avait, selon les paroles de Chaumette, prise pour épouse, *un jour de beau temps, à
la face du soleil,* fut appelée sa veuve et nourrie
aux frais de l'État.

Telle fut la fin de cet homme, le plus étrange de
cette époque si féconde en caractères. Jeté dans la
carrière des sciences, il voulut renverser tous les
systèmes; jeté dans les troubles politiques, il conçut tout d'abord une pensée affreuse, une pensée
que les révolutions réalisent chaque jour, à mesure
que leurs dangers s'accroissent, mais qu'elles ne
s'avouent jamais, la destruction de tous leurs adversaires. Marat, voyant que, tout en les con-
damnant, la révolution n'en suivait pas moins ses
conseils, que les hommes qu'il avait dénoncés

étaient dépopularisés et immolés au jour qu'il avait prédit, se regarda comme le plus grand politique des temps modernes, fut saisi d'un orgueil et d'une audace extraordinaires, et resta toujours horrible pour ses adversaires, et au moins étrange pour ses amis eux-mêmes. Il finit par un accident aussi singulier que sa vie, et succomba au moment même où les chefs de la république, se concertant pour former un gouvernement cruel et sombre, ne pouvaient plus s'accommoder d'un collègue maniaque, systématique et audacieux, qui aurait dérangé tous leurs plans par ses saillies. Incapable, en effet, d'être un chef actif et entraînant, il fut l'apôtre de la révolution; et lorsqu'il ne fallait plus d'apostolat, mais de l'énergie et de la tenue, le poignard d'une jeune fille indignée vint à propos en faire un martyr, et donner un saint au peuple, qui, fatigué de ses anciennes images, avait besoin de s'en créer de nouvelles.

Juillet 1793.

FIN DU LIVRE QUINZIÈME.

LIVRE XVI

LEVÉE EN MASSE.

Distribution des partis depuis le 31 mai, dans la Convention, dans le comité de salut public et la commune. — Division dans la *Montagne*. — Discrédit de Danton. — Politique de Robespierre. — Événements en Vendée; défaite de Westermann à Châtillon, et du général Labarolière à Vihiers. — Siége et prise de Mayence par les Prussiens et les Autrichiens. — Prise de Valenciennes. — Dangers extrêmes de la république en août 1793. — État financier. — Discrédit des assignats. — Établissement du *maximum*. — Détresse publique. — Agiotage. — Arrivée et réception à Paris des commissaires des assemblées primaires. — Retraite du camp de César par l'armée du Nord. — Fête de l'anniversaire du 10 août, et inauguration de la Constitution de 1793. — Mesures extraordinaires de salut public. — Décret ordonnant la levée en masse; moyens employés pour en assurer l'exécution. — Institution du *Grand-Livre*; nouvelle organisation de la dette publique. — Emprunt forcé. — Détails sur les opérations financières à cette époque. — Nouveaux décrets sur le *maximum*. — Décrets contre la Vendée, contre les étrangers et contre les Bourbons.

Des triumvirs si fameux, il ne restait plus que Robespierre et Danton. Pour se faire une idée de leur influence, il faut voir comment s'étaient distribués les pouvoirs, et quelle marche avaient suivie les esprits depuis la suppression du côté droit.

Dès le jour même de son institution, la Convention fut en réalité saisie de tous les pouvoirs. Elle

ne voulut cependant pas les garder ostensiblement
dans ses mains, afin d'éviter les apparences du
despotisme; elle laissa donc exister hors de son
sein un fantôme de pouvoir exécutif, et conserva
des ministres. Mécontente de leur administration,
dont l'énergie n'était pas proportionnée aux circonstances, elle établit, immédiatement après la
défection de Dumouriez, un comité de salut public,
qui entra en fonctions le 10 avril, et qui eut sur le
gouvernement une inspection supérieure. Il pouvait
suspendre l'exécution des mesures prises par les
ministres, y suppléer quand il les jugeait insuffisantes, ou les révoquer lorsqu'il les croyait mauvaises. Il rédigeait les instructions des représentants
envoyés en mission, et pouvait seul correspondre
avec eux. Placé de cette manière au-dessus des
ministres et des représentants, qui étaient eux-
mêmes placés au-dessus des fonctionnaires de toute
espèce, il avait sous sa main le gouvernement tout
entier. Quoique, d'après son titre, cette autorité
ne fût qu'une simple inspection, en réalité elle devenait l'action même, car un chef d'état n'exécute
jamais rien lui-même, et se borne à tout faire faire
sous ses yeux, à choisir les agents, à diriger les
opérations. Or, par son seul droit d'inspection, le
comité pouvait tout cela, et il l'accomplit. Il régla les
opérations militaires, commanda les approvisionnements, ordonna les mesures de sûreté, nomma

Juillet 1793

Rôle
de la Convention
et du comité
de salut public.

les généraux et les agents de toute espèce, et les ministres tremblants se trouvaient trop heureux de se décharger de toute responsabilité en se réduisant au rôle de simple commis. Les membres qui composaient le comité de salut public étaient Barère, Delmas, Bréard, Cambon, Robert Lindet, Danton, Guyton-Morveau, Mathieu et Ramel. Ils étaient reconnus pour des hommes habiles et laborieux, et quoiqu'ils fussent suspects d'un peu de modération, on ne les suspectait pas au point de les croire, comme les girondins, complices de l'étranger. En peu de temps, ils réunirent dans leurs mains toutes les affaires de l'État; et bien qu'ils n'eussent été nommés que pour un mois, on ne voulut pas les interrompre dans leurs travaux, et on les prorogea de mois en mois, du 10 avril au 10 mai, du 10 mai au 10 juin, du 10 juin au 10 juillet. Au-dessous de ce comité, le comité de sûreté générale exerçait la haute police, chose si importante en temps de défiance; mais, dans ses fonctions mêmes, il dépendait du comité de salut public, qui, chargé en général de tout ce qui intéressait le salut de l'État, devenait compétent pour rechercher les complots contre la république.

Ainsi, par ses décrets, la Convention avait la volonté suprême; par ses représentants et son comité, elle avait l'exécution; de manière que, tout en ne voulant pas réunir les pouvoirs dans ses mains, elle y avait été invinciblement conduite par les circonstances, et par le besoin de faire exécuter, sous ses yeux et par ses propres membres, ce qu'elle croyait mal fait par des agents étrangers.

Cependant, quoique toute l'autorité s'exerçât dans son sein, elle ne participait aux opérations du gouvernement que par son approbation, et ne les discutait plus. Les grandes questions d'organisation sociale étaient résolues par la Constitution, qui établissait la démocratie pure. La question de savoir si on emploierait, pour se sauver, les moyens les plus révolutionnaires, et si on s'abandonnerait à tout ce que la passion pourrait inspirer, était résolue par le 31 mai. Ainsi la constitution de l'État et la morale politique se trouvaient fixées. Il ne restait donc plus à examiner que des mesures administratives, financières et militaires. Or, les sujets de cette nature peuvent rarement être compris par une nombreuse assemblée, et sont livrés à l'arbitraire des hommes qui s'en occupent spécialement. La Convention s'en remettait volontiers à cet égard aux comités qu'elle avait chargés des affaires. Elle n'avait à soupçonner ni leur probité, ni leurs lumières, ni leur zèle. Elle était donc réduite à se taire; et la dernière révolution, en lui ôtant le courage de discuter, lui en avait enlevé l'occasion. Elle n'était plus qu'un conseil d'état, où des comités, chefs de travaux, venaient rendre des comptes toujours applaudis, et proposer des décrets toujours adoptés. Les séances, devenues silencieuses, sombres, et assez courtes, ne se prolongeaient plus, comme auparavant, pendant les journées et les nuits.

Au-dessous de la Convention, qui s'occupait des matières générales de gouvernement, la commune s'occupait du régime municipal, et y faisait une véritable révolution. Ne songeant plus, depuis le 31 mai, à conspirer et à se servir de la force locale de Paris contre la Convention, elle s'occupait de la police, des subsistances, des marchés, des cultes, des spectacles, des filles publiques mêmes, et rendait, sur tous ces objets de régime intérieur et privé, des arrêtés qui devenaient bientôt modèles dans toute la France. Chaumette, procureur général de la commune, était, par ses réquisitoires toujours écoutés et applaudis par le peuple, le rapporteur de cette législature municipale. Cherchant sans cesse de nouvelles matières à régler, envahissant continuellement sur la liberté privée, ce législateur des halles et des marchés devenait chaque jour plus importun et plus redoutable. Pache, toujours impassible, laissait tout faire sous ses yeux, donnait son approbation aux mesures proposées, et abandonnait à Chaumette les honneurs de la tribune municipale.

La Convention laissant agir librement ses comités, et la commune étant exclusivement occupée de ses attributions, la discussion sur les matières de gouvernement était restée aux jacobins; seuls, ils discutaient avec leur audace accoutumée les opérations du gouvernement et la conduite de chacun de ses agents. Depuis longtemps, comme on l'a vu, ils avaient acquis une très-grande importance par leur nombre, par l'illustration et le haut rang de la plupart de leurs membres, par le vaste cortége de leurs sociétés affiliées, enfin par leur ancienneté et leur longue influence sur la révolution. Mais depuis le 31 mai ayant fait taire le côté droit de l'assemblée, et fait prédominer le système d'une énergie sans bornes, ils avaient acquis une puissance d'opinion immense, et avaient hérité de la parole abdiquée en quelque sorte par la Convention. Ils poursuivaient les comités d'une surveillance continuelle, examinaient leur conduite ainsi que celle des représentants, des ministres, des généraux, avec cette fureur de personnalités qui leur était propre; ils exerçaient ainsi sur tous les agents une censure inexorable, souvent inique, mais toujours utile par la terreur qu'elle inspirait et le dévouement qu'elle imposait à tous. Les autres sociétés populaires avaient aussi leur liberté et leur influence, mais se soumettaient cependant à l'autorité des jacobins. Les cordeliers, par exemple, plus turbulents, plus prompts à agir, reconnais-

Juillet 1793.

Immense puissance d'opinion acquise par les jacobins.

saient néanmoins la supériorité de raison de leurs aînés, et se laissaient ramener par leurs conseils, quand il leur arrivait de devancer le moment d'une proposition, par excès d'impatience révolutionnaire. La pétition de Jacques Roux contre la Constitution, rétractée par les cordeliers à la voix des jacobins, était une preuve de cette déférence.

Telle était, depuis le 31 mai, la distribution des pouvoirs et des influences : on voyait à la fois un comité gouvernant, une commune occupée de règlements municipaux, et des jacobins exerçant sur le gouvernement une censure continuelle et rigoureuse.

Deux mois ne s'étaient pas écoulés sans que l'opinion s'exerçât sévèrement contre l'administration actuelle. Les esprits ne pouvaient pas s'arrêter au 31 mai; leur exigence devait aller au delà, et il était naturel qu'ils demandassent toujours et plus d'énergie, et plus de célérité, et plus de résultats. Dans la réforme générale des comités, réclamée le 2 juin, on avait épargné le comité de salut public, rempli d'hommes laborieux, étrangers à tous les partis, et chargés de travaux qu'il était dangereux d'interrompre; mais on se souvenait qu'il avait hésité au 31 mai et au 2 juin, qu'il avait voulu négocier avec les départements et leur envoyer des otages, et on ne tarda pas à le trouver insuffisant pour les circonstances. Institué dans le moment le plus difficile, on lui imputait des défaites qui étaient le malheur de notre situation et non sa faute. Centre de toutes les opérations, il était encombré d'affaires, et on lui reprochait de s'ensevelir dans les papiers, de s'absorber dans les détails, d'être en un mot usé et incapable. Établi cependant au moment de la défection de Dumouriez, lorsque toutes les armées étaient désorganisées, lorsque la Vendée se levait et que l'Espagne commençait la guerre, il avait réorganisé l'armée du Nord et celle du Rhin, il avait créé celles des Pyrénées et de la Vendée, qui n'existaient pas, et approvisionné cent vingt-six places ou forts; et quoiqu'il restât encore beaucoup à faire pour mettre nos forces sur le pied nécessaire, c'était beaucoup d'avoir exécuté de pareils travaux en si peu de temps et à travers les obstacles de l'insurrection départementale. Mais la défiance publique exigeait toujours plus qu'on ne faisait, plus qu'on ne pouvait faire, et c'est en cela même qu'elle provoquait une énergie si grande et proportionnée au danger. Pour augmenter la force du comité, et remonter son énergie révolutionnaire, on avait adjoint à ses membres Saint-Just, Jean-Bon-Saint-André et Couthon. Néanmoins on n'était pas satisfait encore, et on disait que les derniers venus étaient excellents sans doute, mais que leur influence était neutralisée par les autres.

L'opinion ne s'exerçait pas moins sévèrement

Juillet 1793.

Adjonction de nouveaux membres au comité de salut public.

Juillet 1793.

Sévérité de l'opinion envers les ministres.

contre les ministres. Celui de l'intérieur, Garat, d'abord assez bien vu à cause de sa neutralité entre les girondins et les jacobins, n'était plus qu'un modéré depuis le 2 juin. Chargé de préparer un écrit pour éclairer les départements sur les derniers événements, il avait fait une longue dissertation où il expliquait et compensait tous les torts avec une impartialité très-philosophique sans doute, mais peu appropriée aux dispositions du moment. Robespierre, auquel il communiqua cet écrit beaucoup trop sage, le repoussa. Les jacobins en furent bientôt instruits, et ils reprochèrent à Garat de n'avoir rien fait pour combattre le poison répandu par Roland. Il en était de même du ministre de la marine, d'Albarade, qu'on accusait de laisser dans les états-majors des escadres tous les anciens aristocrates. Il est vrai, en effet, qu'il en avait conservé beaucoup, et les événements de Toulon le prouvèrent bientôt; mais les épurations étaient plus difficiles dans les armées de mer que dans celles de terre, parce que les connaissances spéciales qu'exige la marine ne permettaient pas de remplacer les vieux officiers par de nouveaux, et de faire en six mois d'un paysan un soldat, un sous-officier, un général. Le ministre de la guerre, Bouchotte, s'était seul conservé en faveur, parce que, à l'exemple de Pache, son prédécesseur, il avait livré ses bureaux aux jacobins et aux cordeliers,

LEVÉE EN MASSE. 279

et avait calmé leur défiance en les appelant eux-mêmes dans son administration. Presque tous les généraux étaient accusés, et particulièrement les nobles; mais deux surtout étaient devenus l'épouvantail du jour : Custine au Nord, et Biron à l'Ouest. Marat, comme on l'a vu, les avait dénoncés quelques jours avant sa mort; et depuis cette accusation tous les esprits se demandaient pourquoi Custine restait au camp de César sans débloquer Valenciennes; pourquoi Biron, inactif dans la basse Vendée, avait laissé prendre Saumur et assiéger Nantes.

La même défiance régnait à l'intérieur : la calomnie errait sur toutes les têtes et s'égarait sur les meilleurs patriotes. Comme il n'y avait plus de côté droit auquel on pût tout attribuer, comme il n'y avait plus un Roland, un Brissot, un Guadet, à qui l'on pût, à chaque crainte, imputer une trahison, le reproche menaçait les républicains les plus décidés. Il régnait une fureur incroyable de soupçons et d'accusations. La vie révolutionnaire la plus longue et la mieux soutenue n'était plus une garantie, et on pouvait, en un jour, en une heure, être assimilé aux plus grands ennemis de la république. Les imaginations ne pouvaient pas se désenchanter sitôt de ce Danton, dont l'audace et l'éloquence avaient soutenu les courages dans toutes les circonstances décisives; mais Danton portait dans

Juillet 1793.

Défiance inspirée par Custine et Biron

Discrédit de Danton.

la révolution la passion la plus violente pour le but, sans aucune haine contre les individus, et ce n'était pas assez. L'esprit d'une révolution se compose de passion pour le but, et de haine pour ceux qui font obstacle : Danton n'avait que l'un de ces deux sentiments. En fait de mesures révolutionnaires tendant à frapper les riches, à mettre en action les indifférents, et à développer les ressources de la nation, il n'avait rien ménagé, et avait imaginé les moyens les plus hardis et les plus violents; mais, tolérant et facile pour les individus, il ne voyait pas des ennemis dans tous; il y voyait des hommes divers de caractère, d'esprit, qu'il fallait ou gagner ou accepter avec le degré de leur énergie. Il n'avait pas pris Dumouriez pour un perfide, mais pour un mécontent poussé à bout; il n'avait pas vu dans les girondins les complices de Pitt, mais d'honnêtes gens incapables, et il aurait voulu qu'on les écartât sans les immoler. On disait même qu'il s'était offensé de la consigne donnée par Henriot le 2 juin. Il touchait la main à des généraux nobles, dînait avec des fournisseurs, s'entretenait familièrement avec les hommes de tous les partis, recherchait les plaisirs, et en avait beaucoup pris dans la révolution. On savait tout cela, et on répandait sur son énergie et sa probité les bruits les plus équivoques. Un jour, on disait que Danton ne paraissait plus aux jacobins; on parlait de sa paresse, de ses continuelles distractions, et on disait que la révolution n'avait pas été une carrière sans jouissances pour lui. Un autre jour, un jacobin disait à la tribune : « Danton m'a quitté pour aller toucher la main à un général. » Quelquefois on se plaignait des individus qu'il avait recommandés aux ministres. N'osant pas toujours l'attaquer lui-même, on attaquait ses amis. Le boucher Legendre, son collègue dans la députation de Paris, son lieutenant dans les rues et les faubourgs, et l'imitateur de son éloquence brute et sauvage, était traité de modéré par Hébert et les autres turbulents des cordeliers. « Moi un modéré ! s'écriait Legendre aux jacobins, « quand je me fais quelquefois des reproches d'exa-« gération; quand on écrit de Bordeaux que j'ai « assommé Guadet; quand on met dans tous les « journaux que j'ai saisi Lanjuinais au collet et que « je l'ai traîné sur le pavé ! » On traitait encore de modéré un autre ami de Danton, patriote aussi connu et aussi éprouvé, Camille Desmoulins, l'écrivain à la fois le plus naïf, le plus comique et le plus éloquent de la révolution. Camille connaissait beaucoup le général Dillon, qui, placé par Dumouriez au poste des Islettes dans l'Argonne, y avait déployé tant de fermeté et de bravoure. Camille s'était convaincu par lui-même que Dillon n'était qu'un brave homme, sans opinion politique, mais doué d'un grand instinct guerrier, et ne

Juillet 1793.

Divisions dans la Montagne.

demandant qu'à servir la république. Tout à coup, par l'effet de cette incroyable défiance qui régnait, on répand que Dillon va se mettre à la tête d'une conspiration pour rétablir Louis XVII sur le trône. Le comité de salut public le fait aussitôt arrêter. Camille, qui s'était convaincu par ses yeux qu'un tel bruit n'était qu'une fable, veut défendre Dillon devant la Convention. Alors de toutes parts on lui dit : « Vous dînez avec les aristocrates. » Billaud-Varennes, en lui coupant la parole, s'écrie : « Qu'on ne laisse pas Camille se déshonorer. — On me coupe la parole, répond alors Camille, eh bien, à moi mon écritoire ! » Et il écrit aussitôt un pamphlet intitulé *Lettre à Dillon*, plein de grâce et de raison, où il frappe dans tous les sens et sur toutes les têtes. Il dit au comité de salut public : « Vous avez usurpé tous les pouvoirs, amené toutes les affaires à vous, et vous n'en terminez aucune. Vous étiez trois chargés de la guerre ; l'un est absent, l'autre malade, et le troisième n'y entend rien ; vous laissez à la tête de nos armées les Custine, les Biron, les Menou, les Berthier, tous aristocrates, ou fayettistes, ou incapables. » Il dit à Cambon : « Je n'entends rien à ton système de finances, mais ton papier ressemble fort à celui de Law, et court aussi vite de main en main. » Il dit à Billaud-Varennes : « Tu en veux à Arthur Dillon, parce qu'étant commissaire à son armée, il te mena au feu ; » à Saint-

Just : « Tu te respectes et portes ta tête comme un *saint-sacrement;* » à Bréard, à Delmas, à Barère et autres : « Vous avez voulu donner votre démission le 2 juin, parce que vous ne pouviez pas considérer cette révolation de sang-froid, tant elle vous paraissait affreuse. » Il ajoute que Dillon n'est ni républicain, ni fédéraliste, ni aristocrate; qu'il est soldat, et qu'il ne demande qu'à servir; qu'il vaut en patriotisme le comité de salut public et tous les états-majors conservés à la tête des armées; que du moins il est grand militaire, qu'on est trop heureux d'en pouvoir conserver quelques-uns, et qu'il ne faut pas s'imaginer que tout sergent puisse être général. « Depuis, ajoute-t-il, qu'un officier inconnu, Dumouriez, a vaincu malgré lui à Jemmapes, et a pris possession de toute la Belgique et de Breda, comme un maréchal des logis *avec de la craie,* les succès de la république nous ont donné la même ivresse que les succès de son règne donnèrent à Louis XIV. Il prenait ses généraux dans son antichambre, et nous croyons pouvoir prendre les nôtres dans les rues; nous sommes même allés jusqu'à dire que nous avions trois millions de généraux. »

On voit, à ce langage, à ces attaques croisées, que la confusion régnait dans la Montagne. Cette situation est ordinairement celle de tout parti qui vient de vaincre, qui va se diviser, mais dont les fractions ne sont pas encore clairement détachées. Il ne s'était pas formé encore de nouveau parti dans le parti vainqueur : l'accusation de modéré ou d'exagéré planait sur toutes les têtes, sans se fixer positivement sur aucune. Au milieu de ce désordre d'opinions, une réputation restait toujours inaccessible aux attaques, c'était celle de Robespierre. Il n'avait certainement jamais eu de l'indulgence pour les individus; il n'avait aimé aucun proscrit, ni frayé avec aucun général, avec aucun financier ou député. On ne pouvait l'accuser d'avoir pris aucun plaisir dans la révolution, car il vivait obscurément chez un menuisier, et entretenait, dit-on, avec l'une de ses filles, un commerce tout à fait ignoré. Sévère, réservé, intègre, il était et passait pour incorruptible. On ne pouvait lui reprocher que l'orgueil, espèce de vice qui ne souille pas comme la corruption, mais qui fait de grands maux dans les discordes civiles, et qui devient terrible chez les hommes austères, chez les dévots religieux ou politiques, parce qu'étant leur seule passion, ils la satisfont sans distraction et sans pitié.

Robespierre était le seul individu qui pût réprimer certains mouvements d'impatience révolutionnaire, sans qu'on imputât sa modération à des liaisons de plaisir ou d'intérêt. Sa résistance, quand il en opposait, n'était jamais attribuée qu'à de la raison. Il sentait cette position; et il commença alors, pour la première fois, à se faire un système. Jusque-là, tout entier à sa haine, il n'avait songé qu'à pousser la révolution sur les girondins; maintenant, voyant dans un nouveau débordement des esprits un danger pour les patriotes, il pensa qu'il fallait maintenir le respect pour la Convention et le comité de salut public, parce que toute l'autorité résidait en eux, et ne pouvait passer en d'autres mains sans une confusion épouvantable. D'ailleurs il était dans cette Convention, il ne pouvait manquer d'être bientôt dans le comité de salut public, et en les défendant, il soutenait à la fois une autorité indispensable et une autorité dont il allait faire partie. Comme toute opinion se formait d'abord aux jacobins, il songea à s'en emparer toujours davantage, à les rattacher autour de la Convention et des comités, sauf à les déchaîner ensuite s'il le jugeait nécessaire. Toujours assidu, mais assidu chez eux seuls, il les flattait de sa présence; ne prenant plus que rarement la parole à la Convention, où, comme nous l'avons dit, on ne parlait presque plus, il se faisait souvent entendre à leur tribune, et ne laissait jamais passer une proposition importante sans la discuter, la modifier ou la repousser. En cela, sa conduite était bien mieux calculée que celle de Danton. Rien ne blesse les hommes et ne favorise les bruits équivoques comme l'absence.

Danton, négligent comme un génie ardent et passionné, était trop peu chez les jacobins. Quand il reparaissait, il était réduit à se justifier, à assurer qu'il serait toujours bon patriote, à dire que « si « quelquefois il usait de certains ménagements pour « ramener des esprits faibles, mais excellents, on « pouvait être assuré que son énergie n'en était pas « diminuée, qu'il veillait toujours avec la même « ardeur aux intérêts de la république, et qu'elle « serait victorieuse ». Vaines et dangereuses excuses! Dès qu'on s'explique, dès qu'on se justifie, on est dominé par ceux auxquels on s'adresse. Robespierre, au contraire, toujours présent, toujours prêt à écarter les insinuations, n'était jamais réduit à se justifier : il prenait au contraire le ton accusateur; il gourmandait ses fidèles jacobins, et il avait justement saisi le point où la passion qu'on inspire étant bien prononcée, on ne fait que l'augmenter par des rigueurs.

On a vu de quelle manière il traita Jacques Roux, qui avait proposé une pétition contre l'acte constitutionnel : il en faisait de même dans toutes les circonstances où il s'agissait de la Convention. Cette assemblée était épurée, disait-il; elle ne méritait que des respects; quiconque l'accusait était un mauvais citoyen. Le comité de salut public n'avait sans doute pas fait tout ce qu'il devait faire (car tout en les défendant, Robespierre ne manquait pas de censurer ceux qu'il défendait); mais ce comité était dans une meilleure voie; l'attaquer, c'était détruire le centre nécessaire de toutes les autorités, affaiblir l'énergie du gouvernement, et compromettre la république. Quand on voulait fatiguer le comité ou la Convention de pétitions trop répétées, il s'y opposait en disant qu'on usait l'influence des jacobins, et qu'on faisait perdre le temps aux dépositaires du pouvoir. Un jour, on voulait que les séances du comité fussent publiques; il s'emporta contre cette proposition; il dit qu'il y avait des ennemis cachés, qui, sous le masque du patriotisme, faisaient les propositions les plus incendiaires, et il commença à soutenir que l'étranger payait deux espèces de conspirateurs en France : les exagérés, qui poussaient tout au désordre, et les modérés, qui voulaient tout paralyser par la mollesse.

Juillet 1793.

Le comité de salut public avait été prorogé trois fois; le 10 juillet, il devait être prorogé une quatrième, ou renouvelé. Le 8, grande séance aux jacobins. De toutes parts on dit que les membres du comité doivent être changés, et qu'il ne faut pas les proroger de nouveau, comme on l'a fait trois mois de suite. « Sans doute, dit Bourdon, le comité a de bonnes intentions; je ne veux pas l'inculper; mais un malheur attaché à l'espèce humaine est de n'avoir d'énergie que quelques jours

Le comité de salut public accusé par les jacobins.

seulement. Les membres actuels du comité ont déjà passé cette époque, ils sont usés : changeons-les. Il nous faut aujourd'hui des hommes révolutionnaires, des hommes à qui nous puissions confier le sort de la république, et qui nous en répondent corps pour corps. »

L'ardent Chabot succède à Bourdon. « Le comité, dit-il, doit être renouvelé, et il ne faut pas souffrir une nouvelle prorogation. Lui adjoindre quelques membres de plus, reconnus bons patriotes, ne suffirait pas, car on en a la preuve dans ce qui est arrivé. Couthon, Saint-Just, Jean-Bon-Saint-André, adjoints récemment, sont annulés par leurs collègues. Il ne faut pas non plus qu'on renouvelle le comité au scrutin secret, car le nouveau ne vaudrait pas mieux que l'ancien, qui ne vaut rien du tout. J'ai entendu Mathieu, poursuit Chabot, tenir les discours les plus inciviques à la société des femmes révolutionnaires. Ramel a écrit à Toulouse que les propriétaires pouvaient seuls sauver la chose publique, et qu'il fallait se garder de remettre les armes aux mains des sans-culottes. Cambon est un fou qui voit tous les objets trop gros, et s'en effraye cent pas à l'avance. Guyton-Morveau est un honnête homme, un quaker qui tremble toujours. Delmas, qui avait la partie des nominations, n'a fait que de mauvais choix, et a rempli l'armée de contre-révolutionnaires; enfin ce comité était l'ami de Lebrun, et il est ennemi de Bouchotte. »

Juillet 1793.

Robespierre s'empresse de répondre à Chabot. « A chaque phrase, à chaque mot, dit-il, du discours de Chabot, je sens respirer le patriotisme le plus pur ; mais j'y vois aussi le patriotisme trop exalté qui s'indigne que tout ne tourne pas au gré de ses désirs, qui s'irrite de ce que le comité de salut public n'est pas parvenu dans ses opérations à une perfection impossible, et que Chabot ne trouvera nulle part.

Robespierre prend la défense du comité de salut public.

« Je le crois comme lui, ce comité n'est pas composé d'hommes également éclairés, également vertueux ; mais quel corps trouvera-t-il composé de cette manière ? Empêchera-t-il les hommes d'être sujets à l'erreur ? N'a-t-il pas vu la Convention, depuis qu'elle a vomi de son sein les traîtres qui la déshonoraient, reprendre une nouvelle énergie, une grandeur qui lui avait été étrangère jusqu'à ce jour, un caractère plus auguste dans sa représentation ? Cet exemple ne suffit-il pas pour prouver qu'il n'est pas toujours nécessaire de détruire, et qu'il est plus prudent quelquefois de s'en tenir à réformer ?

« Oui, sans doute, il est dans le comité de salut public des hommes capables de remonter la machine et de donner une nouvelle force à ses moyens. Il ne faut que les y encourager. Qui oubliera les services que ce comité a rendus à la chose publique, les nombreux complots qu'il a découverts, les heureux aperçus que nous lui devons, les vues sages et profondes qu'il nous a développées?

« L'Assemblée n'a point créé un comité de salut public pour l'influencer elle-même, ni pour diriger ses décrets; mais ce comité lui a été utile pour démêler, dans les mesures proposées, ce qui était bon d'avec ce qui, présenté sous une forme séduisante, pouvait entraîner les conséquences les plus dangereuses; mais il a donné les premières impulsions à plusieurs déterminations essentielles qui ont sauvé peut-être la patrie; mais il lui a sauvé les inconvénients d'un travail pénible, souvent infructueux, en lui présentant les résultats, déjà heureusement trouvés, d'un travail qu'elle ne connaissait qu'à peine, et qui ne lui était pas assez familier.

« Tout cela suffit pour prouver que le comité de salut public n'a pas été d'un si petit secours qu'on voudrait avoir l'air de le croire. Il a fait des fautes sans doute; est-ce à moi de les dissimuler? Pencherais-je vers l'indulgence, moi qui crois qu'on n'a point assez fait pour la patrie quand on n'a pas tout fait? Oui, il a fait des fautes, et je veux les lui reprocher avec vous; mais il serait impolitique en ce moment d'appeler la défaveur du peuple sur un comité qui a besoin d'être investi de toute sa confiance, qui est chargé de grands intérêts, et dont la patrie attend de grands secours; et quoiqu'il n'ait pas l'agrément des citoyennes républicaines révolutionnaires, je ne le crois pas moins propre à ses importantes opérations. »

Toute discussion fut fermée après les réflexions de Robespierre. Le surlendemain, le comité fut renouvelé et réduit à neuf individus, comme dans l'origine. Ses nouveaux membres étaient Barère, Jean-Bon-Saint-André, Gasparin, Couthon, Hérault-Séchelles, Saint-Just, Thuriot, Robert Lindet, Prieur (de la Marne). Tous les membres accusés de faiblesse étaient congédiés, excepté Barère, à qui sa grande facilité à rédiger des rapports et à se plier aux circonstances avait fait pardonner le passé. Robespierre n'y était pas encore, mais avec quelques jours de plus, avec un peu plus de danger sur les frontières et de terreur dans la Convention, il allait y arriver.

Robespierre eut encore plusieurs autres occasions d'employer sa nouvelle politique. La marine commençant à donner des inquiétudes, on ne cessait de se plaindre du ministre d'Albarade, de son prédécesseur Monge, de l'état déplorable de nos escadres, qui, revenues de Sardaigne dans les chantiers de Toulon, ne se réparaient pas, et qui étaient commandées par de vieux officiers presque tous aristocrates. On se plaignait même de quelques individus nouvellement agrégés au bureau de la marine. On accusait beaucoup entre autres un nommé Peyron, envoyé pour réorganiser l'armée à Toulon. Il n'avait pas fait, disait-on, ce qu'il aurait dû faire : on en rendait le ministre responsable, et le ministre rejetait la responsabilité sur un grand patriote qui lui avait recommandé Peyron. On désignait avec affectation ce patriote célèbre, sans oser le nommer. « Son nom ! s'écrient plusieurs voix. — Eh bien, reprend le dénonciateur, ce patriote célèbre, c'est Danton ! » A ces mots, des murmures éclatent. Robespierre accourt : « Je demande, dit-il, que la farce cesse et que la séance commence... On accuse d'Albarade ; je ne le connais que par la voix publique, qui le proclame un ministre patriote ; mais que lui reproche-t-on ici ? Une erreur. Quel homme n'en est pas capable ? Un choix qu'il a fait n'a pas répondu à l'attente générale! Bouchotte et Pache aussi ont fait des choix défectueux, et cependant ce sont deux vrais républicains, deux sincères amis de la patrie. Un homme est en place, il suffit, on le calomnie. Eh! quand cesserons-nous d'ajouter foi aux contes ridicules ou perfides dont on nous accable de toutes parts ?

« Je me suis aperçu qu'on avait joint à cette dénonciation assez générale du ministre une dénonciation particulière contre Danton. Serait-ce lui qu'on voudrait nous rendre suspect? Mais si, au lieu de décourager les patriotes en leur cherchant avec tant de soin des crimes là où il existe à peine une erreur légère, on s'occupait un peu des moyens de leur faciliter leurs opérations, de rendre leur travail plus clair et moins épineux, cela serait plus honnête, et la patrie en profiterait. On a dénoncé Bouchotte, on a dénoncé Pache, car il était écrit que les meilleurs patriotes seraient dénoncés. Il est bien temps de mettre fin à ces scènes ridicules et affligeantes; je voudrais que la société des jacobins s'en tînt à une série de matières qu'elle traiterait avec fruit; qu'elle restreignît le grand nombre de celles qui s'agitent dans son sein, et qui, pour la plupart, sont aussi futiles que dangereuses. »

Ainsi, Robespierre, voyant le danger d'un nouveau débordement des esprits, qui aurait anéanti tout gouvernement, s'efforçait de rattacher les jacobins autour de la Convention, des comités et des vieux patriotes. Tout était profit pour lui dans cette politique louable et utile. En préparant la puissance des comités, il préparait la sienne propre; en défendant les patriotes de même date et de même énergie que lui, il se garantissait, et empêchait l'opinion de faire des victimes à ses côtés; il plaçait fort au-dessous de lui ceux dont il devenait le protecteur; enfin il se faisait, par sa sévérité même, adorer des jacobins, et se donnait une haute réputation de sagesse. En cela, Robespierre ne mettait d'autre ambition que celle de tous les chefs révolutionnaires, qui jusque-là avaient voulu arrêter la révolution au point où ils s'arrêtaient eux-mêmes; et cette politique, qui les avait tous dépopularisés, ne devait pas le dépopulariser, lui, parce que la révolution approchait du terme de ses dangers et de ses excès.

Les députés détenus avaient été mis en accusation immédiatement après la mort de Marat, et on préparait leur jugement. On disait déjà qu'il fallait faire tomber les têtes des Bourbons qui restaient encore, quoique ces têtes fussent celles de deux femmes, l'une épouse, l'autre sœur du dernier roi; et celle de ce duc d'Orléans, si fidèle à la révolution, et aujourd'hui prisonnier à Marseille, pour prix de ses services.

Fête ordonnée pour l'acceptation de la Constitution.

On avait ordonné une fête pour l'acceptation de la Constitution. Toutes les assemblées primaires devaient envoyer des députés qui viendraient exprimer leur vœu, et se réuniraient au champ de la fédération dans une fête solennelle. La date n'en était plus fixée au 14 juillet, mais au 10 août, car la prise des Tuileries avait amené la république, tandis que la prise de la Bastille, laissant subsister la monarchie, n'avait aboli que la féodalité. Aussi les républicains et les royalistes constitutionnels se distinguaient-ils, en ce que les uns célébraient le 10 août, et les autres le 14 juillet.

Le fédéralisme expirait, et l'acceptation de la Constitution était générale. Bordeaux gardait toujours la plus grande réserve, ne faisait aucun acte décisif ni de soumission ni d'hostilité, mais acceptait la Constitution. Lyon poursuivait les procédures évoquées au tribunal révolutionnaire; mais, rebelle en ce point seul, il se soumettait quant aux autres, et adhérait aussi à la Constitution. Marseille seule refusait son adhésion; mais sa petite armée, déjà séparée de celle du Languedoc, venait, dans les derniers jours de juillet, d'être chassée d'Avignon, et de repasser la Durance. Ainsi le fédéralisme était vaincu, et la Constitution triomphante. Mais le danger s'aggravait sur les frontières; il devenait imminent dans la Vendée, sur le Rhin et dans le Nord : de nouvelles victoires dédommageaient les Vendéens de leur échec devant Nantes; et Mayence, Valenciennes, étaient pressées plus vivement que jamais par l'ennemi.

Nous avons interrompu notre récit des événements militaires au moment où les Vendéens, repoussés de Nantes, rentrèrent dans leur pays, et nous avons vu Biron arriver à Angers, après la délivrance de Nantes, et convenir d'un plan avec le général Canclaux. Pendant ce temps, Westermann

Juillet 1793.

Westermann chef de la légion germanique.

s'était rendu à Niort avec la légion germanique, et avait obtenu de Biron la permission de s'avancer dans l'intérieur du pays. Westermann était ce même Alsacien qui s'était distingué au 10 août et avait décidé le succès de cette journée; qui, ensuite, avait servi glorieusement sous Dumouriez, s'était lié avec lui et avec Danton, et fut enfin dénoncé par Marat, qu'il avait bâtonné, dit-on, pour diverses injures. Il était du nombre de ces patriotes dont on reconnaissait les grands services, mais auxquels on commençait à reprocher les plaisirs qu'ils avaient pris dans la révolution, et dont on se dégoûtait déjà, parce qu'ils exigeaient de la discipline dans les armées, des connaissances dans les officiers, et ne voulaient pas exclure tout général noble, ni qualifier de traître tout général battu. Westermann avait formé une légion dite *germanique*, de quatre ou cinq mille hommes, renfermant infanterie, cavalerie et artillerie. A la tête de cette petite armée, dont il s'était rendu maître, et où il maintenait une discipline sévère, il avait déployé la plus grande audace et fait des exploits brillants. Transporté dans la Vendée avec sa légion, il l'avait réorganisée de nouveau, et en avait chassé les lâches qui étaient allés le dénoncer. Il témoignait un mépris très-haut pour ces bataillons informes qui pillaient et désolaient le pays; il affichait les mêmes sentiments que Biron, et était rangé avec lui parmi les aristocrates militaires. Le ministre de la guerre Bouchotte avait, comme on l'a vu, répandu ses agents jacobins et cordeliers dans la Vendée. Là, ils rivalisaient avec les représentants et les généraux; autorisaient les pillages et les vexations sous le titre de réquisitions de guerre, et l'indiscipline sous prétexte de défendre le soldat contre le despotisme des officiers. Le premier commis de la guerre, sous Bouchotte, était Vincent, jeune cordelier frénétique, l'esprit le plus dangereux et le plus turbulent de cette époque; il gouvernait Bouchotte, faisait tous les choix, et poursuivait les généraux avec une rigueur extrême. Ronsin, cet ordonnateur envoyé à Dumouriez lorsque ses marchés furent annulés, était l'ami de Vincent et de Bouchotte, et le chef de leurs agents dans la Vendée, sous le titre d'adjoint-ministre. Sous lui se trouvaient les nommés Momoro, imprimeur; Grammont, comédien, et plusieurs autres qui agissaient dans le même sens et avec la même violence. Westermann, déjà peu d'accord avec eux, se les aliéna tout à fait par un acte d'énergie. Le nommé Rossignol, ancien ouvrier orfévre, qui s'était fait remarquer au 20 juin et au 10 août, et qui commandait l'un des bataillons de la formation d'Orléans, était du nombre de ces nouveaux officiers favorisés par le ministère cordelier. Étant un jour à boire avec des soldats de Westermann, il disait

Juillet 1793.

que les soldats ne devaient pas être les esclaves des officiers, que Biron était un *ci-devant*, un traître, et qu'on devait chasser les bourgeois des maisons pour y loger les troupes. Westermann le fit arrêter, et le livra aux tribunaux militaires. Ronsin se hâta de le réclamer, et envoya tout de suite à Paris une dénonciation contre Westermann.

Marche rapide et exécutions militaires de Westermann.

Westermann, sans s'inquiéter de cet événement, se mit en marche avec sa légion pour pénétrer jusqu'au cœur même de la Vendée. (*Voir la carte n° 5.*) Partant du côté opposé à la Loire, c'est-à-dire du midi du théâtre de la guerre, il s'empara d'abord de Parthenay, puis entra dans Amaillou, et mit le feu dans ce dernier bourg, pour user de représailles envers M. de Lescure. Celui-ci, en effet, en entrant à Parthenay, avait exercé des rigueurs contre les habitants, qui étaient accusés d'esprit révolutionnaire. Westermann fit enlever tous les effets des habitants d'Amaillou, et les envoya à ceux de Parthenay, comme dédommagement; il brûla ensuite le château de Clisson, appartenant à Lescure, et répandit partout la terreur par sa marche rapide et le bruit exagéré de ses exécutions militaires. Westermann n'était pas cruel, mais il commença ces désastreuses représailles qui ruinèrent les pays neutres, accusés par chaque parti d'avoir favorisé le parti contraire. Tout avait fui jusqu'à Châtillon, où s'étaient réunis les familles des chefs vendéens et les débris de leurs armées. Le 3 juillet, Westermann, ne craignant pas de se hasarder au centre du pays insurgé, entra dans Châtillon, et en chassa le conseil supérieur et l'état-major, qui y siégeaient comme dans leur capitale. Le bruit de cet exploit audacieux se répandit au loin; mais la position de Westermann était hasardée. Les chefs vendéens s'étaient repliés, avaient sonné le tocsin, rassemblé une armée considérable, et se disposaient à surprendre Westermann du côté où il s'y attendait le moins. Il avait placé sur un moulin, et hors de Châtillon, un poste qui commandait tous les environs. Les Vendéens, s'avançant à la dérobée, suivant leur tactique ordinaire, entourent ce poste et se mettent à l'assaillir de toutes parts. Westermann, averti un peu tard, s'empresse de le faire soutenir, mais les détachements qu'il envoie sont repoussés et ramenés dans Châtillon. L'alarme se répand alors dans l'armée républicaine; elle abandonne Châtillon en désordre; et Westermann lui-même, après avoir fait des prodiges de bravoure, est emporté dans la fuite, et obligé de se sauver à la hâte, en laissant derrière lui un grand nombre d'hommes morts ou prisonniers. Cet échec causa autant de découragement dans les esprits, que la témérité et le succès de l'expédition avaient causé de présomption et d'espérance.

Pendant que ces choses se passaient à Châtillon

Biron venait de convenir d'un plan avec Canclaux. Ils devaient descendre tous deux jusqu'à Nantes, balayer la rive gauche de la Loire, tourner ensuite vers Machecoul, donner la main à Boulard, qui partirait des Sables, et, après avoir ainsi séparé les Vendéens de la mer, marcher vers la haute Vendée pour soumettre tout le pays. Les représentants ne voulurent pas de ce plan; ils prétendirent qu'il fallait partir du point même où l'on était, pour pénétrer dans le pays, marcher en conséquence sur les Ponts-de-Cé avec les troupes réunies à Angers, et se faire appuyer vis-à-vis par une colonne qui s'avancerait de Niort. Biron, se voyant contrarié, donna sa démission. Mais, dans ce moment même, on apprit la déroute de Châtillon, et on imputa tout à Biron. On lui reprocha d'avoir laissé assiéger Nantes, et de n'avoir pas secondé Westermann. Sur la dénonciation de Ronsin et de ses agents, il fut mandé à la barre : Westermann fut mis en jugement, et Rossignol élargi sur-le-champ. Tel était le sort des généraux dans la Vendée au milieu des agents jacobins.

Le général Labarolière prit le commandement des troupes laissées à Angers par Biron, et se disposa, selon le vœu des représentants, à s'avancer dans le pays par les Ponts-de-Cé. Après avoir laissé quatorze cents hommes à Saumur et quinze cents aux Ponts-de-Cé, il se porta vers Brissac, où il plaça un poste pour assurer ses communications. Cette armée indisciplinée commit les plus affreuses dévastations sur un pays dévoué à la république. Le 15 juillet, elle fut attaquée au camp de Fline par vingt mille Vendéens. L'avant-garde, composée de troupes régulières, résista avec vigueur. Cependant le corps de bataille allait céder, lorsque les Vendéens, plus prompts à lâcher pied, se retirèrent en désordre. Les nouveaux bataillons montrèrent alors un peu plus d'ardeur; et, pour les encourager, on leur donna des éloges qui n'étaient mérités que par l'avant-garde. Le 17, on s'avança près de Vihiers; et une nouvelle attaque, reçue et soutenue avec la même vigueur par l'avant-garde, avec la même hésitation par la masse de l'armée, fut repoussée de nouveau. On arriva dans le jour à Vihiers même. Plusieurs généraux, pensant que ces bataillons d'Orléans étaient trop mal organisés pour tenir la campagne, et qu'on ne pouvait pas avec une telle armée rester au milieu du pays, étaient d'avis de se retirer. Labarolière décida qu'il fallait attendre à Vihiers, et se défendre si on y était attaqué. Le 18, à une heure après midi, les Vendéens se présentent; l'avant-garde républicaine se conduit avec la même valeur; mais le reste de l'armée chancelle à la vue de l'ennemi, et se replie malgré les efforts des généraux. Les bataillons de Paris, aimant mieux crier à la trahison que se

Juillet 1793.

Défaite
du général
Labarollière
à Vihiers.

battre, se retirent en désordre. La confusion devient générale; Santerre, qui s'était jeté dans la mêlée avec le plus grand courage, manque d'être pris; le représentant Bourbotte court le même danger; et l'armée fuit si vite, qu'elle est en quelques heures à Saumur. La division de Niort, qui allait se mettre en mouvement, s'arrêta; et, le 20, il fut décidé qu'elle attendrait la réorganisation de la colonne de Saumur. Comme il fallait que quelqu'un répondît de la défaite, Ronsin et ses agents dénoncèrent le chef d'état-major Berthier et le général Menou, qui passaient tous deux pour être aristocrates, parce qu'ils recommandaient la discipline. Berthier et Menou furent aussitôt mandés à Paris, comme l'avaient été Biron et Westermann.

Tel avait été jusqu'à cette époque l'état de cette guerre. Les Vendéens, se levant tout à coup en avril et en mai, avaient pris Thouars, Loudun, Doué, Saumur, grâce à la mauvaise qualité des troupes composées de nouvelles recrues. Descendus jusqu'à Nantes en juin, ils avaient été repoussés de Nantes par Canclaux, des Sables par Boulard, deux généraux qui avaient su introduire parmi leurs soldats l'ordre et la discipline. Westermann, agissant avec audace, et ayant quelques bonnes troupes, avait pénétré jusqu'à Châtillon vers les premiers jours de juin; mais, trahi par les habitants, surpris par les insurgés, il avait essuyé une déroute; enfin la colonne de Tours, voulant s'avancer dans le pays avec les bataillons d'Orléans, avait éprouvé le sort ordinaire aux armées désorganisées. A la fin de juillet, les Vendéens dominaient donc dans toute l'étendue de leur territoire. Quant au brave et malheureux Biron, accusé de n'être pas à Nantes, tandis qu'il visitait la basse Vendée, de n'être pas auprès de Westermann, tandis qu'il arrêtait un plan avec Canclaux, contrarié, interrompu dans toutes ses opérations, il venait d'être enlevé à l'armée sans avoir eu le temps d'agir, et il n'y avait paru que pour y être continuellement accusé. Canclaux restait à Nantes; mais le brave Boulard ne commandait plus aux Sables, et les deux bataillons de la Gironde venaient de se retirer. Tel est donc le tableau de la Vendée en juillet : déroute de toutes les colonnes dans le haut pays; plaintes, dénonciations des agents ministériels contre les généraux prétendus aristocrates, et plaintes des généraux contre les désorganisateurs envoyés par le ministère et les jacobins.

Juillet 1793.

Tableau de la Vendée en juillet.

A l'est et au nord, les siéges de Mayence et de Valenciennes faisaient des progrès alarmants.

Mayence, placée sur la rive gauche du Rhin, du côté de la France, et vis-à-vis l'embouchure du Mein, forme un grand arc de cercle dont le Rhin peut être considéré comme la corde. Un faubourg considérable, celui de Cassel, jeté sur l'autre rive,

État de défense de Mayence.

communique avec la place par un pont de bateaux. L'île de Petersau, située au-dessous de Mayence, remonte dans le fleuve, et sa pointe s'avance assez haut pour battre le pont de bateaux et prendre les défenses de la place à revers. Du côté du fleuve, Mayence n'est protégée que par une muraille en briques; mais du côté de la terre elle est extrêmement fortifiée. En partant de la rive, à la hauteur de la pointe de Petersau, elle est défendue par une enceinte et par un fossé, dans lequel le ruisseau de Zalbach coule pour se rendre dans le Rhin. A l'extrémité de ce fossé, le fort de Haupstein prend le fossé en long, et joint la protection de ses feux à celle des eaux. A partir de ce point, l'enceinte continue et va rejoindre le cours supérieur du Rhin; mais le fossé se trouve interrompu, et il est remplacé par une double enceinte parallèle à la première. Ainsi, de ce côté, deux rangs de murailles exigent un double siége. La citadelle, liée à la double enceinte, vient encore en augmenter la force. (*Voir la carte n° 7.*)

Telle était Mayence en 1793, avant même que les fortifications en eussent été perfectionnées. La garnison s'élevait à vingt mille hommes, parce que le général Schaal, qui devait se retirer avec une division, avait été rejeté dans la place et n'avait pu rejoindre l'armée de Custine. Les vivres n'étaient pas proportionnés à cette garnison. Dans l'incertitude de savoir si l'on garderait ou non Mayence, on s'était peu hâté de l'approvisionner. Custine en avait enfin donné l'ordre. Les juifs s'étaient présentés, mais ils offraient un marché astucieux; ils voulaient que tous les convois arrêtés en route par l'ennemi leur fussent payés. Rewbell et Merlin refusèrent ce marché, de crainte que les juifs ne fissent eux-mêmes enlever les convois. Néanmoins les grains ne manquaient pas; mais on prévoyait que si les moulins placés sur le fleuve étaient détruits, la mouture deviendrait impossible. La viande était en petite quantité, et les fourrages surtout étaient absolument insuffisants pour les trois mille chevaux de la garnison. L'artillerie se composait de cent trente pièces de bronze, et de soixante de fer, qu'on avait trouvées, et qui étaient fort mauvaises; les Français en avaient apporté quatre-vingts en bon état. Les pièces de rempart existaient donc en assez grand nombre; mais la poudre n'était pas en quantité suffisante. Le savant et héroïque Meunier, qui avait exécuté les travaux de Cherbourg, fut chargé de défendre Cassel et les postes de la rive droite; Doyré dirigeait les travaux dans le corps de la place : Aubert-Dubayet et Kléber commandaient les troupes, les représentants Merlin et Rewbell animaient la garnison de leur présence. Elle campait dans l'intervalle des deux enceintes, et occu-

Juillet 1793.

Confiance des troupes.

pait au loin des postes très-avancés. Elle était animée du meilleur esprit, avait grande confiance dans la place, dans ses chefs, dans ses forces; et de plus, elle savait qu'elle avait à défendre un point très-important pour le salut de la France.

Siége de Mayence. Forces des assiégeants.

Le général Schœnfeld, campé sur la rive droite, cernait Cassel avec dix mille Hessois. Les Autrichiens et les Prussiens réunis faisaient la grande attaque de Mayence. Les Autrichiens occupaient la droite des assiégeants. En face de la double enceinte, les Prussiens formaient le centre de Marienbourg; là se trouvait le quartier général du roi de Prusse. La gauche, composée encore de Prussiens, campait en face du Haupstein et du fossé inondé par les eaux du ruisseau de Zalbach. Cinquante mille hommes à peu près composaient cette armée de siége. Le vieux Kalkreuth la dirigeait. Brunswick commandait le corps d'observation du côté des Vosges, où il s'entendait avec Wurmser pour protéger cette grande opération. La grosse artillerie de siége manquant, on négocia avec les États de Hollande, qui vidèrent encore une partie de leurs arsenaux pour aider les progrès de leurs voisins les plus redoutables.

Sorties faites par la garnison.

L'investissement commença en avril. En attendant les convois d'artillerie, l'offensive appartint à la garnison, qui ne cessa de faire les sorties les plus vigoureuses. Le 11 avril, et quelques jours

LEVÉE EN MASSE. 307

après l'investissement, nos généraux résolurent
d'essayer une surprise contre les dix mille Hessois,
qui s'étaient trop étendus sur la rive droite. Le 11,
dans la nuit, ils sortirent de Cassel sur trois
colonnes. Meunier marcha devant lui sur Hochein :
les deux autres colonnes descendirent la rive droite
vers Biberik; mais un coup de fusil, parti à l'im-
proviste dans la colonne du général Schaal, répandit la confusion. Les troupes, toutes neuves
encore, n'avaient pas l'aplomb qu'elles acquirent
bientôt sous leurs généraux. Il fallut se retirer.
Kléber, avec sa colonne, protégea la retraite de la
manière la plus imposante. Cette sortie valut aux
assiégés quarante bœufs ou vaches, qui furent salés.

Le 16, les généraux ennemis voulaient faire
enlever le poste de Weissenau, qui, placé près du
Rhin et à la droite de leur attaque, les inquiétait
beaucoup. Les Français, malgré l'incendie du
village, se retranchèrent dans un cimetière; le
représentant Merlin s'y plaça avec eux, et, par
des prodiges de valeur, ils conservèrent le poste.

Le 26, les Prussiens dépêchèrent un faux parlementaire, qui se disait envoyé par le général de
l'armée du Rhin pour engager la garnison à se
rendre. Les généraux, les représentants, les soldats, déjà attachés à la place, et convaincus qu'ils
rendaient un grand service en arrêtant l'armée du
Rhin sur la frontière, repoussèrent toute proposi-

Juillet 1793.

Défense
du poste
de Weissenau.

tion. Le 3 mai, le roi de Prusse voulut faire prendre un poste de la rive droite vis-à-vis Cassel, celui de Kosteim. Meunier le défendait. L'attaque, tentée le 3 mai avec une grande opiniâtreté, et recommencée le 8, fut repoussée avec une perte considérable pour les assiégeants. Meunier, de son côté, essaya l'attaque des îles placées à l'embouchure du Mein; il les prit, les perdit ensuite, et déploya à chaque occasion la plus grande audace.

Le 30 mai, les Français résolurent une sortie générale sur Marienbourg, où était le roi Frédéric-Guillaume. Favorisés par la nuit, six mille hommes pénétrèrent à travers la ligne ennemie, s'emparèrent des retranchements, et arrivèrent jusqu'au quartier général. Cependant l'alarme répandue leur mit toute l'armée sur les bras; ils rentrèrent après avoir perdu beaucoup de leurs braves. Le lendemain, le roi de Prusse, courroucé, fit couvrir la place de feux. Ce même jour, Meunier faisait une nouvelle tentative sur l'une des îles du Mein. Blessé au genou, il expira moins de sa blessure que de l'irritation qu'il éprouvait d'être obligé de quitter les travaux du siége. Toute la garnison assista à ses funérailles; le roi de Prusse fit suspendre le feu pendant qu'on rendait les derniers honneurs à ce héros, et le fit saluer d'une salve d'artillerie. Le corps fut déposé à la pointe du bastion de Cassel, qu'il avait fait élever.

Les grands convois étaient arrivés de Hollande. Il était temps de commencer les travaux du siége. Un officier prussien conseillait de s'emparer de l'île de Petersau, dont la pointe remontait entre Cassel et Mayence, d'y établir des batteries, de détruire le pont de bateaux et les moulins, et de donner l'assaut à Cassel, une fois qu'on l'aurait isolé et privé des secours de la place. Il proposait ensuite de se diriger vers le fossé où coulait la Zalbach, de s'y jeter sous la protection des batteries de Petersau qui enfileraient ce fossé, et de tenter un assaut sur ce front, qui n'était formé que d'une seule enceinte. Le projet était hardi et périlleux, car il fallait débarquer à Petersau, puis se jeter dans un fossé au milieu des eaux et sous le feu de Haupstein ; mais aussi les résultats devaient être très-prompts. On aima mieux ouvrir la tranchée du côté de la double enceinte, et vis-à-vis de la citadelle, sauf à faire un double siége.

Juillet 1793.

Le 16 juin, une première parallèle fut tracée à huit cents pas de la première enceinte. Les assiégés mirent le désordre dans les travaux ; il fallut reculer. Le 18, une autre parallèle fut tracée beaucoup plus loin, c'est-à-dire à quinze cents pas, et cette distance excita les sarcasmes de ceux qui avaient proposé l'attaque hardie de l'île de Petersau. Du 24 au 25, on se rapprocha ; on s'établit à huit cents pas, et on éleva des batteries. Les assié-

Les coalisés commencent les travaux de siége.

Juillet 1793.

gés interrompirent encore les travaux et enclouèrent les canons; mais ils furent enfin repoussés et accablés de feux continuels. Le 18 et le 19, deux cents pièces étaient dirigées sur la place, et la couvraient de projectiles de toute espèce. Des batteries flottantes, placées sur le Rhin, incendiaient l'intérieur de la ville par le côté le plus ouvert, et lui causaient un dommage considérable.

Cependant la dernière parallèle n'était pas encore ouverte, la première enceinte n'était pas encore franchie, et la garnison pleine d'ardeur ne songeait point à se rendre. Pour se délivrer des batteries flottantes, de braves Français se jetaient à la nage, et allaient couper les câbles des bateaux ennemis. On en vit un amener à la nage un bateau chargé de quatre-vingts soldats, qui furent faits prisonniers.

Détresse des assiégés.

Mais la détresse était au comble. Les moulins avaient été incendiés, et il avait fallu recourir, pour moudre le grain, à des moulins à bras. Encore les ouvriers ne voulaient-ils pas y travailler, parce que l'ennemi, averti, ne manquait pas d'accabler d'obus le lieu où ils étaient placés. D'ailleurs on manquait presque tout à fait de blé; depuis longtemps on n'avait plus que de la chair de cheval; les soldats mangeaient des rats, et allaient sur les bords du Rhin pêcher les chevaux morts que le fleuve entraînait. Cette nourriture devint funeste à plusieurs d'entre eux; il fallut la leur défendre, et les empêcher même de la rechercher, en plaçant des gardes au bord du Rhin. Un chat valait six francs; la chair de cheval mort quarante-cinq sous la livre. Les officiers ne se traitaient pas mieux que les soldats, et Aubert-Dubayet, invitant à dîner son état-major, lui fit servir, comme régal, un chat flanqué de douze souris. Ce qu'il y avait de plus douloureux pour cette malheureuse garnison, c'était la privation absolue de toute nouvelle. Les communications étaient si bien interceptées, que depuis trois mois elle ignorait absolument ce qui se passait en France. Elle avait essayé de faire connaître sa détresse, tantôt par une dame qui allait voyager en Suisse, tantôt par un prêtre qui avait pris le chemin des Pays-Bas, tantôt enfin par un espion qui devait traverser le camp ennemi. Mais aucune de ces dépêches n'était parvenue. Espérant que peut-être on songerait à leur envoyer des nouvelles du Haut Rhin, au moyen de bouteilles jetées dans le fleuve, les assiégés y placèrent des filets. Ils les levaient chaque jour, mais ils n'y trouvaient jamais rien. Les Prussiens, qui avaient pratiqué toute espèce de ruses, avaient fait imprimer à Francfort de faux *Moniteurs*, portant que Dumouriez avait renversé la Convention et que Louis XVII régnait avec une régence. Les Prussiens placés aux avant-postes transmettaient ces faux *Moniteurs* aux soldats de la garnison; et cette lecture répandait les plus grandes inquiétudes, et ajoutait aux souffrances qu'on endurait déjà la douleur de défendre peut-être une cause perdue. Cependant on attendait en se disant : L'armée du Rhin va bientôt arriver. Quelquefois on disait : Elle arrive. Pendant une nuit, on entend une canonnade vigoureuse très-loin de la place. On s'éveille avec joie, on court aux armes, et on s'apprête à marcher vers le canon français et à mettre l'ennemi entre deux feux. Vain espoir! le bruit cesse, et l'armée libératrice ne paraît pas. Enfin la détresse était devenue si insupportable, que deux mille habitants demandèrent à sortir. Aubert-Dubayet le leur permit; mais ils ne furent pas reçus par les assiégeants, restèrent entre deux feux, et périrent en partie sous les murs de la place. Le matin, on vit les soldats rapporter dans leurs manteaux des enfants blessés.

Pendant ce temps, l'armée du Rhin et de la Moselle ne s'avançait pas. Custine l'avait commandée jusqu'au mois de juin. Encore tout abattu de sa retraite, il n'avait cessé d'hésiter pendant les mois d'avril et de mai. Il disait qu'il n'était pas assez fort, qu'il avait besoin de beaucoup de cavalerie pour soutenir, dans les plaines du Palatinat, les efforts de la cavalerie ennemie; qu'il n'avait point de fourrages pour nourrir ses chevaux; qu'il lui fallait attendre que les seigles fussent assez avancés pour en faire du fourrage, et qu'alors il marcherait au secours de Mayence [1]. Beauharnais, son successeur, hésitant comme lui, perdit l'occasion de sauver la place. La ligne des Vosges, comme on sait, longe le Rhin, et vient finir non loin de Mayence. En occupant les deux versants de la chaîne et ses principaux passages, on a un avantage immense, parce qu'on peut se porter ou tout d'un côté ou tout d'un autre, et accabler l'ennemi de ses masses réunies. Telle était la position des Français. L'armée du Rhin occupait le revers oriental, et celle de la Moselle le revers occidental; Brunswick et Wurmser étaient disséminés, à la terminaison de la chaîne, sur un cordon fort étendu. Disposant des passages, les deux armées françaises pouvaient se réunir sur l'un ou l'autre des versants, accabler ou Brunswick ou Wurmser, venir prendre les assiégeants par derrière et sauver Mayence. Beauharnais, brave, mais peu entreprenant, ne fit que des mouvements incertains, et ne secourut pas la garnison.

Les représentants et les généraux enfermés dans Mayence, pensant qu'il ne fallait pas pousser les choses au pire; que si on attendait huit jours de plus, on pourrait manquer de tout, et être obligé

1. Voyez le procès de Custine.

de rendre la garnison prisonnière; qu'au contraire en capitulant, on obtiendrait la libre sortie avec les honneurs de la guerre, et que l'on conserverait vingt mille hommes, devenus les plus braves soldats du monde sous Kléber et Dubayet, décidèrent qu'il fallait rendre la place. Sans doute, avec quelques jours de plus, Beauharnais pouvait la sauver; mais après avoir attendu si longtemps, il était permis de ne plus penser à un secours, et les raisons de se rendre étaient déterminantes. Le roi de Prusse fut facile sur les conditions; il accorda la sortie avec armes et bagages, et n'imposa qu'une condition, c'est que la garnison ne servirait pas d'une année contre les coalisés. Mais il restait assez d'ennemis à l'intérieur pour utiliser ces admirables soldats, nommés depuis les *Mayençais*. Ils étaient tellement attachés à leur poste, qu'ils ne voulaient pas obéir à leurs généraux lorsqu'il fallut sortir de la place : singulier exemple de l'esprit de corps qui s'établit sur un point, et de l'attachement qui se forme pour un lieu qu'on a défendu quelques mois! Cependant la garnison céda; et tandis qu'elle défilait, le roi de Prusse, plein d'admiration pour sa valeur, appelait par leur nom les officiers qui s'étaient distingués pendant le siége, et les complimentait avec une courtoisie chevaleresque. L'évacuation eut lieu le 25 juillet.

On a vu les Autrichiens bloquant la place de

Condé, et faisant le siége régulier de Valenciennes. Ces opérations, conduites simultanément avec celles du Rhin, approchaient de leur terme. Le prince de Cobourg, à la tête du corps d'observation, faisait face au camp de César; le duc d'York commandait le corps de siége. L'attaque, d'abord projetée sur la citadelle, fut ensuite dirigée entre le faubourg de Marly et la porte de Mons. Ce front présentait beaucoup plus de développement, mais il était moins défendu, et fut préféré comme plus accessible. On se proposa de battre les ouvrages pendant le jour, et d'incendier la ville pendant la nuit, afin d'augmenter la désolation des habitants et de les ébranler plus tôt. La place fut sommée le 14 juin. Le général Ferrand et les représentants Cochon et Briest répondirent avec la plus grande dignité. Ils avaient réuni une garnison de sept mille hommes, inspiré de très-bonnes dispositions aux habitants, dont ils organisèrent une partie en compagnies de canonniers, qui rendirent les plus grands services.

Deux parallèles furent successivement ouvertes dans les nuits des 14 et 19 juin, et armées de batteries formidables. Elles causèrent dans la place des ravages affreux. Les habitants et la garnison répondirent à la vigueur de l'attaque, et détruisirent plusieurs fois tous les travaux des assiégeants. Le 25 juin surtout fut terrible. L'ennemi incendia la place jusqu'à midi, sans qu'elle répondît de son

Juillet 1793.

Siége
de
Valenciennes.

côté : mais à cette heure un feu terrible, parti des remparts, plongea dans les tranchées, y mit la confusion, et y reporta la terreur et la mort qui avaient régné dans la ville. Le 28 juin, une troisième parallèle fut tracée, et le courage des habitants commença à s'ébranler. Déjà une partie de cette ville opulente était incendiée. Les enfants, les vieillards et les femmes avaient été mis dans les souterrains. La reddition de Condé, qui venait d'être pris par famine, augmentait encore le découragement des assiégés. Des émissaires avaient été envoyés pour les travailler. Des rassemblements commencèrent à se former et à demander une capitulation. La municipalité partageait les dispositions des habitants, et s'entendait secrètement avec eux. Les représentants et le général Ferrand répondirent avec la plus grande vigueur aux demandes qui leur furent adressées; et avec le secours de la garnison, dont le courage était parvenu au plus haut degré d'exaltation, ils dissipèrent les rassemblements.

Le 25 juillet, les assiégeants préparèrent leurs mines et se disposèrent à l'assaut du chemin couvert. Par bonheur pour eux, trois globes de compression éclatèrent au moment même où les mines de la garnison allaient jouer et détruire leurs ouvrages. Ils s'élancèrent alors sur trois colonnes, franchirent les palissades et pénétrèrent dans le chemin couvert. La garnison effrayée se retirait, abandonnant déjà ses batteries; mais le général Ferrand la ramena sur les remparts. L'artillerie, qui avait fait des prodiges pendant tout le siége, causa encore de grands dommages aux assiégeants, et les arrêta presque aux portes de la place. Le lendemain 26, le duc d'York somma le général Ferrand de se rendre; il annonça qu'après la journée écoulée, il n'écouterait plus aucune proposition, et que la garnison et les habitants seraient passés au fil de l'épée. A cette menace les attroupements devinrent considérables; une multitude, où se trouvaient en grand nombre des hommes armés de pistolets et de poignards, entoura la municipalité. Douze individus prirent la parole pour tous, et firent la réquisition formelle de rendre la place. Le conseil de guerre se tenait au milieu du tumulte; aucun des membres ne pouvait en sortir, et ils étaient tous consignés jusqu'à ce qu'ils eussent décidé la reddition. Deux brèches, des habitants mal disposés, un assiégeant vigoureux, ne permettaient plus de résister. La place fut rendue le 28 juillet. La garnison sortit avec les honneurs de la guerre, fut contrainte de déposer les armes, mais put rentrer en France, avec la seule condition de ne pas servir d'un an contre les coalisés. C'étaient encore sept mille braves soldats, qui pouvaient rendre de grands services contre les ennemis de l'intérieur. Valenciennes avait essuyé quarante et un jours de

Juillet 1793.

Reddition
de
Valenciennes.

bombardement, et avait été accablée de quatre-vingt-quatre-mille boulets, de vingt mille obus et de quarante-huit mille bombes. Le général et la garnison avaient fait leur devoir, et l'artillerie s'était couverte de gloire.

Dans ce même moment, la guerre du fédéralisme se réduisait à ces deux calamités réelles : la révolte de Lyon d'une part, celle de Marseille et de Toulon de l'autre.

Lyon consentait bien à reconnaître la Convention, mais refusait d'obtempérer à deux décrets, celui qui évoquait à Paris les procédures commencées contre les patriotes, et celui qui destituait les autorités et ordonnait la formation d'une nouvelle municipalité provisoire. Les aristocrates cachés dans Lyon effrayaient cette ville du retour de l'ancienne municipalité montagnarde, et, par la crainte de dangers incertains, l'entraînaient dans les dangers réels d'une révolte ouverte. Le 15 juillet, les Lyonnais firent mettre à mort les deux patriotes Chalier et Riard, et dès ce jour ils furent déclarés en état de rébellion. Les deux girondins Chasset et Biroteau, voyant surgir le royalisme, se retirèrent. Cependant le président de la commission populaire, qui était dévoué aux émigrés, ayant été remplacé, les déterminations étaient devenues un peu moins hostiles. On reconnaissait la Constitution, et on offrait de se soumettre, mais toujours à condition de ne pas exécuter les deux principaux décrets. Dans cet intervalle, les chefs fondaient des canons, accaparaient des munitions, et les difficultés ne semblaient devoir se terminer que par la voie des armes.

<small>Juillet 1793.</small>

Marseille était beaucoup moins redoutable. Ses bataillons, rejetés au delà de la Durance par Carteaux, ne pouvaient opposer une longue résistance; mais elle avait communiqué à la ville de Toulon, jusque-là si républicaine, son esprit de révolte. Ce port, l'un des premiers du monde, et le premier de la Méditerranée, faisait envie aux Anglais, qui croisaient devant ses rivages. Des émissaires de l'Angleterre y intriguaient sourdement, et y préparaient une trahison infâme. Les sections s'y étaient réunies le 13 juillet, et, procédant comme toutes celles du Midi, avaient destitué la municipalité et fermé le club jacobin. L'autorité, transmise aux mains des fédéralistes, risquait de passer successivement, de factions en factions, aux émigrés et aux Anglais. L'armée de Nice, dans son état de faiblesse, ne pouvait prévenir un tel malheur. Tout devenait donc à craindre; et ce vaste orage, amoncelé sur l'horizon du Midi, s'était fixé sur deux points, Lyon et Toulon.

<small>Sédition obstinée de Marseille.</small>

<small>Sourde trahison de Toulon.</small>

Depuis deux mois, la situation s'était donc expliquée, et le danger, moins universel, moins étourdissant, était mieux déterminé et plus grave.

Juillet 1793.

A l'Ouest, c'était la plaie dévorante de la Vendée; à Marseille, une sédition obstinée; à Toulon, une trahison sourde; à Lyon, une résistance ouverte et un siège. Au Rhin et au Nord, c'était la perte des deux boulevards qui avaient si longtemps arrêté la coalition et empêché l'ennemi de marcher sur la capitale. En septembre 1792, lorsque les Prussiens marchaient sur Paris et avaient pris Longwy et Verdun; en avril 1793, après la retraite de la Belgique, après la défaite de Nerwinde, la défection de Dumouriez et le premier soulèvement de la Vendée; au 31 mai 1793, après l'insurrection universelle des départements, l'invasion du Roussillon par les Espagnols, et la perte du camp de Famars; à ces trois époques les dangers avaient été effrayants, sans doute, mais jamais peut-être aussi réels qu'à cette quatrième époque d'août 1793. C'était la quatrième et dernière crise de la révolution. La France était moins ignorante et moins neuve à la guerre qu'en septembre 1792, moins effrayée de trahisons qu'en avril 1793, moins embarrassée d'insurrections qu'au 31 mai et au 12 juin; mais si elle était plus aguerrie et mieux obéie, elle était envahie à la fois sur tous les points, au Nord, au Rhin, aux Alpes, aux Pyrénées.

Dangers extrêmes de la république.

Cependant on ne connaîtrait pas encore tous les maux qui affligeaient alors la république, si on se bornait à considérer seulement les cinq ou six champs de bataille sur lesquels ruisselait le sang humain. L'intérieur offrait un spectacle tout aussi déplorable. Les grains étaient toujours chers et rares. On se battait à la porte des boulangers pour obtenir une modique quantité de pain. On se disputait en vain avec les marchands pour leur faire accepter les assignats en échange des objets de première nécessité. La souffrance était au comble. Le peuple se plaignait des accapareurs qui retenaient les denrées, des agioteurs qui les faisaient renchérir, et qui discréditaient les assignats par leur trafic. Le gouvernement, tout aussi malheureux que le peuple, n'avait, pour exister aussi, que les assignats, qu'il fallait donner en quantité trois ou quatre fois plus considérable pour payer les mêmes services, et qu'on n'osait plus émettre, de peur de les avilir encore davantage. On ne savait donc plus comment faire vivre ni le peuple ni le gouvernement.

Août 1793.
Spectacle déplorable de l'intérieur.

La production générale n'avait pourtant pas diminué. Bien que la nuit du 4 août n'eût pas encore produit ses immenses effets, la France ne manquait ni de blé, ni de matières premières, ni de matières ouvrées; mais la distribution légale et paisible en était devenue impossible, par les effets du papier-monnaie. La révolution qui, en abolissant la monarchie, avait voulu néanmoins payer sa dette; qui, en détruisant la vénalité des

État financier

offices, s'était engagée à en rembourser la valeur; qui, en défendant enfin le nouvel ordre de choses contre l'Europe conjurée, était obligée de faire les frais d'une guerre universelle, avait, pour suffire à toutes ces charges, les biens nationaux enlevés au clergé et aux émigrés. Pour mettre en circulation la valeur de ces biens, elle avait imaginé les assignats, qui en étaient la représentation, et qui, par le moyen des achats, devaient rentrer au trésor et être brûlés. Mais comme on doutait du succès de la révolution et du maintien des ventes, on n'achetait pas les biens. Les assignats restaient dans la circulation, comme une lettre de change non acceptée, et s'avilissaient par le doute et par la quantité.

Le numéraire seul restait toujours comme mesure réelle des valeurs, et rien ne nuit à une monnaie contestée comme la rivalité d'une monnaie certaine et incontestée. L'une se resserre et refuse de se donner, tandis que l'autre s'offre en abondance, et se discrédite en s'offrant. Tel était le sort des assignats par rapport au numéraire. La révolution, condamnée à des moyens violents, ne pouvait plus s'arrêter. Elle avait mis en circulation *forcée* la valeur anticipée des biens nationaux; elle devait essayer de la soutenir par des moyens *forcés*. Le 11 avril, malgré les girondins qui luttaient généreusement, mais imprudemment, contre la fatalité de cette situation révolutionnaire, la Convention punit de six ans de fers quiconque vendrait du numéraire, c'est-à-dire échangerait une certaine quantité d'argent ou d'or contre une quantité nominale plus grande d'assignats. Elle punit de la même peine quiconque stipulerait pour les marchandises un prix différent, suivant que le payement se ferait en numéraire ou en assignats.

Ces moyens n'empêchaient pas la différence de se prononcer rapidement. En juin, un franc métal valait trois francs assignats; et en août, deux mois après, un franc argent valait six francs assignats. Le rapport de diminution, qui était d'un à trois, s'était donc élevé d'un à six.

Dans une pareille situation, les marchands refusaient de donner leurs marchandises au même prix qu'autrefois, parce que la monnaie qu'on leur offrait n'avait plus que le cinquième ou le sixième de sa valeur. Ils les resserraient donc, et les refusaient aux acheteurs. Sans doute, cette diminution de valeur eût été pour les assignats un inconvénient absolument nul, si tout le monde, ne les recevant que pour ce qu'ils valaient réellement, les avait pris et donnés au même taux. Dans ce cas, ils auraient toujours pu faire les fonctions de signe dans les échanges, et servir à la circulation comme toute autre monnaie; mais les capitalistes qui vivaient de leurs revenus, les créanciers de l'État qui recevaient ou une rente annuelle ou le remboursement d'un office, étaient obligés d'accepter le papier suivant sa valeur nominale. Tous les débiteurs s'empressaient de se libérer, et les créanciers, forcés de prendre une valeur fictive, ne touchaient que le quart, le cinquième ou le sixième de leur capital. Enfin le peuple ouvrier, toujours obligé d'offrir ses services, de les donner à qui veut les accepter, ne sachant pas se concerter pour faire augmenter les salaires du double, du triple, à mesure que les assignats diminuaient dans la même proportion, ne recevait qu'une partie de ce qui lui était nécessaire pour obtenir en échange les objets de ses besoins. Le capitaliste, à moitié ruiné, était mécontent et silencieux; mais le peuple furieux appelait accapareurs les marchands qui ne voulaient pas lui vendre au prix ordinaire, et demandait qu'on envoyât les accapareurs à la guillotine.

Cette fâcheuse situation était un résultat nécessaire de la création des assignats, comme les assignats eux-mêmes furent amenés par la nécessité de payer des dettes anciennes, des offices et une guerre ruineuse; et, par les mêmes causes, le *maximum* devait bientôt résulter des assignats. Peu importait en effet qu'on eût rendu cette monnaie forcée si le marchand, en élevant ses prix, parvenait à se soustraire à la nécessité de la recevoir. Il fallait rendre le taux des marchandises forcé comme celui de la monnaie. Dès que la loi avait dit : Le papier vaut six francs ; elle devait dire : Telle marchandise ne vaut que six francs ; car autrement le marchand, en la portant à douze, échappait à l'échange.

Il avait donc fallu encore, malgré les girondins, qui avaient donné d'excellentes raisons puisées dans l'économie ordinaire des choses, établir le *maximum* des grains. La plus grande souffrance pour le peuple, c'est le défaut de pain. Les blés ne manquaient pas, mais les fermiers, qui ne voulaient pas affronter le tumulte des marchés, ni livrer leur blé au taux des assignats, se cachaient avec leurs denrées. Le peu de grain qui se montrait était enlevé rapidement par les communes, et par les individus que la peur engageait à s'approvisionner. La disette se faisait encore plus sentir à Paris que dans aucune autre ville de France, parce que les approvisionnements pour cette cité immense étaient plus difficiles, les marchés plus tumultueux, la peur des fermiers plus grande. Les 3 et 4 mai, la Convention n'avait pu s'empêcher de rendre un décret par lequel tous les fermiers ou marchands de grains étaient obligés de déclarer la quantité de blés qu'ils possédaient, de faire battre ceux qui étaient en gerbe, de les porter dans les marchés, et exclusivement dans les marchés, et de les vendre à un prix moyen fixé par chaque commune, et basé sur les prix antérieurs du 1er janvier au 1er mai. Personne ne pouvait acheter pour suffire à ses besoins au delà d'un mois; ceux qui avaient vendu ou acheté à un prix au-dessus du *maximum*, ou menti dans leurs déclarations, étaient punis de la confiscation et d'une amende de 300 à 1,000 francs. Des visites domiciliaires étaient ordonnées pour vérifier la vérité; de plus, le tableau de toutes les déclarations devait être envoyé par les municipalités au ministre de l'intérieur, pour faire une statistique générale des subsistances de la France. La commune de Paris, ajoutant ses arrêtés de police aux décrets de la Convention, avait réglé en outre la distribution du pain dans les boulangeries. On ne pouvait s'y présenter qu'avec des cartes de sûreté. Sur cette carte, délivrée par les comités révolutionnaires, était désignée la quantité de pain qu'on pouvait demander, et cette quantité était proportionnée au nombre d'individus dont se composait chaque famille. On avait réglé jusqu'à la manière dont on devait *faire queue* à la porte des boulangers. Une corde était attachée à leur porte; chacun la tenait par la main, de manière à ne pas perdre son rang et à éviter la confusion. Cependant de méchantes femmes coupaient souvent la corde; un tumulte épouvantable s'ensuivait, et il fallait la force armée pour rétablir l'ordre. On voit à combien d'immenses soucis est condamné un gouvernement, et à quelles mesures vexatoires il se trouve entraîné, dès qu'il est obligé de tout voir pour tout régler. Mais, dans cette situation, chaque chose s'enchaînait à une autre. Forcer le cours des assignats avait conduit à forcer les échanges, à forcer les prix, à forcer même la quantité, l'heure, le mode des achats; le dernier fait résultait du premier, et le premier avait été inévitable comme la révolution elle-même.

Cependant le renchérissement des subsistances qui avait amené leur *maximum* s'étendait à toutes les marchandises de première nécessité. Viandes, légumes, fruits, épices, matières à éclairer et à brûler, boissons, étoffes pour vêtement, cuirs pour la chaussure, tout avait augmenté à mesure que les assignats avaient baissé, et le peuple s'obstinait chaque jour davantage à voir des accapareurs là où il n'y avait que des marchands qui refusaient une monnaie sans valeur. On se souvient qu'en février il avait pillé chez les épiciers d'après l'avis de Marat. En juillet, il avait pillé des bateaux de savon qui arrivaient par la Seine à Paris. La commune indignée avait rendu les arrêtés les plus sévères, et Pache imprima cet avis simple et laconique:

« Le maire Pache a ses concitoyens.

« Paris contient sept cent mille habitants, le sol de Paris ne produit rien pour leur nourriture, leur habillement, leur entretien; il faut donc que

Paris tire tout des autres départements et de l'étranger.

« Lorsqu'il arrive des denrées et des marchandises à Paris, si les habitants les pillent, on cessera d'en envoyer.

« Paris n'aura plus rien pour la nourriture, l'habillement, l'entretien de ses nombreux habitants.

« Et sept cent mille hommes dépourvus de tout s'entre-dévoreront. »

Le peuple n'avait plus pillé; mais il demandait toujours des mesures terribles contre les marchands, et on a vu le prêtre Jacques Roux ameuter les cordeliers, pour faire insérer dans la Constitution un article relatif aux accapareurs. On se déchaînait beaucoup aussi contre les agioteurs, qui faisaient, dit-on, augmenter les marchandises en spéculant sur les assignats, l'or, l'argent et le papier étranger.

L'imagination populaire se créait des monstres et partout voyait des ennemis acharnés, tandis qu'il n'y avait que des joueurs avides, profitant du mal, mais ne le produisant pas, et n'ayant certainement pas la puissance de le produire. L'avilissement des assignats tenait à une foule de causes : leur quantité considérable, l'incertitude de leur gage qui devait disparaître si la révolution succombait, leur comparaison avec le numéraire qui ne perdait pas sa réalité, et avec les marchandises qui, conservant leur valeur, refusaient de se donner contre une monnaie qui n'avait plus la sienne. Dans cet état de choses, les capitalistes ne voulaient pas garder leurs fonds sous forme d'assignats, parce que sous cette forme ils dépérissaient tous les jours. D'abord ils avaient cherché à se procurer de l'argent; mais six ans de gêne effrayaient les vendeurs et les acheteurs de numéraire. Ils avaient alors songé à acheter des marchandises; mais elles offraient un placement passager, parce qu'elles ne pouvaient se garder longtemps, et un placement dangereux, parce que la fureur contre les accapareurs était au comble. On cherchait donc des sûretés dans les pays étrangers. Tous ceux qui avaient des assignats s'empressaient de se procurer des lettres de change sur Londres, sur Amsterdam, sur Hambourg, sur Genève, sur toutes les places de l'Europe; ils donnaient, pour obtenir ces valeurs étrangères, des valeurs nationales énormes, et avilissaient ainsi les assignats en les abandonnant. Quelques-unes de ces lettres de change étaient réalisées hors de France, et la valeur en était touchée par les émigrés. Des meubles magnifiques, dépouilles de l'ancien luxe, consistant en ébénisterie, horlogerie, glaces, bronzes dorés, porcelaines, tableaux, éditions précieuses, payaient ces lettres de change, qui s'étaient transformées en guinées ou

332   LIVRE XVI.

Août 1793.

Chiffre total des émissions d'assignats.

clergé et des émigrés. Enfin, entre les assignats eux-mêmes on faisait des différences. Sur cinq milliards environ émis depuis la création, un milliard était rentré par les achats de biens nationaux ; quatre milliards à peu près restaient en circulation ; et sur ces quatre milliards, on en pouvait compter cinq cents millions créés sous Louis XVI, et portant l'effigie royale. Ces derniers seraient mieux traités, disait-on, en cas de contre-révolution, et admis pour une partie au moins de leur valeur. Aussi gagnaient-ils 10 ou 15 pour cent sur les autres. Les assignats républicains, seule ressource du gouvernement, seule monnaie du peuple, étaient donc tout à fait discrédités, et luttaient à la fois contre le numéraire, les marchandises, les papiers étrangers, les actions des compagnies de finances, les diverses créances sur l'État, et enfin contre les assignats royaux.

Agiotage.

Le remboursement des offices, le payement des grandes fournitures faites à l'État pour les besoins de la guerre, l'empressement de beaucoup de débiteurs à se libérer, avaient produit de grands amas de fonds dans quelques mains. La guerre, la crainte d'une révolution terrible, avaient interrompu beaucoup d'opérations commerciales, amené de grandes liquidations, et augmenté encore la masse des capitaux stagnants et cherchant des sûretés. Ces capitaux, ainsi accumulés, étaient livrés à un agio perpétuel sur la Bourse de Paris, et se changeaient tour à tour en or, argent, denrées, lettres de change, actions des compagnies, vieux contrats sur l'État, etc. Là, comme d'usage, intervenaient ces joueurs aventureux, qui se jettent dans toutes les espèces de hasards, qui spéculent sur les accidents du commerce, sur l'approvisionnement des armées, sur la bonne foi des gouvernements, etc. Placés en observation à la Bourse, ils faisaient le profit de toutes les hausses sur la baisse constante des assignats. La baisse de l'assignat commençait d'abord à la Bourse, par rapport au numéraire et à toutes les valeurs mobiles. Elle avait lieu ensuite par rapport aux marchandises, qui renchérissaient dans les boutiques et les marchés. Cependant les marchandises ne montaient pas aussi rapidement que le numéraire, parce que les marchés sont éloignés de la Bourse, parce qu'ils ne sont pas aussi sensibles, et que d'ailleurs les marchands ne peuvent pas se donner le mot aussi rapidement que des agioteurs réunis dans une salle. La différence, déterminée d'abord à la Bourse, ne se prononçait donc ailleurs qu'après un temps plus ou moins long; l'assignat de 5 francs, qui déjà n'en valait plus que 2 à la Bourse, en valait encore 3 dans les marchés, et les agioteurs avaient ainsi l'intervalle nécessaire pour spéculer. Ayant leurs capitaux tout prêts, ils prenaient du numéraire avant la hausse;

dès qu'il montait par rapport aux assignats, ils l'échangeaient contre ceux-ci; ils en avaient une plus grande quantité, et comme la marchandise n'avait pas eu le temps de monter encore, avec cette plus grande quantité d'assignats ils se procuraient une plus grande quantité de marchandises, et la revendaient quand le rapport s'était rétabli. Leur rôle consistait à occuper le numéraire et la marchandise pendant que l'un et l'autre s'élevaient par rapport à l'assignat. Leur profit n'était donc que le profit constant de la hausse de toutes choses sur l'assignat, et il était naturel qu'on leur en voulût de ce bénéfice toujours fondé sur une calamité publique. Leur jeu s'étendait sur la variation de toutes les espèces de valeurs, telles que le papier étranger, les actions des compagnies, etc. Ils profitaient de tous les accidents qui pouvaient produire des différences, tels qu'une défaite, une motion, une fausse nouvelle. Ils formaient une classe assez considérable. On y comptait des banquiers étrangers, des fournisseurs, des usuriers, d'anciens prêtres ou nobles, de récents parvenus révolutionnaires, et quelques députés, qui, pour l'honneur de la Convention, n'étaient que cinq ou six, et qui avaient l'avantage perfide de contribuer à la variation des valeurs par des motions faites à propos. Ils vivaient dans les plaisirs avec des actrices, des ci-devant religieuses ou comtesses, qui du rôle de maîtresses passaient quelquefois à celui de négociatrices d'affaires. Les deux principaux députés engagés dans ces intrigues étaient Julien, de Toulouse, et Delaunay, d'Angers, qui vivaient, le premier avec la comtesse de Beaufort, le second avec l'actrice Descoings. On prétend que Chabot, dissolu comme un ex-capucin, et s'occupant quelquefois des questions financières, se livrait à cet agiotage, de compagnie avec deux frères, nommés Frey, expulsés de Moravie pour leurs opinions révolutionnaires, et venus à Paris pour y faire le commerce de la banque. Fabre d'Églantine s'en mêlait aussi, et l'on accusait Danton, mais sans aucune preuve, de n'y être pas étranger.

L'intrigue la plus honteuse fut celle qui lia le baron de Batz, banquier et financier habile, avec Julien, de Toulouse, et Delaunay, d'Angers, les députés les plus décidés à faire fortune. Ils avaient le projet de dénoncer les malversations de la compagnie des Indes, de faire baisser ses actions, de les acheter aussitôt, de les relever ensuite au moyen de motions plus douces, et de réaliser ainsi les profits de la hausse. D'Espagnac, cet abbé délié, qui fut fournisseur de Dumouriez dans la Belgique, qui avait obtenu depuis l'entreprise générale des charrois, et dont Julien protégeait les marchés auprès de la Convention, devait fournir en reconnaissance les fonds de l'agiotage. Julien se

Août 1793.

Grande indignation contre les agioteurs.

proposait d'entraîner encore dans cette intrigue Fabre, Chabot et autres, qui pouvaient devenir utiles comme membres de divers comités.

La plupart de ces hommes étaient attachés à la révolution, et ne cherchaient pas à la desservir; mais, à tout événement, ils voulaient s'assurer des jouissances et de la fortune. On ne connaissait pas toutes leurs trames secrètes; mais, comme ils spéculaient sur le discrédit des assignats, on leur imputait le mal dont ils profitaient. Comme ils avaient dans leurs rangs beaucoup de banquiers étrangers, on les disait agents de Pitt et de la coalition; et on croyait encore voir ici l'influence mystérieuse et si redoutée du ministère anglais. On était, en un mot, également indigné contre les agioteurs et les accapareurs, et on demandait contre les uns et les autres les mêmes supplices.

Ainsi, tandis que le Nord, le Rhin, le Midi, la Vendée, étaient envahis par nos ennemis, nos moyens de finances consistaient dans une monnaie non acceptée, dont le gage était incertain comme la révolution elle-même, et qui, à chaque accident, diminuait d'une valeur proportionnée au péril. Telle était cette situation singulière : à mesure que le danger augmentait et que les moyens auraient dû être plus grands, ils diminuaient au contraire; les munitions s'éloignaient du gouvernement, et les denrées, du peuple. Il fallait donc à la fois créer des soldats, des armes, une monnaie pour l'État et pour le peuple, et après tout cela s'assurer des victoires.

Les commissaires envoyés par les assemblées primaires pour célébrer l'anniversaire du 10 août, et accepter la Constitution au nom de toute la France, venaient d'arriver à Paris. On voulait saisir ce moment pour exciter un mouvement d'enthousiasme, réconcilier les provinces avec la capitale, et provoquer des résolutions héroïques. On prépara une réception brillante. Des marchands furent appelés de tous les environs. On amassa des subsistances considérables pour qu'une disette ne vînt pas troubler ces fêtes, et que les commissaires jouissent à la fois du spectacle de la paix, de l'abondance et de l'ordre ; on poussa les égards jusqu'à ordonner à toutes les administrations des voitures publiques de leur céder des places, même celles qui seraient déjà retenues par des voyageurs. L'administration du département, qui, avec celle de la commune, rivalisait d'austérité dans son langage et ses proclamations, fit une adresse *aux frères* des assemblées primaires. « Ici, leur disait-elle, des
« hommes couverts du masque du patriotisme vous
« parleront avec enthousiasme de liberté, d'égalité,
« de république une et indivisible, tandis qu'au
« fond de leur cœur ils n'aspirent et ne travaillent
« qu'au rétablissement de la royauté et au déchire-

« ment de leur patrie. Ceux-là sont les riches; et
« les riches dans tous les temps ont abhorré les
« vertus et tué les mœurs. Là, vous trouverez des
« femmes perverses, trop séduisantes par leurs
« attraits, qui s'entendront avec eux pour vous
« entraîner dans le vice..... Craignez, craignez
« surtout le ci-devant Palais-Royal; c'est dans ce
« jardin que vous trouverez ces perfides. Ce fameux
« jardin, berceau de la révolution, naguère l'asile
« des amis de la liberté, de l'égalité, n'est plus au-
« jourd'hui, malgré notre active surveillance, que
« l'égout fangeux de la société, le repaire des
« scélérats, l'antre de tous les conspirateurs.....
« Fuyez ce lieu empoisonné; préférez au spectacle
« dangereux du luxe et de la débauche les utiles
« tableaux de la vertu laborieuse; visitez les fau-
« bourgs, fondateurs de notre liberté; entrez dans
« les ateliers, où des hommes actifs, simples et
« vertueux comme vous, comme vous prêts à dé-
« fendre la patrie, vous attendent depuis longtemps
« pour serrer les liens de la fraternité. Venez sur-
« tout dans nos sociétés populaires. Unissons-nous,
« ranimons-nous aux nouveaux dangers de la pa-
« trie, et jurons pour la dernière fois la mort et la
« destruction des tyrans! »

Le premier soin fut de les entraîner aux Jacobins, qui les reçurent avec le plus grand empressement, et leur offrirent leur salle pour s'y réunir. Les commissaires acceptèrent cette offre, et il fut convenu qu'ils délibéreraient dans le sein même de la société, et se confondraient avec elle pendant leur séjour. De cette manière, il n'y avait à Paris que quatre cents jacobins de plus. La société, qui siégeait tous les deux jours, voulut alors se réunir tous les jours pour délibérer avec les commissaires des départements sur les mesures de salut public. On disait que, dans le nombre de ces commissaires, quelques-uns penchaient pour l'indulgence, et qu'ils avaient la mission de demander une amnistie générale le jour de l'acceptation de la Constitution. En effet, quelques personnes songeaient à ce moyen de sauver les girondins prisonniers, et tous les autres détenus pour cause politique. Mais les jacobins ne voulaient aucune composition, et il leur fallait à la fois énergie et vengeance. On avait calomnié les commissaires des assemblées primaires, dit Hassenfratz, en répandant qu'ils voulaient proposer une amnistie; ils en étaient incapables, et s'uniraient aux jacobins pour demander, avec les mesures urgentes de salut public, la punition de tous les traîtres. Les commissaires se tinrent pour avertis, et si quelques-uns, du reste peu nombreux, songeaient à une amnistie, aucun n'osa plus en faire la proposition.

Le 7 août, au matin, ils furent conduits à la commune, et de la commune à l'Évêché, où se tenait le club des électeurs, et où s'était préparé le 31 mai. C'est là que devait s'opérer la réconciliation des départements avec Paris, puisque c'était de là qu'était partie l'attaque contre la représentation nationale. Le maire Pache, le procureur Chaumette et toute la municipalité, marchant à leur tête, introduisent les commissaires à l'Évêché. De part et d'autre on s'adresse des discours; les Parisiens déclarent qu'ils n'avaient jamais voulu ni méconnaître ni usurper les droits des départements; les commissaires reconnaissent à leur tour qu'on a calomnié Paris; ils s'embrassent alors les uns les autres, et se livrent au plus vif enthousiasme. Tout à coup l'idée leur vient d'aller à la Convention pour lui faire part de cette réconciliation. Ils s'y rendent en effet, et sont introduits sur-le-champ. La discussion est interrompue, l'un des commissaires prend la parole. « Citoyens représentants, « dit-il, nous venons vous faire part de la scène « attendrissante qui vient de se passer dans la salle « des électeurs, où nous sommes allés donner le « baiser de paix à nos frères de Paris. Bientôt, « nous l'espérons, la tête des calomniateurs de « cette cité républicaine tombera sous le glaive de « la loi. Nous sommes tous montagnards, vive la « Montagne! » Un autre demande que les représentants donnent aux commissaires le baiser fraternel. Aussitôt les membres de l'Assemblée quittent leurs places, et se jettent dans les bras des commissaires des départements. Après quelques instants d'une scène d'attendrissement et d'enthousiasme, les commissaires défilent dans la salle, en poussant les cris de Vive la Montagne! Vive la république! et en chantant :

<blockquote>
La Montagne nous a sauvés
En congédiant Gensonné.....
La Montagne nous a sauvés
En congédiant Gensonné.
Au diable les Buzot,
Les Vergniaud, les Brissot!
Dansons la carmagnole, etc.
</blockquote>

Adresse des commissaires aux départements

Ils se rendent ensuite aux Jacobins, où ils rédigent, au nom de tous les envoyés des assemblées primaires, une adresse pour déclarer aux départements que Paris a été calomnié. « Frères et amis, écrivent-ils, calmez, calmez vos inquiétudes. Nous n'avons tous ici qu'un sentiment. Toutes nos âmes sont confondues, et la liberté triomphante ne promène plus son regard que sur des jacobins, des frères et des amis. Le *Marais* n'est plus. Nous ne formons ici qu'une énorme et terrible MONTAGNE qui va vomir ses feux sur tous les royalistes et les partisans de la tyrannie. Périssent les libellistes infâmes qui ont calomnié Paris!... Nous veillons tous ici jour et nuit, et nous travaillons, de concert avec nos frères de la capitale, au salut commur..... Nous ne rentrerons dans nos foyers que pour vous annoncer que la France est libre et que la patrie est sauvée. » Cette adresse, lue, applaudie avec enthousiasme, est envoyée à la Convention pour qu'elle soit insérée sur-le-champ dans le bulletin de la séance. L'ivresse devient générale; une foule d'orateurs se précipitent à la tribune du club, les têtes commencent à s'égarer. Robespierre, en voyant ce trouble, demande aussitôt la parole. Chacun la lui cède avec empressement. Jacobins, commissaires, tous applaudissent le célèbre orateur, que quelques-uns n'avaient encore ni vu ni entendu.

Il félicite les départements qui viennent de sauver la France. « Ils la sauvèrent, dit-il, une première fois en 89, en s'armant spontanément; une seconde fois, en se rendant à Paris pour exécuter le 10 août; une troisième, en venant donner au milieu de la capitale le spectacle de l'union et de la réconciliation générale. Dans ce moment, de sinistres événements ont affligé la république, et mis son existence en danger; mais des républicains ne doivent rien craindre; et ils ont à se défier d'une émotion qui pourrait les entraîner à des désordres. On voudrait dans le moment produire une disette factice et amener un tumulte; on voudrait porter le peuple à l'Arsenal, pour en disperser les munitions ou y mettre le feu, comme il vient d'arriver dans plusieurs villes; enfin, on ne renonce pas à causer encore un événement dans les prisons, pour calomnier Paris, et rompre l'union qui vient d'être jurée. Défiez-vous de tant de piéges, ajoute Robespierre, soyez calmes et fermes; envisagez sans crainte les malheurs de la patrie, et travaillons tous à la sauver. »

On se calme à ces paroles, et on se sépare après avoir salué le sage orateur d'applaudissements réitérés.

Aucun désordre ne vint troubler Paris pendant les jours suivants, mais rien ne fut oublié pour ébranler les imaginations et les disposer à un généreux enthousiasme. On ne cachait aucun danger, on ne dérobait aucune nouvelle sinistre à la connaissance du peuple; on publiait successivement les déroutes de la Vendée, les nouvelles toujours plus alarmantes de Toulon, le mouvement rétrograde de l'armée du Rhin, qui se repliait devant les vainqueurs de Mayence, et enfin le péril extrême de l'armée du Nord, qui était retirée au camp de César, et que les Impériaux, les Anglais, les Hollandais, maîtres de Condé, de Valenciennes, et formant une masse double, pouvaient enlever en un coup de main. Entre le camp de César et Paris, il y avait tout au plus quarante lieues, et pas un régiment, pas un obstacle qui pût arrêter l'ennemi. L'armée du Nord enlevée, tout était perdu, et on

Août 1793.

Moyens employés pour exciter l'enthousiasme.

recueillait avec anxiété les moindres bruits arrivant de cette frontière. (*Voir la carte n° 1.*)

Les craintes étaient fondées, et dans ce moment, en effet, le camp de César se trouvait dans le plus grand péril. Le 7 août, au soir, les coalisés y étaient arrivés, et le menaçaient de toutes parts. Entre Cambrai et Bouchain, s'étend une ligne de hauteurs. L'Escaut les protége en les parcourant. C'est là ce qu'on appelle le camp de César, appuyé sur deux places, et bordé par un cours d'eau. Le 7 au soir, le duc d'York, chargé de tourner les Français, débouche en vue de Cambrai, qui formait la droite du camp de César; il somme la place; le commandant répond en fermant ses portes et en brûlant les faubourgs. Le même soir, Cobourg, avec une masse de quarante mille hommes, arrive sur deux colonnes aux bords de l'Escaut, et bivouaque en face de notre camp. Une chaleur étouffante paralyse les forces des hommes et des chevaux; plusieurs soldats, frappés des rayons du soleil, ont expiré dans la journée. Kilmaine, nommé pour remplacer Custine, et n'ayant voulu accepter le commandement que par intérim, ne croit pas pouvoir tenir dans une position aussi périlleuse. Menacé, vers sa droite, d'être tourné par le duc d'York, ayant à peine trente-cinq mille hommes découragés à opposer à soixante-dix mille hommes victorieux, il croit plus prudent de songer à la retraite, et de gagner du temps en allant chercher un autre poste. La ligne de la Scarpe, placée derrière celle de l'Escaut, lui paraît bonne à occuper. Entre Arras et Douai, des hauteurs bordées par la Scarpe forment un camp semblable au camp de César, et comme celui-ci appuyé par deux places et bordé par un cours d'eau. Kilmaine prépare sa retraite pour le lendemain matin 8.

Son corps d'armée traversera la Cense, petite rivière longeant les derrières du terrain qu'il occupe, et lui-même se portera, avec une forte arrière-garde, vers la droite, où le duc d'York est tout près de déboucher. Le lendemain, en effet, à la pointe du jour, la grosse artillerie, les bagages et l'infanterie se mettent en mouvement, traversent la Cense, et détruisent tous les passages. Une heure après, Kilmaine, avec quelques batteries d'artillerie légère, et une forte division de cavalerie, se porte vers la droite, pour protéger la retraite contre les Anglais. Il ne pouvait arriver plus à propos. Deux bataillons, égarés dans leur route, se trouvaient engagés dans le petit village de Marquion, et faisaient une forte résistance contre les Anglais. Malgré leurs efforts, ils étaient près d'être enveloppés. Kilmaine, arrivant aussitôt, place son artillerie légère sur le flanc des ennemis, lance sur eux sa cavalerie, et les force à reculer. Les bataillons sont alors dégagés, et peuvent rejoindre le reste de l'armée. Dans ce moment, les Anglais et les Impériaux, débouchant à la fois sur la droite et sur le front du camp de César, le trouvent entièrement évacué. Enfin, vers la chute du jour, les Français sont réunis au camp de Gavrelle, appuyés sur Arras et Douai, et ayant la Scarpe devant eux.

Ainsi, le 8 août, le camp de César est évacué comme l'avait été celui de Famars; Cambrai et Bouchain sont abandonnés à leurs propres forces, comme Valenciennes et Condé. La ligne de la Scarpe, placée derrière celle de l'Escaut, n'est pas, comme on sait, entre Paris et l'Escaut, mais entre l'Escaut et la mer. Kilmaine vient donc de marcher sur le côté, au lieu de marcher en arrière; et une partie de la frontière se trouve ainsi découverte. Les coalisés peuvent se répandre dans tout le département du Nord. Que feront-ils? Iront-ils, marchant une journée de plus, attaquer le camp de Gavrelle, et enlever l'ennemi qui leur a échappé? Marcheront-ils sur Paris, ou reviendront-ils à leur ancien projet sur Dunkerque? en attendant, ils poussent des partis jusqu'à Péronne et Saint-Quentin, et l'alarme se communique à Paris, où l'on répand avec effroi que le camp de César est perdu, comme celui de Famars; que Cambrai est livré comme Valenciennes. De toutes parts on se déchaîne contre Kilmaine, oubliant le service immense qu'il vient de rendre par sa belle retraite.

La fête solennelle du 10 août, destinée à électriser tous les esprits, se prépare au milieu de ces bruits sinistres. Le 9, on fait à la Convention le rapport sur le recensement des votes. Les quarante-quatre mille municipalités ont accepté la Constitution. Il ne manque dans le nombre des votes que ceux de Marseille, de la Corse et de la Vendée. Une seule commune, celle de Saint-Tonnant, département des Côtes-du-Nord, a osé demander le rétablissement des Bourbons sur le trône.

Le 10, la fête commence avec le jour. Le célèbre peintre David a été chargé d'en être l'ordonnateur. A quatre heures du matin, le cortége est réuni sur la place de la Bastille. La Convention, les envoyés des assemblées primaires, parmi lesquels on a choisi les quatre-vingt-six doyens d'âge, pour représenter les quatre-vingt-six départements, les sociétés populaires et toutes les sections armées, se rangent autour d'une grande fontaine, dite *de la Régénération*. Cette fontaine est formée par une grande statue de la Nature, qui de ses mamelles verse l'eau dans un vaste bassin. Dès que le soleil a doré le faîte des édifices, on le salue en chantant des strophes sur l'air de la Marseillaise. Le président de la Convention prend une coupe, verse sur le sol l'eau de la régénération, en boit ensuite, et transmet la coupe aux doyens des départements, qui boivent chacun à leur tour. Après cette cérémonie, le cortége s'achemine le long des boulevards. Les sociétés populaires, ayant une bannière où est peint l'œil de la surveillance, s'avancent les premières. Vient ensuite la Convention tout entière. Chacun de ses membres tient un bouquet d'épis de blé, et huit d'entre eux, placés au centre, portent sur une arche l'Acte constitutionnel et les Droits de l'homme. Autour de la Convention, les doyens d'âge forment une chaîne, et marchent unis par un cordon tricolore. Ils tiennent dans leurs mains un rameau d'olivier, signe de la réconciliation des provinces avec Paris, et une pique destinée à faire partie du faisceau national formé par les quatre-vingt-six départements. A la suite de cette portion du cortége, viennent des groupes de peuple, avec les instruments des divers métiers. Au milieu d'eux s'avance une charrue qui porte un vieillard et sa vieille épouse, et qui est traînée par leurs jeunes fils. Cette charrue est immédiatement suivie d'un char de guerre sur lequel repose l'urne cinéraire des soldats morts pour la patrie. Enfin la marche est fermée par des tombereaux chargés de sceptres, de couronnes, d'armoiries et de tapis à fleurs de lis.

Le cortége parcourt les boulevards et s'achemine vers la place de la Révolution. En passant au boulevard Poissonnière, le président de la Convention donne une branche de laurier aux héroïnes des 5 et 6 octobre, assises sur leurs canons. Sur la place de la Révolution, il s'arrête de nouveau, et met le feu à tous les insignes de la royauté et de la noblesse, traînés dans les tombereaux. Ensuite il déchire un voile jeté sur une statue, qui, apparaissant à tous les yeux, laisse voir les traits de la Liberté. Des salves d'artillerie marquent l'instant de son inauguration; et, au même moment, des milliers d'oiseaux, portant de légères banderoles, sont délivrés et semblent annoncer, en s'élançant dans les airs, que la terre est affranchie.

On se rend ensuite au Champ de Mars par la place des Invalides, et on défile devant une figure colossale, représentant le peuple français qui terrasse le fédéralisme et l'étouffe dans la fange d'un marais. Enfin on arrive au champ même de la fédération. Là, le cortége se divise en deux colonnes, qui s'allongent autour de l'autel de la patrie. Le président de la Convention et les quatre-vingt-six doyens occupent le sommet de l'autel; les membres de la Convention et la masse des envoyés des assemblées primaires en occupent les degrés. Chaque groupe de peuple vient déposer alternativement autour de l'autel les produits de son métier, des étoffes, des fruits, des objets de toute espèce. Le président de la Convention, recueillant ensuite les actes sur lesquels les assemblées primaires ont inscrit leurs votes, les dépose sur l'autel de la patrie. Une décharge générale d'artillerie retentit aussitôt; un peuple immense joint ses cris aux éclats du canon, et on jure, avec le même enthousiasme qu'aux 14 juillet 1790 et 1792, de défendre la Constitution : serment bien vain, si on considère la lettre de la Constitution, mais bien héroïque et bien observé, si on ne considère que le sol et la révolution elle-même! Les constitutions en effet ont passé, mais le sol et la révolution furent défendus avec une constance héroïque.

Après cette cérémonie, les quatre-vingt-six doyens d'âge remettent leurs piques au président; celui-ci en forme un faisceau, et le confie, avec l'Acte constitutionnel, aux députés des assemblées primaires, en leur recommandant de réunir toutes leurs forces autour de l'arche de la nouvelle alliance. On se sépare ensuite; une partie du cortége accompagne l'urne cinéraire des Français morts pour la patrie, dans un temple destiné à la recevoir; le reste va déposer l'arche de la Constitution dans un lieu où elle doit rester en dépôt jusqu'au lendemain, pour être rapportée ensuite dans la salle de la Convention. Une grande représentation, figurant le siége et le bombardement de Lille, et la résistance héroïque de ses habitants, occupe le reste de la journée, et dispose l'imagination du peuple aux scènes guerrières.

Telle fut cette troisième fédération de la France républicaine. On n'y voit pas, comme en 1790, toutes les classes d'un grand peuple, riches et pauvres, nobles et roturiers, confondus un instant dans une même ivresse, et fatigués de se haïr, se pardonnant pour quelques heures leurs différences de rang et d'opinion; on y voyait un peuple immense, ne parlant plus de pardon, mais de danger, de dévouement, de résolutions désespérées, et jouissant avec ivresse de ces pompes gigantesques, en attendant de courir le lendemain sur les champs de bataille. Une circonstance relevait le caractère de cette scène, et couvrait ce que des esprits dédaigneux ou hostiles pourraient y trouver de ridicule, c'est le danger, et l'entraînement avec lequel on le bravait. Au premier 14 juillet 1790, la révolution était innocente encore et bienveillante, mais elle pouvait n'être pas sérieuse, et être mise à fin comme une farce ridicule, par les baïonnettes étrangères; en août 1793, elle était tragique, mais grande, signalée par des victoires et des défaites, et sérieuse comme une résolution irrévocable et héroïque.

Août 1793.
Caractère de la troisième fédération.

Le moment de prendre de grandes mesures était arrivé. De toutes parts fermentaient les idées les plus extraordinaires : on proposait d'exclure tous les nobles des emplois, de décréter l'emprisonnement général des suspects, contre lesquels il

Grandes mesures de salut public proposées dans le club des jacobins.

n'existait pas encore de loi assez précise, de faire lever la population en masse, de s'emparer de toutes les subsistances, de les transporter dans les magasins de la république, qui en ferait elle-même la distribution à chaque individu ; on cherchait enfin, sans savoir l'imaginer, un moyen qui fournît sur-le-champ des fonds suffisants. On exigeait surtout que la Convention restât en fonctions, qu'elle ne cédât pas ses pouvoirs à la nouvelle législature qui devait lui succéder, et que la Constitution fût voilée comme la statue de la Liberté, jusqu'à la défaite générale des ennemis de la république.

C'est aux Jacobins que furent successivement proposées toutes ces idées. Robespierre, ne cherchant plus à modérer l'élan de l'opinion, l'excitant au contraire, insista particulièrement sur la nécessité de maintenir la Convention nationale dans ses fonctions, et il donnait là un sage conseil. Dissoudre dans ce moment une assemblée qui était saisie du gouvernement tout entier, dans le sein de laquelle les divisions avaient cessé, et la remplacer par une assemblée neuve, inexpérimentée, et qui serait livrée encore aux factions, était un projet désastreux. Les députés des provinces, entourant Robespierre, s'écrièrent qu'ils avaient juré de rester réunis jusqu'à ce que la Convention eût pris des mesures de salut public, et ils déclarèrent qu'ils l'obligeraient à rester en fonctions. Audouin, gendre de Pache, parla ensuite, et proposa de demander la levée en masse et l'arrestation générale des suspects. Aussitôt les commissaires des assemblées primaires rédigent une pétition, et, le lendemain 12, viennent la présenter à la Convention. Ils demandent que la Convention se charge de sauver elle-même la patrie, qu'aucune amnistie ne soit accordée, que les suspects soient arrêtés, qu'ils soient envoyés les premiers à l'ennemi, et que le peuple levé en masse marche derrière eux. Une partie de ces propositions est adoptée. L'arrestation des suspects est décrétée en principe; mais le projet d'une levée en masse, qui paraissait trop violent, est renvoyé à l'examen du comité de salut public. Les jacobins, peu satisfaits, insistent, et continuent de répéter dans leur club qu'il ne faut pas un mouvement partiel, mais universel.

Les jours suivants, le comité fait son rapport, et propose un décret trop vague et des proclamations trop froides.

« Le comité, s'écrie Danton, n'a pas tout dit : il n'a pas dit que si la France est vaincue, que si elle est déchirée, les riches seront les premières victimes de la rapacité des tyrans; il n'a pas dit que les patriotes vaincus déchireront et incendieront cette république, plutôt que de la voir passer aux mains de leurs insolents vainqueurs! Voilà ce

qu'il faut apprendre à ces riches égoïstes. » —
« Qu'espérez-vous, ajoute Danton, vous qui ne
« voulez rien faire pour sauver la république?
« Voyez quel serait votre sort si la liberté suc-
« combait! une régence dirigée par un imbécile,
« un roi enfant dont la minorité serait longue,
« enfin le morcellement de nos provinces, et un
« déchirement épouvantable! Oui, riches, on vous
« imposerait, on vous pressurerait davantage et
« mille fois davantage que vous n'aurez à dépenser
« pour sauver votre pays et éterniser la liberté!...
« La Convention, ajoute Danton, a dans les mains
« les foudres populaires : qu'elle en fasse usage et
« les lance à la tête des tyrans. Elle a les com-
« missaires des assemblées primaires, elle a ses
« propres membres; qu'elle envoie les uns et les
« autres exécuter un armement général. »

Les projets de loi sont encore renvoyés au comité. Le lendemain, les jacobins dépêchent de
nouveau les commissaires des assemblées primaires
à la Convention. Ceux-ci viennent demander encore
une fois, non un recrutement partiel, mais la levée
en masse, parce que, disent-ils, les demi-mesures
sont mortelles, parce que la nation entière est
plus facile à ébranler qu'une partie de ses citoyens!
« Si vous demandez, ajoutent-ils, cent mille sol-
« dats, ils ne se trouveront point; mais des millions
« d'hommes répondront à un appel général. Qu'il

« n'y ait aucune dispense pour le citoyen physique-
« ment constitué pour les armes, quelques fonc-
« tions qu'il exerce : que l'agriculture seule con-
« serve les bras indispensables pour tirer de la
« terre les productions alimentaires : que le cours
« du commerce soit arrêté momentanément, que
« toute affaire cesse, que la grande, l'unique et
« universelle affaire des Français soit de sauver la
« république! »

La Convention ne peut plus résister à une sommation aussi pressante. Partageant elle-même l'entraînement des pétitionnaires, elle enjoint à son
comité de se retirer pour rédiger, dans l'instant
même, le projet de la levée en masse. Le comité
revient quelques minutes après, et présente le
projet suivant, qui est adopté au milieu d'un
transport universel.

Art. 1er. Le peuple français déclare, par l'organe
de ses représentants, qu'il va se lever tout entier
pour la défense de sa liberté, de sa Constitution, et
pour délivrer enfin son territoire de ses ennemis.

2. Le comité de salut public présentera demain
le mode d'organisation de ce grand mouvement
national.

Par d'autres articles, il était nommé dix-huit
représentants chargés de se répandre sur toute la
France, et de diriger les envoyés des assemblées
primaires dans leurs réquisitions d'hommes, de

chevaux, de munitions, de subsistances. Cette grande impulsion donnée, tout devenait possible. Une fois qu'il était déclaré que la France entière, hommes et choses, appartenait au gouvernement, ce gouvernement, suivant le danger, ses lumières et son énergie croissante, pouvait tout ce qu'il jugerait utile et indispensable. Sans doute il ne fallait pas lever la population en masse, et interrompre la production, et jusqu'au travail nécessaire à la nutrition, mais il fallait que le gouvernement pût tout exiger, sauf à n'exiger que ce qui serait suffisant pour les besoins du moment.

Le mois d'août fut l'époque des grands décrets qui mirent toute la France en mouvement, toutes ses ressources en activité, et qui terminèrent à l'avantage de la révolution sa dernière et sa plus terrible crise.

Il fallait à la fois mettre la population debout, la pourvoir d'armes, et fournir, par une nouvelle mesure financière, à la dépense de ce grand déplacement; il fallait mettre en rapport le papier-monnaie avec le prix des subsistances et des denrées; il fallait distribuer les armées, les généraux, d'une manière appropriée à chaque théâtre de guerre, et, enfin, satisfaire la colère révolutionnaire par de grandes et terribles exécutions. On va voir ce que fit le gouvernement pour suffire à la fois à ces besoins urgents et à ces mauvaises passions qu'il devait subir, puisqu'elles étaient inséparables de l'énergie qui sauve un peuple en danger.

Août 1793

Exiger de chaque localité un contingent déterminé en hommes, ne convenait pas aux circonstances; c'eût été douter de l'enthousiasme des Français en ce moment, et on devait supposer cet enthousiasme pour l'inspirer. Cette manière germanique d'imposer à chaque contrée les hommes comme l'argent, était d'ailleurs en contradiction avec le principe de la levée en masse. Un recrutement général par voie de tirage ne convenait pas davantage. Tout le monde n'étant pas appelé, chacun aurait songé alors à s'exempter et se serait plaint du sort qui l'eût obligé à servir. La levée en masse exposait, il est vrai, la France à un désordre universel, et excitait les railleries des modérés et des contre-révolutionnaires. Le comité de salut public imagina le moyen le plus convenable à la circonstance, ce fut de mettre toute la population en disponibilité, de la diviser par générations, et de faire partir ces générations par rang d'âge, au fur et à mesure des besoins. « Dès ce « moment, portait le décret[1], jusqu'à celui où les « ennemis auront été chassés du territoire de la « république, tous les Français seront en réquisi- « tion permanente pour le service des armées. Les

Réquisition permanente de tous les Français.

1. 23 août.

Août 1793.

« jeunes gens iront au combat; les hommes mariés
« forgeront les armes et transporteront les subsis-
« tances; les femmes feront des tentes, des habits,
« et serviront dans les hôpitaux; les enfants met-
« tront le vieux linge en charpie; les vieillards se
« feront porter sur les places publiques pour ex-
« citer le courage des guerriers, prêcher la haine
« des rois et l'amour de la république. »

Tous les jeunes gens non mariés, ou veufs sans
enfants, depuis l'âge de dix-huit ans jusqu'à celui
de vingt-cinq ans, devaient composer la première
levée, dite la *première réquisition*. Ils devaient se
réunir sur-le-champ, non dans les chefs-lieux de
département, mais dans ceux de district, car,
depuis le fédéralisme, on craignait ces grandes
réunions par départements, qui leur donnaient le
sentiment de leurs forces et l'idée de la révolte.
D'ailleurs, il y avait un autre motif pour agir
ainsi, c'était la difficulté d'amasser dans les chefs-
lieux des subsistances et des approvisionnements
suffisants pour de grandes masses. Les bataillons
formés dans les chefs-lieux de district devaient commencer sur-le-champ les exercices militaires, et
se tenir prêts à partir au premier jour. La génération de vingt-cinq ans à trente était avertie de se
préparer, et, en attendant, elle était chargée de
faire le service de l'intérieur. Le reste, enfin, de
trente jusqu'à soixante, était disponible au gré des

représentants envoyés pour opérer cette levée graduelle. Malgré ces dispositions, la levée en masse et instantanée de toute la population était ordonnée de droit dans certains lieux plus menacés, comme la Vendée, Lyon, Toulon, le Rhin, etc.

Les moyens employés pour armer les levées, les loger, les nourrir, étaient analogues aux circonstances. Tous les chevaux et bêtes de somme dont l'agriculture et les fabriques pouvaient se passer, étaient requis et mis à la disposition des ordonnateurs des armées. Les armes de calibre devaient être données à la génération qui partait; les armes de chasse et les piques étaient réservées au service de l'intérieur. Dans les départements où des manufactures d'armes pouvaient être établies, les places, les promenades publiques, les grandes maisons comprises dans les biens nationaux, devaient servir à construire des ateliers. Le principal établissement se trouvait à Paris. On plaçait les forges dans les jardins du Luxembourg, les machines à forer les canons sur les bords de la Seine. Tous les ouvriers armuriers étaient requis, ainsi que les ouvriers en horlogerie, qui dans le moment avaient peu de travail, et qui pouvaient être employés à certaines parties de la fabrication des armes. Trente millions étaient mis, pour cette seule manufacture, à la disposition du ministre de la guerre. Ces moyens extraordinaires seraient employés jusqu'à ce qu'on eût porté la fabrication à mille fusils par jour. On plaçait ce grand établissement à Paris, parce que là, sous les yeux du gouvernement et des jacobins, toute négligence devenait impossible, et tous les prodiges de rapidité et d'énergie étaient assurés. Cette manufacture ne tarda pas en effet à remplir sa destination.

Le salpêtre manquant, on songea à l'extraire du sol des caves. On imagina donc de les faire visiter toutes, pour juger si la terre dans laquelle elles étaient creusées en contenait quelques parties. En conséquence, chaque particulier dut souffrir la visite et la fouille des caves, pour en lessiver la terre lorsqu'elle contiendrait du salpêtre. Les maisons devenues nationales furent destinées à servir de casernes et de magasins.

Pour procurer les subsistances à ces grandes masses armées, on prit diverses mesures qui n'étaient pas moins extraordinaires que les précédentes. Les jacobins auraient voulu que la république, faisant achever le tableau général des subsistances, les achetât toutes, et s'en fît ensuite la distributrice, soit en les donnant aux soldats armés pour elle, soit en les vendant aux autres citoyens à un prix modéré. Ce penchant à vouloir tout faire, à suppléer la nature elle-même, quand elle ne marche pas à notre gré, ne fut point aussi aveuglément suivi que l'auraient désiré les jaco-

bins. Cependant il fut ordonné que les tableaux
des subsistances, déjà commandés aux municipalités, seraient promptement terminés, et envoyés
au ministère de l'intérieur, pour faire la statistique
générale des besoins et des ressources; que le battage des grains serait achevé là où il ne l'était pas,
et que les municipalités les feraient battre elles-mêmes si les particuliers s'y refusaient; que les
fermiers ou propriétaires de grains payeraient en
nature leurs contributions arriérées, et les deux tiers
de celles de l'année 1793; qu'enfin les fermiers et
régisseurs des biens devenus nationaux en déposeraient les revenus aussi en nature.

Août 1793.

L'exécution de ces mesures extraordinaires ne
pouvait être qu'extraordinaire aussi. Des pouvoirs
limités, confiés à des autorités locales qui auraient
été à chaque instant arrêtées par des résistances,
des réclamations, qui, d'ailleurs, n'auraient pas eu
toutes la même énergie et le même dévouement, ne
convenaient ni à la nature des mesures décrétées ni
à leur urgence. La dictature des commissaires de la
Convention était encore ici le seul moyen dont on
pût faire usage. Ils avaient été employés déjà pour
la première levée des trois cent mille hommes,
décrétée en mars, et ils avaient promptement et
complétement rempli leur mission. Envoyés aux
armées, ils surveillaient les généraux et leurs opérations, quelquefois contrariaient des militaires

Commissaires de la Convention chargés de l'exécution des mesures extraordinaires.

consommés, mais partout ranimaient le zèle, et communiquaient une grande vigueur de volonté. Enfermés dans les places fortes, ils avaient soutenu des siéges héroïques à Valenciennes et Mayence; répandus dans l'intérieur, ils avaient puissamment contribué à étouffer le fédéralisme. Ils furent donc encore employés ici, et reçurent des pouvoirs illimités pour exécuter cette réquisition des hommes et des choses. Ayant sous leurs ordres les commissaires des assemblées primaires, pouvant les diriger à leur gré, leur confier une partie de leurs pouvoirs, ils tenaient sous leur main des hommes dévoués, parfaitement instruits de l'état de chaque localité, et n'ayant d'autorité que ce qu'ils leur en donneraient eux-mêmes pour le besoin de ce service extraordinaire.

Il y avait déjà différents représentants dans l'intérieur, soit dans la Vendée, soit à Lyon et à Grenoble, pour détruire les restes du fédéralisme; il en fut nommé encore dix-huit, chargés de se partager la France et de se concerter avec ceux qui étaient déjà en mission pour faire mettre en marche les jeunes gens de la première réquisition, pour les armer, les approvisionner, et les diriger sur les points convenables, d'après l'avis et les demandes des généraux. Ils devaient en outre achever la complète soumission des administrations fédéralistes.

Il fallait à ces mesures militaires joindre des mesures financières pour fournir aux dépenses de la guerre. On connaît l'état de la France sous ce rapport. Une dette en désordre, composée de dettes de toute espèce, de toute date, et qui étaient opposées aux dettes contractées sous la république, des assignats discrédités, auxquels on opposait le numéraire, le papier étranger, les actions des compagnies financières, et qui ne pouvaient plus servir au gouvernement pour payer les services publics, ni au peuple pour acheter les marchandises dont il avait besoin; telle était alors notre situation. Que faire dans de pareilles conjonctures? Fallait-il emprunter, ou émettre des assignats? Emprunter était impossible dans le désordre où se trouvait la dette, et avec le peu de confiance qu'inspiraient les engagements de la république. Émettre des assignats était facile, et il suffisait pour cela de l'imprimerie nationale. Mais, pour fournir aux moindres dépenses, il fallait émettre des quantités énormes de papier, c'est-à-dire cinq ou six fois plus que sa valeur nominale, et par là on augmentait nécessairement la grande calamité de son discrédit, et on amenait un nouveau renchérissement dans les marchandises. On va voir ce que le génie de la nécessité inspira aux hommes qui s'étaient chargés du salut de la France.

Août 1793.
État financier de la France.

La première et la plus indispensable mesure était

de mettre de l'ordre dans la dette, et d'empêcher qu'elle ne fût divisée en contrats de toutes les formes, de toutes les époques, et qui, par leurs différences d'origine et de nature, donnaient lieu à un agiotage dangereux et contre-révolutionnaire. La connaissance de ces vieux titres, leur vérification, leur classement, exigeaient une science particulière, et introduisaient une effrayante complication dans la comptabilité. Ce n'était qu'à Paris que chaque rentier pouvait se faire payer, et quelquefois la division de sa créance en plusieurs portions l'obligeait à se présenter chez vingt payeurs différents. Il y avait la dette constituée, la dette exigible à terme fixe, la dette exigible provenant de la liquidation; et, de cette manière, le trésor était exposé tous les jours à des échéances, et obligé de se procurer des capitaux pour rembourser les sommes échues. « Il faut uniformiser et républicaniser la dette, » dit Cambon; et il proposa de convertir tous les contrats des créanciers de l'État en une inscription sur un grand livre, qui serait appelé *Grand-Livre de la dette publique*. Cette inscription et l'extrait qu'on en délivrerait aux créanciers seraient désormais leurs seuls titres. Pour les rassurer sur la conservation de ce livre, il devait en être déposé un double aux archives de la trésorerie; et, du reste, le feu et les autres accidents ne le menaçaient pas plus que les registres des notaires. Les créanciers devaient donc, dans un délai déterminé, remettre leurs titres pour qu'ils fussent inscrits et brûlés ensuite. Les notaires avaient ordre d'apporter tous les titres dont ils étaient dépositaires, et on les punissait de dix ans de fers si, avant la remise, ils en gardaient ou délivraient des copies. Si le créancier laissait écouler six mois pour se faire inscrire, il perdait les intérêts; s'il laissait écouler un an, il était déchu, et perdait le capital. « De cette manière, « disait Cambon, la dette contractée par le des- « potisme ne pourra plus être distinguée de celle « contractée depuis la révolution, et je défie *mon-« seigneur le despotisme*, s'il ressuscite, de recon- « naître son ancienne dette lorsqu'elle sera con- « fondue avec la nouvelle. Cette opération faite, « vous verrez le capitaliste, qui désire un roi parce « qu'il a un roi pour débiteur, et qu'il craint de « perdre sa créance si son débiteur n'est pas réta- « bli, désirer la république qui sera devenue sa « débitrice, parce qu'il craindra de perdre son « capital en la perdant. »

Août 1793.

Ce n'était pas là le seul avantage de cette institution; elle en avait d'autres encore tout aussi grands, et elle commençait le système du crédit public. Le capital de chaque créance était converti en une rente perpétuelle, au taux de cinq pour cent. Ainsi le créancier d'une somme de 1,000 francs

Nouvelle organisation de la dette publique.

se trouvait inscrit sur le Grand-Livre pour une rente de 50 francs. De cette manière, les anciennes dettes, dont les unes portaient des intérêts usuraires, dont les autres étaient frappées de retenues injustes, ou grevées de certains impôts, étaient ramenées à un intérêt uniforme et équitable. L'État, changeant sa dette en une rente perpétuelle, n'était plus exposé à des échéances, et ne pouvait jamais être obligé à rembourser le capital, pourvu qu'il servît les intérêts. Il trouvait en outre un moyen facile et avantageux de s'acquitter, c'était de racheter la rente sur la place, lorsqu'elle viendrait à baisser au-dessous de sa valeur : ainsi, quand une rente de 50 livres de revenu et de 1,000 francs de capital ne vaudrait que neuf ou huit cents livres, l'État gagnerait, disait Cambon, un dixième ou un cinquième du capital en rachetant sur la place. Ce rachat n'était pas encore organisé au moyen d'un amortissement fixe; mais le moyen était entrevu, et la science du crédit public commençait à se former.

Ainsi l'inscription sur le Grand-Livre simplifiait la forme des titres, rattachait l'existence de la dette à l'existence de la république, et changeait les créances en une rente perpétuelle, dont le capital était non remboursable, et dont l'intérêt était le même pour toutes les portions d'inscriptions. Cette idée était simple et empruntée en partie aux An-

glais; mais il fallait un grand courage d'exécution
pour l'appliquer à la France, et il y avait un grand
mérite d'à-propos à le faire dans le moment. Sans
doute, on peut trouver quelque chose de forcé à
une opération destinée à changer ainsi brusquement
la nature des titres et des créances, à ramener l'intérêt à un taux unique, et à frapper de déchéance
les créanciers qui se refuseraient à cette conversion;
mais, pour un État, la justice est le meilleur ordre
possible; et cette grande et énergique uniformisa-
tion de la dette convenait à une révolution hardie,
complète, qui avait pour but de tout soumettre au
droit commun.

Le projet de Cambon joignait à cette hardiesse
un respect scrupuleux pour les engagements pris
à l'égard des étrangers, qu'on avait promis de
rembourser à des époques fixes. Il portait que, les
assignats n'ayant pas cours hors de France, les
créanciers étrangers seraient payés en numéraire,
et aux époques déterminées. En outre, les communes ayant contracté des dettes particulières, et
faisant souffrir leurs créanciers qu'elles ne payaient
pas, l'État se chargeait de leurs dettes, et ne s'emparait de leurs propriétés que jusqu'à concurrence
des sommes employées au remboursement. Ce projet fut adopté[1] en entier, et aussi bien exécuté

[1]. 24 août.

Août 1793.

Le capital
de
la dette converti
en deux cents
millions
de rentes.

qu'il était bien conçu. Le capital de la dette ainsi uniformisée fut converti en une masse de rentes de 200 millions par an. On crut devoir, pour remplacer les anciens impôts de différente espèce dont elle était grevée, la frapper d'une imposition foncière d'un cinquième, ce qui réduisait le service des intérêts à 160 millions. De cette manière tout était simplifié, éclairci; une grande source d'agiotage se trouvait détruite, et la confiance renaissait, parce qu'une banqueroute partielle, à l'égard de telle ou telle espèce de créance, ne pouvait plus avoir lieu, et qu'une banqueroute générale pour toute la dette n'était pas supposable.

Dès ce moment, il devenait plus facile de recourir à un emprunt. On va voir de quelle manière on se servit de cette mesure pour soutenir les assignats.

La valeur dont la révolution disposait pour ses dépenses extraordinaires consistait toujours uniquement dans les biens nationaux. Cette valeur, représentée par les assignats, flottait dans la circulation. Il fallait favoriser les ventes pour faire rentrer les assignats, et les relever en les rendant plus rares. Des victoires étaient le meilleur moyen, mais non le plus facile, de hâter les ventes. Pour y suppléer, on imagina divers expédients. Par exemple, on avait permis aux acquéreurs de diviser leurs payements en plusieurs années. Mais cette mesure, inventée pour favoriser les paysans et les rendre propriétaires, était plus propre à provoquer des ventes qu'à faire rentrer des assignats. Afin de diminuer plus sûrement leur quantité circulante, on avait décidé de faire le remboursement des offices partie en assignats, partie en *reconnaissances de liquidation*. Les remboursements s'élevant à moins de 3,000 francs devaient être soldés en assignats, les autres devaient l'être en *reconnaissances de liquidation*, qui n'avaient pas cours de monnaie, qui ne pouvaient pas être divisées en sommes moindres de 10,000 livres, ni autrement transmises que les autres effets au porteur, et qui étaient reçues en payement des biens nationaux. De cette manière, on diminuait la portion des biens nationaux convertis en monnaie forcée; tout ce qui était transformé en *reconnaissances de liquidation* consistait en sommes peu divisées, difficilement transmissibles, fixées dans les mains des riches, et éloignées de la circulation et de l'agiotage.

Pour contribuer encore à la vente des biens nationaux, on déclara, en créant le Grand-Livre, que les inscriptions de rentes seraient reçues pour moitié dans le payement de ces biens. Cette facilité devait amener de nouvelles ventes et de nouvelles rentrées d'assignats.

Mais tous ces moyens adroits ne suffisaient pas, et la masse de papier-monnaie était encore beaucoup trop considérable. L'Assemblée constituante, l'Assemblée législative et la Convention avaient décrété successivement la création de 5 milliards et 100 millions d'assignats : 484 millions n'avaient pas encore été émis et restaient dans les caisses; il n'avait donc été mis en circulation que 4 milliards 616 millions. Une partie était rentrée par les ventes; les acheteurs pouvant prendre des termes pour le payement, il était dû encore pour les acquisitions faites, 12 à 15 millions. Il était rentré en tout 840 millions d'assignats qui avaient été brûlés : il en restait donc en circulation, au mois d'août 1793, 3 milliards 776 millions.

Le premier soin fut de démonétiser les assignats à effigie royale, qui étaient accaparés et nuisaient aux assignats républicains par la confiance supérieure qu'ils inspiraient. Quoique démonétisés, ils ne cessèrent pas d'avoir une valeur; ils furent transformés en effets au porteur, et purent être reçus ou en payement des contributions, ou en payement des domaines nationaux, jusqu'au 1ᵉʳ janvier suivant. Passé cette époque, ils ne devaient plus avoir aucune espèce de valeur. Ces assignats s'élevaient à 558 millions. Cette mesure les faisait nécessairement disparaître de la circulation avant quatre mois, et, comme on les savait tous dans les mains des spéculateurs contre-révolutionnaires, on faisait preuve de justice en ne les annulant pas et en les obligeant seulement à rentrer au trésor.

On se souvient que, pendant le mois de mai, lorsqu'il fut déclaré en principe qu'il y aurait des armées dites révolutionnaires, on décréta en même temps qu'il serait établi un emprunt forcé d'un milliard sur les riches, pour subvenir aux frais d'une guerre dont ils étaient, comme aristocrates, réputés les auteurs, et à laquelle ils ne voulaient consacrer ni leurs personnes ni leurs fortunes. Cet emprunt, réparti comme on va le voir, fut consacré, d'après le projet de Cambon, à faire rentrer un milliard d'assignats en circulation. Pour laisser le choix aux citoyens de meilleure volonté, et leur assurer quelques avantages, il était ouvert un emprunt volontaire; ceux qui se présentaient pour le remplir recevaient une inscription de rente au taux déjà décrété de 5 pour cent, et obtenaient ainsi un intérêt de leurs fonds. Ils pouvaient, avec cette inscription, s'exempter de contribuer à l'emprunt forcé, ou du moins jusqu'à concurrence de la valeur passée dans le prêt volontaire. Les riches de mauvaise volonté, qui attendaient l'exécution de l'emprunt forcé, recevaient un titre qui ne portait aucun intérêt, et qui n'était, comme l'inscription de rente, qu'un titre républicain avec 5 pour cent de moins. Enfin, comme, d'après la nouvelle loi, les inscriptions pouvaient servir pour moitié dans le payement des biens nationaux, les prêteurs volontaires, recevant une inscription de rente, avaient la faculté de se rembourser immédiatement en biens nationaux, tandis qu'au contraire les certificats de l'emprunt forcé ne devaient être pris en payement des domaines acquis que deux ans après la paix. Il fallait, disait le projet, intéresser les riches à la prompte fin de la guerre et à la pacification de l'Europe.

L'emprunt forcé ou volontaire devait faire rentrer un milliard d'assignats qui seraient brûlés. Il devait en rentrer, en outre, par les contributions arriérées, 700 millions, dont 558 millions en assignats royaux déjà démonétisés, et reçus seulement pour le payement des impôts. On était donc assuré, en deux ou trois mois, d'avoir enlevé à la circulation, d'abord le milliard de l'emprunt, puis 700 millions de contributions. La somme flottante de 3 milliards 776 millions se trouverait donc réduite à 2 milliards 76 millions. En supposant, ce qui était probable, que la faculté de changer les inscriptions de la dette en biens nationaux amènerait de nouvelles acquisitions, on pouvait par cette voie faire rentrer peut-être 5 à 600 millions. La masse totale se trouverait donc encore peut-être réduite par là à 15 ou 16 cents millions. Ainsi, pour le moment, en réduisant la masse flottante de plus de moitié, on rendait aux assignats leur valeur; les 484 millions restant en caisse devenaient disponibles. Les 700 millions rentrés par les impôts, et dont 558 devaient recevoir l'effigie républicaine et être remis en circulation, recouvraient aussi leur valeur, et pouvaient être employés l'année suivante. On avait donc relevé les assignats pour le moment, et c'était là l'essentiel. Si l'on parvenait à se sauver, la victoire les relèverait tout à fait, permettrait de faire de nouvelles émissions, et de réaliser le reste des biens nationaux, reste qui était considérable et qui s'augmentait chaque jour par l'émigration.

Le mode d'exécution de cet emprunt forcé était, de sa nature, prompt et nécessairement arbitraire. Comment évaluer les fortunes sans erreur, sans injustice, même à des époques de calme, en prenant le temps nécessaire, et en consultant toutes les probabilités? Or, ce qui n'est pas possible même avec les circonstances les plus propices, devait l'être bien moins encore dans un temps de violence et de précipitation. Mais lorsqu'on était obligé de troubler tant d'existences, de frapper tant de têtes, pouvait-on s'inquiéter beaucoup d'une méprise sur les fortunes, et de quelques inexactitudes de répartition? On institua donc pour l'emprunt forcé, comme pour les réquisitions, une espèce de dictature, et on l'attribua aux communes. Chaque individu était obligé de déclarer l'état de ses revenus. Dans chaque commune, le conseil général nommait des vérificateurs; ces vérificateurs déci-

Août 1793.

Mode d'exécution de l'emprunt forcé.

daient d'après leurs connaissances des localités, si les déclarations étaient vraisemblables; et s'ils les supposaient fausses, ils avaient le droit de les porter au double. Dans le revenu de chaque famille, il était prélevé 1,000 francs par individu, mari, femme et enfants; tout ce qui excédait constituait le revenu superflu, et, comme tel, imposable. De 1,000 fr. à 10,000 fr. de revenu imposable, la taxe était d'un dixième. 1,000 fr. de superflu payaient 100 fr.; 2,000 fr. de superflu payaient 200 fr.; et ainsi de suite. Tout revenu superflu excédant 10,000 fr. était imposé d'une somme égale à sa valeur. De cette manière, toute famille qui, outre les 1,000 fr. accordés par individu, et les 10,000 de superflu frappés d'un dixième, jouissait encore d'un revenu supérieur, devait donner à l'emprunt tout cet excédant. Ainsi une famille composée de cinq individus, et riche à 50,000 livres de rente, avait 5,000 fr. réputés nécessaires, 10,000 fr. imposés d'un dixième, et réduits à neuf, ce qui faisait en tout quatorze; et elle devait pour cette année abandonner les 36,000 fr. restant à l'emprunt forcé ou volontaire. Prendre une année de superflu à toutes les classes opulentes n'était certainement pas une si grande rigueur, lorsque tant d'individus allaient expirer sur les champs de bataille; et cette somme, que du reste on aurait pu prendre sans condition, comme taxe indispensable de guerre, on l'échangeait contre un titre républicain, conversible ou en rentes sur l'État, ou en portions de biens nationaux[1].

Cette grande opération consistait donc à tirer de la circulation un milliard d'assignats en le prenant aux riches, d'ôter à ce milliard sa qualité de monnaie et de valeur circulante, et d'en faire une simple délégation sur les biens nationaux, que les riches échangeraient ou non en une portion correspondante de ces biens. De cette manière, on les obligeait à devenir acquéreurs, ou du moins à fournir la même somme d'assignats qu'ils auraient fournie s'ils l'étaient devenus. C'était, en un mot, le placement forcé d'un milliard d'assignats.

A ces mesures, destinées à soutenir le papier-monnaie, on en joignit d'autres encore. Après avoir détruit la rivalité des anciens contrats sur l'État, celle des assignats à l'effigie royale, il fallait détruire la rivalité des actions des compagnies de finances. On décréta donc l'abolition de la compagnie d'assurances à vie, de la compagnie de la caisse d'escompte, de toutes celles enfin dont le fonds consistait en actions au porteur, en effets négociables, en inscriptions sur un livre, et transmissibles à volonté. Il fut décidé que leur liquidation serait faite dans un court délai, et que le gouvernement

[1]. Le décret sur l'emprunt forcé est du 3 septembre.

pourrait seul à l'avenir créer de ces sortes d'établissements. On ordonna un prompt rapport sur la compagnie des Indes, qui, par son importance, exigeait un examen particulier. On ne pouvait pas empêcher l'existence des lettres de change sur l'étranger, mais on déclara traîtres à la patrie les Français qui plaçaient leurs fonds sur les banques ou comptoirs des pays avec lesquels la république était en guerre. Enfin on eut recours à de nouvelles sévérités contre le numéraire, et le commerce qui s'en faisait. Déjà on avait puni de six ans de gêne quiconque vendrait ou achèterait du numéraire, c'est-à-dire qui le recevrait ou le donnerait pour une somme différente d'assignats; on avait de même soumis à une amende tout vendeur ou acheteur de marchandises qui traiterait à un prix différent, suivant que le payement serait stipulé en numéraire ou en assignats. De pareils faits étant difficiles à atteindre, on s'en vengea en augmentant la peine. Tout individu convaincu d'avoir refusé en payement des assignats, de les avoir donnés ou reçus à une perte quelconque, fut condamné à une amende de 3,000 liv., et à six mois de détention pour la première fois; et en cas de récidive, à une amende double et à vingt ans de fers. Enfin, comme la monnaie de billon était indispensable dans les marchés, et ne pouvait être facilement suppléée, on ordonna que les cloches seraient employées à fabriquer des décimes, des demi-décimes, etc., valant deux sous, un sou, etc.

Août 1793.

Mais quelques moyens qu'on employât pour faire remonter les assignats et détruire les rivalités qui leur étaient si nuisibles, on ne pouvait pas espérer de les remettre au niveau du prix des marchandises, et il fallait forcément rabaisser le prix de celles-ci. D'ailleurs le peuple croyait à de la malveillance de la part des marchands, il croyait à des accaparements, et quelle que fût l'opinion des législateurs, ils ne pouvaient modérer, sous ce rapport, un peuple qu'ils déchaînaient sous tous les autres. Il fallut donc faire pour toutes les marchandises ce qu'on avait déjà fait pour le blé. On rendit un décret qui rangeait l'accaparement au nombre des crimes capitaux, et le punissait de mort. Était considéré comme accapareur *celui qui dérobait à la circulation les marchandises de première nécessité*, sans qu'il les mît publiquement en vente. Les marchandises déclarées *de première nécessité* étaient le pain, la viande, les grains, la farine, les légumes, les fruits, les charbons, le bois, le beurre, le suif, le chanvre, le lin, le sel, le cuir, les boissons, les salaisons, les draps, la laine, et toutes les étoffes, excepté les soieries. Les moyens d'exécution, pour un pareil décret, étaient nécessairement inquisitoriaux et vexatoires. Il devait être fait par chaque marchand des déclarations préalables

Le *maximum* étendu à toutes les marchandises de première nécessité.

de ce qu'il possédait en magasin. Ces déclarations devaient être vérifiées au moyen de visites domiciliaires. Toute fraude ou complicité était, comme le fait lui-même, punie de mort. Des commissaires nommés par les communes étaient chargés de faire exhiber les factures, et d'après ces factures, de fixer un prix qui, en laissant un profit modique au marchand, n'excédât pas les moyens du peuple. Si pourtant, ajoutait le décret, le haut prix des factures rendait le profit des marchands impossible, la vente n'en serait pas moins effectuée à un prix auquel l'acheteur pût atteindre. Ainsi, dans ce décret, comme dans celui qui ordonnait la déclaration des blés et leur *maximum*, on laissait aux communes le soin de taxer les prix suivant l'état des choses dans chaque localité. Bientôt on allait être conduit à généraliser encore ces mesures, et à les rendre plus violentes en les étendant davantage.

Les opérations militaires, administratives et financières de cette époque étaient donc aussi habilement conçues que la situation le permettait, et aussi vigoureuses que l'exigeait le danger. Toute la population, divisée en générations, était à la disposition des représentants, et pouvait être appelée soit à se battre, soit à fabriquer des armes, soit à panser les blessés. Toutes les anciennes dettes, converties en une seule dette républicaine, étaient exposées à partager le même sort, et à n'avoir pas plus de valeur que les assignats. On détruisait les rivalités multipliées des anciens contrats, des assignats royaux, des actions des compagnies ; on empêchait les capitaux de se retirer sur ces valeurs privilégiées, en les assimilant toutes ; les assignats ne rentrant pas, on en prenait un milliard sur les riches, qu'on faisait passer de l'état de monnaie à l'état d'une simple délégation sur les biens nationaux. Enfin, pour établir un rapport forcé entre les monnaies et les marchandises de première nécessité, on laissait aux communes le soin de rechercher toutes les subsistances, toutes les marchandises, et de les faire vendre à un prix convenable dans chaque localité. Jamais aucun gouvernement ne prit à la fois des mesures ni plus vastes ni plus hardiment imaginées ; et pour accuser leurs auteurs de violence, il faudrait oublier le danger d'une invasion universelle, et la nécessité de vivre sur les biens nationaux sans acheteurs. Tout le système des moyens forcés dérivait de ces deux causes. Aujourd'hui, une génération superficielle et ingrate critique ces opérations, trouve les unes violentes, les autres contraires aux bons principes d'économie et joint le tort de l'ingratitude à l'ignorance du temps et de la situation. Qu'on revienne aux faits, et qu'enfin on soit juste pour des hommes auxquels il en a coûté tant d'efforts et de périls pour nous sauver.

Après ces mesures générales de finances et d'administration, il en fut pris d'autres plus spécialement appropriées à chaque théâtre de la guerre. Les moyens extraordinaires, depuis longtemps résolus à l'égard de la Vendée, furent enfin décrétés. Le caractère de cette guerre était maintenant bien connu. Les forces de la rébellion ne consistaient pas dans des troupes organisées qu'on pût détruire par des victoires, mais dans une population qui, en apparence paisible et occupée de ses travaux agricoles, se levait tout à coup à un signal donné, accablait de sa masse, surprenait de son attaque imprévue les troupes républicaines, et, en cas de défaite, se cachait dans ses bois, dans ses champs, et reprenait ses travaux sans qu'on pût distinguer celui qui avait été soldat de celui qui n'avait pas cessé d'être paysan. Une lutte opiniâtre de plus de six mois, des soulèvements qui avaient été quelquefois de cent mille hommes, des actes de la plus grande témérité, une renommée formidable, et l'opinion établie que le plus grand danger de la révolution était dans cette guerre civile dévorante, devaient appeler toute l'attention du gouvernement sur la Vendée, et provoquer à son égard les mesures les plus énergiques et les plus colères. Depuis longtemps on disait que le seul moyen de soumettre ce malheureux pays était, non de le combattre, mais de le détruire, puisque ses armées n'étaient nulle part et se trouvaient partout. Ces vœux furent exaucés par un décret formidable[1], où la Vendée, les derniers Bourbons, les étrangers, étaient frappés tous à la fois d'extermination. En conséquence de ce décret, il fut ordonné au ministre de la guerre d'envoyer dans les départements révoltés des matières combustibles pour incendier les bois, les taillis et les genêts. « Les forêts, était-il dit, seront abattues, les repaires des rebelles seront détruits, les récoltes seront coupées par des compagnies d'ouvriers, les bestiaux seront saisis, et le tout transporté hors du pays. Les vieillards, les femmes, les enfants, seront conduits hors de la contrée, et il sera pourvu à leur subsistance avec les égards dus à l'humanité. » Il était enjoint en outre aux généraux et aux représentants en mission de faire tout autour de la Vendée les approvisionnements nécessaires pour nourrir de grandes masses, et, aussitôt après, de provoquer dans les départements environnants non pas une levée graduelle, comme dans les autres parties de la France, mais une levée subite et générale, et de verser ainsi toute une population sur une autre. Le choix des hommes répondit à la nature de ces mesures. On a vu Biron, Berthier, Menou, Westermann, compromis et destitués pour avoir soutenu

Août 1793.

Décret d'extermination contre la Vendée

---

1. 4ᵉʳ août.

le système de la discipline, et Rossignol, infracteur de cette discipline, tiré de prison par les agents du ministère. Le triomphe du système jacobin fut complet. Rossignol, de simple chef de bataillon, fut tout à coup nommé général en chef de l'armée des côtes de La Rochelle. Ronsin, le chef de ces agents du ministère qui portaient dans la Vendée toutes les passions des jacobins, et soutenaient qu'il ne fallait pas des généraux expérimentés, mais des généraux franchement républicains, non pas une guerre régulière, mais exterminatrice; que tout homme de nouvelle levée était soldat, que tout soldat pouvait être général; Ronsin, le chef de ces agents, fut fait en quatre jours capitaine, chef d'escadron, général de brigade, et fut adjoint à Rossignol avec tous les pouvoirs du ministre lui-même pour présider à l'exécution de ce nouveau système de guerre. On ordonna en même temps que la garnison de Mayence fût conduite en poste du Rhin dans la Vendée. La méfiance était si grande, que les généraux de cette brave garnison avaient été mis en arrestation pour avoir capitulé. Heureusement, le brave Merlin, toujours écouté avec la considération due à un caractère héroïque, vint rendre témoignage de leur dévouement et de leur bravoure. Kléber, Aubert-Dubayet, furent rendus à leurs soldats, qui voulaient les délivrer de vive force, et ils se rendirent dans la Vendée, où ils devaient par leur habileté réparer les désastres causés par les agents du ministère. Il est une vérité qu'il faut répéter toujours : la passion n'est jamais ni sage, ni éclairée, mais c'est la passion seule qui peut sauver les peuples dans les grandes extrémités. La nomination de Rossignol était une hardiesse étrange, mais elle annonçait un parti bien pris, elle ne permettait plus les demi-mesures dans cette funeste guerre de la Vendée, et elle obligeait toutes les administrations locales qui étaient encore incertaines à se prononcer. Ces jacobins fougueux, répandus dans les armées, les troublaient souvent, mais ils y communiquaient cette énergie de résolution sans laquelle il n'y aurait eu ni armement, ni approvisionnement, ni moyens d'aucune espèce. Ils étaient d'une injustice inique envers les généraux, mais ils ne permettaient à aucun de faiblir ou d'hésiter. On verra bientôt leur folle ardeur, se combinant avec la prudence d'hommes plus calmes, produire les plus grands et les plus heureux résultats.

Kilmaine, auteur de la belle retraite qui avait sauvé l'armée du Nord, fut aussitôt remplacé par Houchard, ci-devant général de l'armée de la Moselle, et jouissant d'une assez grande réputation de braveure et de zèle. Dans le comité de salut public, quelques changements eurent lieu. Thuriot et Gasparin, malades, donnèrent leur démission.

Août 1793.

Robespierre et Carnot entrent au comité de salut public.

L'un d'eux fut remplacé par Robespierre, qui pénétra enfin dans le gouvernement, et dont la puissance immense fut ainsi reconnue et subie par la Convention, qui, jusqu'ici, ne l'avait nommé d'aucun comité. L'autre eut pour successeur le célèbre Carnot, qui, déjà envoyé à l'armée du Nord, avait donné de lui l'idée d'un militaire savant et habile.

A toutes ces mesures administratives et militaires furent ajoutées des mesures de vengeance, suivant l'usage de faire suivre les actes d'énergie par des actes de cruauté. On a déjà vu que, sur la demande des envoyés des assemblées primaires, une loi avait été résolue contre les suspects. Il restait à en présenter le projet. On le demandait chaque jour, parce que ce n'était pas assez, disait-on, du décret du 27 mars, qui mettait les aristocrates hors la loi. Ce décret exigeait un jugement, et on en souhaitait un qui permît d'enfermer, sans les juger et seulement pour s'assurer de leur personne, les citoyens suspects par leurs opinions. En attendant ce décret, on décida que les biens de tous ceux qui étaient mis hors la loi appartiendraient à la république. On exigea ensuite des dispositions plus sévères envers les étrangers. Déjà ils avaient été mis sous la surveillance des comités qui s'étaient intitulés révolutionnaires, mais on voulait davantage. L'idée d'une conspiration étrangère dont Pitt était supposé le moteur, remplissait plus que ja-

mais tous les esprits. Un portefeuille trouvé sur les murs de l'une de nos villes frontières renfermait des lettres qui étaient écrites en anglais, et que des agents anglais en France s'adressaient entre eux. Il était question dans ces lettres de sommes considérables envoyées à des agents secrets répandus dans nos camps, nos places fortes et nos principales villes. Les uns étaient chargés de se lier avec les généraux pour les séduire, de prendre des renseignements exacts sur l'état de nos forces, de nos places et de nos approvisionnements; les autres avaient mission de s'introduire dans les arsenaux, dans les magasins, avec des mèches phosphoriques, et d'y mettre le feu. « Faites hausser, disaient
« encore ces lettres, le change jusqu'à deux cents
« livres pour une livre sterling. Il faut discréditer
« le plus possible les assignats, et refuser tous ceux
« qui ne porteront pas l'effigie royale. Faites haus-
« ser le prix de toutes les denrées. Donnez les ordres
« à vos marchands d'accaparer tous les objets de
« première nécessité. Si vous pouvez persuader à
« Cott...i d'acheter le suif et la chandelle à tout prix,
« faites-la payer au public jusqu'à cinq francs la li-
« vre. Milord est très-satisfait pour la manière dont
« B. t. z. a agi. Nous espérons que les assassinats
« se feront avec prudence. Les prêtres déguisés
« et les femmes sont les plus propres à cette opé-
« ration. »

Août 1793.
Conspiration étrangère.

Ces lettres prouvaient seulement que l'Angleterre avait quelques espions militaires dans nos armées, quelques agents dans nos places de commerce pour y aggraver les inconvénients de la disette, et que peut-être quelques-uns se faisaient donner de l'argent sous prétexte de commettre à propos des assassinats. Mais tous ces moyens étaient fort peu redoutables, et étaient certainement exagérés par la vanterie ordinaire des agents employés à ce genre de manœuvres. Il est vrai que des incendies avaient éclaté à Douai, à Valenciennes, à la voilerie de Lorient, à Bayonne, et dans les parcs d'artillerie près Chemillé et Saumur. Il est possible que ces agents fussent les auteurs de ces incendies; mais certainement ils n'avaient dirigé ni le poignard du garde du corps Pâris contre Lepelletier, ni celui de Charlotte Corday contre Marat; et s'ils agiotaient sur le papier étranger et les assignats, s'ils achetaient quelques marchandises moyennant les crédits ouverts à Londres par Pitt, ils n'avaient qu'une médiocre influence sur notre situation commerciale et financière, qui tenait à des causes bien plus générales et plus majeures que ces viles intrigues. Cependant ces lettres, concourant avec quelques incendies, deux assassinats, et l'agiotage du papier étranger, excitèrent une indignation universelle. La Convention, par un décret, dénonça le gouvernement anglais à tous les peuples, et déclara Pitt l'ennemi du genre humain. En même temps elle ordonna que tous les étrangers domiciliés en France depuis le 14 juillet 1789 seraient sur-le-champ mis en état d'arrestation (décret du 1ᵉʳ août).

Août 1793.

Enfin on décréta le prompt achèvement du procès de Custine. On mit en jugement Biron et Lamarche. L'acte d'accusation des girondins fut pressé de nouveau, et ordre fut donné au tribunal révolutionnaire de se saisir de leur procès dans le plus bref délai. Enfin, la colère se porta sur les restes des Bourbons, et sur la famille infortunée qui déplorait dans la tour du Temple la mort du dernier roi. Il fut décrété que tous les Bourbons qui restaient en France seraient déportés, excepté ceux qui étaient sous le glaive des lois[1]; que le duc d'Orléans, qui avait été transféré, dans le mois de mai, à Marseille, et que les fédéralistes n'avaient pas voulu faire juger, serait reconduit à Paris, pour y comparaître devant le tribunal révolutionnaire. Sa mort devait servir de réponse à ceux qui accusaient la Montagne de vouloir en faire un roi. L'infortunée Marie-Antoinette, malgré son sexe, fut, comme son époux, vouée à l'échafaud. Elle passait pour l'instigatrice de tous les complots de l'ancienne cour, et était regardée comme beaucoup plus coupable que Louis XVI. Elle avait le malheur surtout d'être fille

Décret contre les Bourbons.

---

1. 1ᵉʳ août.

de l'Autriche, qui était dans ce moment la plus redoutable de toutes les puissances ennemies. Suivant la coutume de braver plus audacieusement l'ennemi le plus dangereux, on voulut, au moment même où les armées impériales s'avançaient sur notre territoire, faire tomber la tête de Marie-Antoinette. Elle fut donc transférée à la Conciergerie pour être jugée comme une accusée ordinaire par le tribunal révolutionnaire. Madame Élisabeth, destinée à la déportation, fut retenue pour déposer contre sa sœur. Les deux enfants devaient être élevés et gardés par la république, qui jugerait, à l'époque de la paix, ce qu'il conviendrait de statuer à leur égard. Jusqu'alors, la dépense du Temple avait été faite avec une certaine somptuosité qui rappelait le rang de la famille prisonnière. Il fut décrété qu'elle serait réduite au nécessaire. Enfin, pour consommer tous ces actes de la vengeance révolutionnaire, on décréta que les tombes royales de Saint-Denis seraient détruites.

Telles furent les mesures que les dangers imminents du mois d'août 1793 provoquèrent pour la défense et pour la vengeance de la révolution.

FIN DU LIVRE SEIZIÈME.

NOTES
ET
PIÈCES JUSTIFICATIVES
DU TOME QUATRIÈME.

NOTE PAGE 140.

Les véritables dispositions de Robespierre à l'égard du 31 mai sont manifestées par les discours qu'il a tenus aux Jacobins, où l'on parlait beaucoup plus librement qu'à l'Assemblée, et où l'on conspirait hautement. Des extraits de ce qu'il a dit aux diverses époques importantes prouveront la marche de ses idées à l'égard de la grande catastrophe des 31 mai et 2 juin. Son premier discours, prononcé sur les pillages du mois de février, donne une première indication.

(*Séance du 25 février 1793.*)

Robespierre : « Comme j'ai toujours aimé l'humanité, et que je n'ai jamais cherché à flatter personne, je vais dire la vérité. Ceci est une trame ourdie contre les patriotes eux-mêmes. Ce sont les intrigants qui veulent perdre les patriotes; il y a dans le cœur du peuple un sentiment juste d'indignation. J'ai soutenu, au milieu des persécutions et sans appui, que le peuple n'a jamais tort; j'ai osé proclamer cette vérité dans un temps où elle n'était pas encore connue; le cours de la révolution l'a développée.

« Le peuple a entendu tant de fois invoquer la loi par ceux qui voulaient le mettre sous son joug, qu'il se méfie de ce langage.

« Le peuple souffre : il n'a pas encore recueilli le fruit de ses travaux; il est encore persécuté par les riches, et les riches sont encore ce qu'ils furent toujours, c'est-à-dire durs et impitoyables. (*Applaudi.*) Le peuple voit l'insolence de ceux qui l'ont trahi, il voit la fortune accumulée dans leurs mains, il ne sent pas la nécessité de prendre les moyens d'arriver au but, et, lorsqu'on lui parle le langage de la raison, il n'écoute que son indignation contre les riches, et il se laisse entraîner dans de fausses mesures par ceux qui s'emparent de sa confiance pour le perdre.

« Il y a deux causes : la première, une disposition naturelle dans le peuple à chercher les moyens de soulager sa misère, disposition naturelle et légitime en elle-même; le peuple croit qu'au défaut des lois protectrices, il a le droit de veiller lui-même à ses propres besoins.

« Il y a une autre cause. Cette cause, ce sont les desseins perfides des ennemis de la liberté, des ennemis du peuple, qui sont bien convaincus que le seul moyen de nous livrer aux puissances étrangères, c'est d'alarmer le peuple sur ses subsistances, et de le rendre victime des excès qui en résultent. J'ai été témoin moi-même des mouvements. A côté des citoyens honnêtes, nous avons vu des étrangers et des hommes opulents revêtus de l'habit respectable des sans-culottes. Nous avons entendu dire : On nous promettait l'abondance après la mort du roi, et nous sommes plus malheureux depuis que ce pauvre roi n'existe plus. Nous en avons entendu déclamer non pas contre la portion intrigante et contre-révolutionnaire de la Convention, qui siége où siégeaient les aristocrates de l'Assemblée constituante, mais contre la Montagne, mais contre la députation de Paris et contre les jacobins, qu'ils représentent comme accapareurs.

« Je ne vous dis pas que le peuple soit coupable; je ne vous dis pas que ces mouvements soient un attentat; mais quand le peuple se lève, ne doit-il pas avoir un but digne de lui? Mais de chétives marchandises doivent-elles l'occuper? Il n'en a pas profité, car les pains de sucre ont été recueillis par les mains des valets de l'aristocratie; et, en supposant qu'il en ait profité, en échange de ce modique avantage, quels sont les inconvénients qui peuvent en résulter? Nos adversaires veulent effrayer tout ce qui a quelque propriété; ils veulent persuader que notre système de liberté et d'égalité est subversif de tout ordre, de toute sûreté.

« Le peuple doit se lever, non pour recueillir du sucre, mais pour terrasser les brigands. (*Applaudi.*) Faut-il vous retracer vos dangers passés? Vous avez pensé être la proie des Prussiens et des Autrichiens; il y avait une transaction; et ceux qui avaient alors trafiqué de votre liberté sont ceux qui ont excité les troubles actuels. J'articule à la face des amis de la liberté et de l'égalité, à la face de la nation, qu'au mois de septembre, après l'affaire du 10 août, il était décidé à Paris que les Prussiens arriveraient sans obstacle à Paris. »

(*Séance du mercredi* 8 *mai* 1793.)

Robespierre : « Nous avons à combattre la guerre

extérieure et intérieure. La guerre civile est entretenue par les ennemis de l'intérieur. L'armée de la Vendée, l'armée de la Bretagne et l'armée de Coblentz sont dirigées contre Paris, cette citadelle de la liberté. Peuple de Paris, les tyrans s'arment contre vous, parce que vous êtes la portion la plus estimable de l'humanité; les grandes puissances de l'Europe se lèvent contre vous; tout ce qu'il y a en France d'hommes corrompus secondent leurs efforts.

« Après avoir conçu ce vaste plan de vos ennemis, vous devez deviner aisément le moyen de vous défendre. Je ne vous dis point mon secret; je l'ai manifesté au sein de la Convention.

« Je vais vous révéler ce secret, et, s'il était possible que ce devoir d'un représentant d'un peuple libre pût être considéré comme un crime, je saurais braver tous les dangers pour confondre les tyrans et sauver la liberté.

« J'ai dit ce matin à la Convention que les partisans de Paris iraient au-devant des scélérats de la Vendée, qu'ils entraîneraient sur leur route tous leurs frères des départements, et qu'ils extermineraient tous, oui, tous les rebelles à la fois.

« J'ai dit qu'il fallait que tous les patriotes du dedans se levassent, et qu'ils réduisissent à l'impuissance de nuire et les aristocrates de la Vendée et les aristocrates déguisés sous le masque du patriotisme.

« J'ai dit que les révoltés de la Vendée avaient une armée à Paris; j'ai dit que le peuple généreux et sublime qui, depuis cinq ans, supporte le poids de la révolution, devait prendre les précautions nécessaires pour que nos femmes et nos enfants ne fussent pas livrés au couteau contre-révolutionnaire des ennemis que Paris renferme dans son sein. Personne n'a osé contester ce principe. Ces mesures sont d'une nécessité pressante, impérieuse. Patriotes! volez à la rencontre des brigands de la Vendée.

« Ils ne sont redoutables que parce qu'on avait pris la précaution de désarmer le peuple. Il faut que Paris envoie des légions républicaines; mais quand nous ferons trembler nos ennemis intérieurs, il ne faut pas que nos femmes et nos enfants soient exposés à la fureur de l'aristocratie. J'ai proposé deux mesures : la première, que Paris envoie deux légions suffisantes pour exterminer tous les scélérats qui ont osé lever l'étendard de la révolte. J'ai demandé que tous les aristocrates, que tous les feuillants, que tous les modérés, fussent bannis des sections qu'ils ont empoisonnées de leur souffle impur. J'ai demandé que tous les citoyens suspects fussent mis en état d'arrestation.

« J'ai demandé que la qualité de citoyen suspect ne fût pas déterminée par la qualité de ci-devant nobles, de procureurs, de financiers, de marchands. J'ai demandé que tous les citoyens qui ont fait preuve d'incivisme fussent incarcérés jusqu'à ce que la guerre soit terminée, et que nous ayons une attitude imposante devant nos ennemis. J'ai dit qu'il fallait procurer au peuple les moyens de se rendre dans les sections sans nuire à ses moyens d'existence, et que, pour cet effet, la Convention décrétât que tout artisan vivant de son travail fût soldé, pendant tout le temps qu'il serait obligé de se tenir sous les armes pour protéger la tranquillité de Paris. J'ai demandé qu'il fût destiné des millions nécessaires pour fabriquer des armes et des piques, pour armer tous les sans-culottes de Paris.

« J'ai demandé que des fabriques et des forges fussent élevées dans les places publiques, afin que tous les citoyens fussent témoins de la fidélité et de l'activité des travaux. J'ai demandé que tous les fonctionnaires publics fussent destitués par le peuple.

« J'ai demandé qu'on cessât d'entraver la municipalité et le département de Paris, qui a la confiance du peuple.

« J'ai demandé que les factieux qui sont dans la Convention cessassent de calomnier le peuple de Paris, et que les journalistes qui pervertissent l'opinion publique fussent réduits au silence. Toutes ces mesures sont nécessaires, et en me résumant, voici l'acquit de la dette que j'ai contractée envers le peuple :

« J'ai demandé que le peuple fît un effort pour exterminer les aristocrates qui existent partout. (*Applaudi.*)

« J'ai demandé qu'il existât au sein de Paris une armée, une armée non pas comme celle de Dumouriez, mais une armée populaire qui soit continuellement sous les armes pour imposer aux feuillants et aux modérés. Cette armée doit être composée de sans-culottes payés; je demande qu'il soit assigné des millions suffisants pour armer les artisans, tous les bons patriotes; je demande qu'ils soient à tous les postes, et que leur majesté imposante fasse pâlir tous les aristocrates.

« Je demande que dès demain des forges s'élèvent sur toutes les places publiques, où l'on fabriquera des armes pour armer le peuple. Je demande que le conseil exécutif soit chargé d'exécuter ces mesures sous sa responsabilité. S'il en est qui résistent, s'il en est qui favorisent les ennemis de la liberté, il faut qu'ils soient chassés dès demain.

« Je demande que les autorités constituées soient chargées de surveiller l'exécution de ces mesures, et qu'elles n'oublient pas qu'elles sont les mandataires d'une ville qui est le boulevard de la liberté, et dont l'existence rend la contre-révolution impossible.

« Dans ce moment de crise, le devoir impose à tous les patriotes de sauver la patrie par les moyens les plus rigoureux; si vous souffrez qu'on égorge en détail les patriotes, tout ce qu'il y a de vertueux sur la terre sera anéanti; c'est à vous de voir si vous voulez sauver le genre humain.

(Tous les membres se lèvent par un élan simultané, et crient en agitant leurs chapeaux : *Oui, oui, nous le voulons !*)

« Tous les scélérats du monde ont dressé leurs plans, et tous les défenseurs de la liberté sont désignés pour victimes.

« C'est parce qu'il est question de votre gloire, de votre bonheur; ce n'est que par ce motif que je vous conjure de veiller au salut de la patrie. Vous croyez peut-être qu'il faut vous révolter, qu'il faut vous donner un air d'insurrection : point du tout, c'est la loi à la main qu'il faut exterminer tous nos ennemis.

« C'est avec une impudence insigne que des mandataires infidèles ont voulu séparer le peuple de Paris des départements, qu'ils ont voulu séparer le peuple des tribunes du peuple de Paris, comme si c'était notre faute à nous, qui avons fait tous les sacrifices possibles pour étendre nos tribunes pour tout le peuple de Paris. Je dis que je parle à tout le peuple de Paris, et, s'il était assemblé dans cette enceinte, s'il m'entendait plaider sa cause contre Buzot et Barbaroux, il est indubitable qu'il se rangerait de mon côté.

« Citoyens, on grossit les dangers, on oppose les armées étrangères réunies aux révoltés de l'intérieur; que peuvent leurs efforts contre des millions d'intrépides sansculottes? Et, si vous suivez cette proposition qu'un homme libre vaut cent esclaves, vous devez calculer que votre force est au-dessus de toutes les puissances réunies.

« Vous avez dans les lois tout ce qu'il faut pour exterminer légalement nos ennemis. Vous avez des aristocrates dans les sections : chassez-les. Vous avez la liberté à sauver : proclamez les droits de la liberté, et employez toute votre énergie. Vous avez un peuple immense de sans-culottes, bien purs, bien vigoureux ; ils ne peuvent pas quitter leurs travaux : faites-les payer par les riches. Vous avez une Convention nationale, il est très-possible que les membres de cette Convention ne soient pas également amis de la liberté et de l'égalité, mais le plus grand nombre est décidé à soutenir les droits du peuple et à sauver la république. La portion gangrenée de la Convention n'empêchera pas le peuple de combattre les aristocrates. Croyez-vous donc que la Montagne de la Convention n'aura pas assez de force pour contenir tous les partisans de Dumouriez, de d'Orléans, de Cobourg ? En vérité, vous ne pouvez pas le penser.

« Si la liberté succombe, ce sera moins la faute des mandataires que du souverain. Peuple, n'oubliez pas que votre destinée est dans vos mains, vous devez sauver Paris et l'humanité ; si vous ne le faites pas, vous êtes coupable.

« La Montagne a besoin du peuple ; le peuple est appuyé sur la Montagne. On cherche à vous effrayer de toutes les manières ; on veut vous faire croire que les départements méridionaux sont les ennemis des jacobins. Je vous déclare que Marseille est l'amie éternelle de la Montagne ; qu'à Lyon les patriotes ont remporté une victoire complète.

« Je me résume et je demande : 1° que les sections

lèvent une armée suffisante pour former le noyau d'une armée révolutionnaire qui entraîne tous les sans-culottes des départements pour exterminer les rebelles; 2° qu'on lève à Paris une armée de sans-culottes pour contenir l'aristocratie; 3° que les intrigants dangereux, que tous les aristocrates soient mis en état d'arrestation; que les sans-culottes soient payés aux dépens du trésor public, qui sera alimenté par les riches, et que cette mesure s'étende dans toute la république.

« Je demande qu'il soit établi des forges sur toutes les places publiques.

« Je demande que la commune de Paris alimente de tout son pouvoir le zèle révolutionnaire du peuple de Paris.

« Je demande que le tribunal révolutionnaire fasse son devoir; qu'il punisse ceux qui, dans les derniers jours, ont blasphémé contre la république.

« Je demande que ce tribunal ne tarde pas à faire subir une punition exemplaire à certains généraux pris en flagrant délit, et qui devraient être jugés.

« Je demande que les sections de Paris se réunissent à la commune de Paris, et qu'elles balancent par leur influence les écrits perfides des journalistes alimentés par les puissances étrangères.

« En prenant toutes ces mesures, sans fournir aucun prétexte de dire que vous avez violé les lois, vous donnerez l'impulsion aux départements, qui s'uniront à vous pour sauver la liberté. »

(*Séance du dimanche* 12 *mai* 1793.)

Robespierre : « Je n'ai jamais pu concevoir comment, dans des moments critiques, il se trouvait tant d'hommes pour faire des propositions qui compromettent les amis de la liberté, tandis que personne n'appuie celles qui tendent à sauver la république. Jusqu'à ce qu'on m'ait prouvé qu'il n'est pas nécessaire d'armer les sans-culottes, qu'il n'est pas bon de les payer pour monter la garde et assurer la tranquillité de Paris, jusqu'à ce qu'on m'ait prouvé qu'il n'est pas bon de changer nos places en ateliers pour fabriquer des armes, je croirai et je dirai que ceux qui, mettant ces mesures à l'écart, ne vous proposent que des mesures partielles, quelque violentes qu'elles soient, je dirai que ces hommes n'entendent rien au moyen de sauver la patrie; car ce n'est qu'après avoir épuisé toutes les mesures qui ne compromettent pas la société, qu'on doit avoir recours aux moyens extrêmes; encore ces moyens ne doivent-ils pas être proposés au sein d'une société qui doit être sage et politique. Ce n'est pas un moment d'effervescence passagère qui doit sauver la patrie. Nous avons pour ennemis les hommes les plus fins, les plus souples, qui ont à leur disposition tous les trésors de la république.

« Les mesures que l'on a proposées n'ont et ne pourront avoir aucun résultat; elles n'ont servi qu'à alimenter la calomnie, elles n'ont servi qu'à fournir des prétextes aux journalistes de nous représenter sous les couleurs les plus odieuses.

« Lorsqu'on néglige les premiers moyens que la raison indique, et sans lesquels le salut public ne peut être opéré, il est évident qu'on n'est point dans la route. Je n'en dirai pas davantage; mais je déclare que je proteste contre tous les moyens qui ne tendent qu'à compromettre la société sans contribuer au salut public. Voilà ma profession de foi : le peuple sera toujours en état de terrasser l'aristocratie; il suffit que la société ne fasse aucune faute grossière.

« Quand je vois qu'on cherche à faire inutilement des

ennemis à la société, à encourager les scélérats qui veulent la détruire, je suis tenté de croire qu'on est aveugle ou malintentionné.

« Je propose à la société de s'arrêter aux mesures que j'ai proposées, et je regarde comme très-coupables les hommes qui ne les font pas exécuter. Comment peut-on se refuser à ces mesures? Comment n'en sent-on pas la nécessité? et, si on la sent, pourquoi balance-t-on à les appuyer et à les faire adopter? Je proposerai à la société d'entendre une discussion sur les principes de constitution qu'on prépare à la France; car il faut bien embrasser tous les plans de nos ennemis. Si la société peut démontrer le machiavélisme de nos ennemis, elle n'aura pas perdu son temps. Je demande donc que, écartant les propositions déplacées, la société me permette de lui lire mon travail sur la Constitution. »

(*Séance du dimanche 26 mai 1793.*)

Robespierre : « Je vous disais que le peuple doit se reposer sur sa force; mais, quand le peuple est opprimé, quand il ne lui reste plus que lui-même, celui-là serait un lâche qui ne lui dirait pas de se lever. C'est quand toutes les lois sont violées, c'est quand le despotisme est à son comble, c'est quand on foule aux pieds la bonne foi et la pudeur, que le peuple doit s'insurger. Ce moment est arrivé : nos ennemis oppriment ouvertement les patriotes; ils veulent, au nom de la loi, replonger le peuple dans la misère et dans l'esclavage. Je ne serai jamais l'ami de ces hommes corrompus, quelques trésors qu'ils m'offrent. J'aime mieux mourir avec les républicains que de triompher avec ces scélérats. (*Applaudi.*)

« Je ne connais pour un peuple que deux manières d'exister : ou bien qu'il se gouverne lui-même, ou bien qu'il confie ce soin à des mandataires. Nous, députés républicains, nous voulons établir le gouvernement du peuple par ses mandataires, avec la responsabilité; c'est à ces principes que nous rapportons nos opinions, mais le plus souvent on ne veut pas nous entendre. Un signal rapide, donné par le président, nous dépouille du droit de suffrage. Je crois que la souveraineté du peuple est violée, lorsque ses mandataires donnent à leurs créatures les places qui appartiennent au peuple. D'après ces principes, je suis douloureusement affecté.... »

L'orateur est interrompu par l'annonce d'une députation. (*Tumulte.*)

« Je vais, s'écrie Robespierre, continuer de parler, non pas pour ceux qui m'interrompent, mais pour les républicains. J'exhorte chaque citoyen à conserver le sentiment de ses droits; je l'invite à compter sur sa force et sur celle de toute la nation; j'invite le peuple à se mettre dans la Convention nationale en insurrection contre tous les députés corrompus. (*Applaudi.*) Je déclare qu'ayant reçu du peuple le droit de défendre ses droits, je regarde comme mon oppresseur celui qui m'interrompt, ou qui me refuse la parole, et je déclare que, moi seul, je me mets en insurrection contre le président, et contre tous les membres qui siégent dans la Convention. (*Applaudi.*) Lorsqu'on affectera un mépris coupable pour les sans-culottes, je déclare que je me mets en insurrection contre les députés corrompus. J'invite tous les députés montagnards à se rallier et à combattre l'aristocratie, et je dis qu'il n'y a pour eux qu'une alternative : ou de résister de toutes leurs forces, de tout leur pouvoir, aux efforts de l'intrigue, ou de donner leur démission.

« Il faut en même temps que le peuple français connaisse ses droits, car les députés fidèles ne peuvent rien sans la parole.

« Si la trahison appelle les ennemis étrangers dans le sein de la France; si, lorsque nos canonniers tiennent dans leurs mains la foudre qui doit exterminer les tyrans et leurs satellites, nous voyons l'ennemi approcher de nos murs, alors je déclare que je punirai moi-même les traîtres, et je promets de regarder tout conspirateur comme mon ennemi, et de le traiter comme tel. » (*Applaudi.*)

FIN DU TOME QUATRIÈME.

TABLE
DU TOME QUATRIÈME.

LIVRE XIII.

VENDÉE.

Suite de nos revers militaires. — Bataille de Nerwinde. — Première négociation de Dumouriez avec l'ennemi; ses projets de contre-révolution; il traite avec l'ennemi. — Évacuation de la Belgique. — Premiers troubles de l'Ouest; mouvements insurrectionnels dans la Vendée. — Décrets révolutionnaires; désarmement des *suspects*. — Entretien de Dumouriez avec des émissaires des jacobins; il fait arrêter et livre aux Autrichiens les commissaires de la Convention. — Décret contre les Bourbons; mise en arrestation du duc d'Orléans et de sa famille. — Dumouriez, abandonné de son armée après sa trahison, se réfugie dans le camp des Impériaux; opinion sur ce général. — Changements dans les commandements des armées du Nord et du Rhin. Bouchotte est nommé ministre de la guerre à la place de Beurnonville destitué. — Établissement du *Comité de salut public*. — L'irritation des partis augmente à Paris; réunion démagogique de l'Évêché; projets de pétitions incendiaires. — Renouvellement de la lutte entre les deux côtés de l'Assemblée. — Discours et accusation de Robespierre contre les complices de Dumouriez et les girondins. — Réponse de Vergniaud. — Marat est décrété d'accusation et envoyé devant le tribunal révolutionnaire. — Pétition des sections de Paris demandant l'expulsion de vingt-deux membres de la Convention. — Résistance de la commune à l'autorité de l'Assemblée; accroissement de ses pouvoirs. — Marat est acquitté et porté en triomphe. — État des opinions et marche de la révolution dans les provinces. — Dispositions des principales villes, Lyon, Marseille, Bordeaux, Rouen. — Position particulière de la Bretagne et de la Vendée. — Description de ces pays, causes qui amenèrent et entretinrent la guerre civile. — Premiers succès des Vendéens; leurs principaux chefs 1

LIVRE XIV.

TRENTE-UN MAI

Levée d'une armée parisienne de douze mille hommes; emprunt forcé; nouvelles mesures révolutionnaires contre les suspects. — Effervescence croissante des jacobins à la suite des troubles des départements. — Custine est nommé général en chef de l'armée du Nord. — Accusations et menaces des jacobins; violente lutte des deux côtés de la Convention. — Formation d'une commission de douze membres, destinée à examiner les actes de la commune. — Assemblée insurrectionnelle à la mairie; motions et complots contre la majorité de la Convention et contre la vie des députés girondins; mêmes projets dans le club des Cordeliers. — La Convention prend des mesures pour sa sûreté. — Arrestation d'Hébert, substitut du procureur de la commune. — Pétitions impérieuses de la commune. — Tumulte et scènes de désordre dans toutes les sections. — Événements principaux des 28, 29 et 30 mai 1793; dernière lutte des montagnards et des girondins. — Journées du 31 mai et du 2 juin. — Détails et circonstances de l'insurrection dite du 31 mai. — Vingt-neuf représentants girondins sont mis en arrestation. — Caractère et résultats politiques de cette journée. — Coup d'œil sur la marche de la révolution. — Jugement sur les girondins. 92

LIVRE XV.

CONSTITUTION DE 1793.

Projets des jacobins après le 31 mai. — Renouvellement des comités et du ministère. — Dispositions des départements après le 31 mai; les girondins proscrits vont les soulever contre la Convention. — Décrets de la Convention contre les départements insurgés. — Assemblées et armées insurrectionnelles en Bretagne et en Normandie. — Événements militaires sur le Rhin et au Nord. — Envahissement des frontières de l'Est par les coalisés; retraite de Custine. — Siége de Mayence par les Prussiens. — Echecs de l'armée des Alpes; situation de l'armée des Pyrénées. — Les Vendéens s'emparent de Fontenay et de Saumur. — Dangers imminents de la république à l'intérieur et à l'extérieur. — Travaux administratifs de la Convention. — Constitution de 1793. — Echecs des insurgés fédéralistes à Vernon. — Défaite des Vendéens devant Nantes. — Victoire contre les Espagnols dans le Roussillon. — Marat est assassiné par Charlotte Corday; honneurs funèbres rendus à sa mémoire; jugement et exécution de Charlotte Corday. 185

LIVRE XVI.

LEVÉE EN MASSE.

Distribution des partis depuis le 31 mai, dans la Convention, dans le comité de salut public et la commune. — Division dans la *Montagne*. — Discrédit de Danton. — Politique de Robespierre. — Evénements en Vendée; défaite de Westermann à Châtillon, et du général Labarolière à Vihiers. — Siége et prise de Mayence par les Prussiens et les Autrichiens. — Prise de Valenciennes. — Dangers extrêmes de la république en août 1793. — État financier. — Discrédit des assignats. — Établissement du *maximum*. — Détresse publique. — Agiotage. — Arrivée et réception à Paris des commissaires des assemblées primaires. — Retraite du camp de César par l'armée du Nord. — Fête de l'anniversaire du 10 août, et inauguration de la Constitution de 1793. — Mesures extraordinaires de salut public. — Décret ordonnant la levée en masse; moyens employés pour en assurer l'exécution. — Institution du *Grand-Livre*; nouvelle organisation de la dette publique. — Emprunt forcé. — Détails sur les opérations financières à cette époque. — Nouveaux décrets sur le *maximum*. — Décrets contre la Vendée, contre les étrangers et contre les Bourbons. 270

NOTE ET PIÈCES JUSTIFICATIVES. 389

FIN DE LA TABLE.

PARIS. — TYPOGRAPHIE HENRI PLON, 8, RUE GARANCIÈRE.

www.ingramcontent.com/pod-product-compliance
Lightning Source LLC
Chambersburg PA
CBHW060549230426
43670CB00011B/1746